国家社会科学基金中国历史研究院重大历史问题
研究专项重大招标项目"大历史观下的中华文明突出特性研究"
（项目批准号：23VLS001）

西夏文
《德行集》校注

武威市凉州文化研究院　编

严复恩　张国才　校注

读者出版社
甘肃·兰州

图书在版编目（CIP）数据

西夏文《德行集》校注 / 武威市凉州文化研究院编；
严恩复，张国才校注. -- 兰州 ：读者出版社，2025.7.
ISBN 978-7-5527-0875-2

Ⅰ. K246. 307

中国国家版本馆CIP数据核字第20246447TF 号

西夏文《德行集》校注

武威市凉州文化研究院　编

严恩复　张国才　校注

责任编辑　房金蓉
装帧设计　雷们起

出版发行　读者出版社
地　　址　兰州市城关区读者大道568号(730030)
邮　　箱　readerpress@163.com
电　　话　0931-2131529(编辑部)　0931-2131507(发行部)

印　　刷　兰州人民印刷厂
规　　格　开本787毫米×1092毫米　1/16
　　　　　印张18.75　插页2　字数326千
版　　次　2025年7月第1版
　　　　　2025年7月第1次印刷
书　　号　ISBN 978-7-5527-0875-2
定　　价　58.00元

编 委 会

主　编

张国才

副主编

王雪军　席晓喆

校　注

严复恩　张国才

编　审

孙伯君　赵现海　侯爱梅

序 言

西夏 1038 年建国后，先后与辽、北宋及金、南宋并立抗衡，1227 年被蒙古所灭，前后存在近二百年。为了维护和巩固统治，西夏统治者在位期间，大多重视吸收借鉴中原地区的文化，大量翻译中原典籍，用于资政、训导和劝诫。中原典籍的西夏文译本被称作"夏译汉籍"。"夏译汉籍"种类丰富，目前已发现的有《论语全解》《孟子》《孝经》等儒家经典，《十二国》《类林》《贞观政要》等史书，《孙子兵法三注》《六韬》《黄石公三略》等兵书，还有道家著作《孔子和坛记》、医书《明堂灸经》、童蒙读本《经史杂抄》以及夏人编译的《新集慈孝传》《德行集》等七大类二十一种。"夏译汉籍"在西夏的传播，对西夏的政治、经济、文化都产生了重要而深远的影响。

西夏文《德行集》是诸多"夏译汉籍"中的一种，由夏桓宗时期中兴府承旨、番大学院教授曹道乐编译。与其他大多"夏译汉籍"不同，它既不是对某一种中原典籍逐字逐句的直译，也不是简短的节译，而是对诸多中原典籍的摘录编译，"纂集古语，择其德行以可观，愿准备一本谓"，供年轻的桓宗皇帝批览，使其通晓治国之道。《德行集》内容共八章，每章均是把中原地区相关古人言论摘抄下来拼凑成章，译成西夏文。《德行集》内容选材丰富，范围广泛，上起先秦，下至宋代，不仅有中原古代经史典籍，亦有宋人碑铭奏状等，可谓中原文化与西夏文化交融的典范之作。它不仅是研究西夏语文释译的重要资料，也是研究西夏文化及西夏中后期治国理政思想的重要著作，具有较高的史料价值。

西夏文《德行集》于1909年在内蒙古额济纳旗的黑水城遗址出土后，收藏在俄罗斯科学院东方研究所圣彼得堡分所。苏联学者聂历山最先对其书题进行了初步判断，译作"德行记"。其后，苏联学者戈尔巴乔娃、克恰诺夫和日本学者西田龙雄先后对其版本进行描述和分类。2002年，中国社会科学院民族所聂鸿音先生出版《西夏文德行集研究》一书，将《德行集》依原行款逐字以汉文对译，并对其版本问题、编译情况、内容出处等进行了全面系统深入的研究。据聂鸿音先生研究，西夏文《德行集》包括俄藏第799号、第3947号、第4930号。其中，俄藏第799号和第3947号为活字本，内容首尾相接，卷首题"番大学[院]教授曹道乐译传"，有节亲讹计的序言，卷尾有印校发起者提名三则，是一部内容完整的西夏文《德行集》。俄藏第4930号为写本，残存节亲讹计序言的前四分之一。

西夏文《德行集》图片刊布在《俄藏黑水城文献》第11册的第142页至155页。其中，俄藏第799号和第3947号为《德行集》（甲种本），第4930号为《德行集》（乙种本）。本书在聂鸿音先生对西夏文《德行集》释读和史料考源的基础上，对西夏文《德行集》（甲种本）进行了进一步的深入研究，其中不乏创新和亮点，试举如下。

其一，运用"四行对译法"对《德行集》全文校读，即第一行为西夏文《德行集》原文，第二行为西夏字拟音，第三行为汉语对译，第四行为汉语意译，排版清晰，一目了然，方便读者学习掌握西夏文字的形音义。文下附有注释，对一些西夏词语的用法及翻译予以说明，有助于读者理解西夏文的句式、语法及修辞等，为学界提供了一份完整的研究西夏语文释译的重要资料。

其二，进一步开展史料考源研究，继续挖掘、考证《德行集》部分出处不详内容的取材来源，并有所收获。例如，经考证，《德行集》第七章"用人章"一些原先不知出处的摘抄，取材于汉代刘向所编纂的小说集《说苑》。此外，本书作者还对《德行集》的取材来源进行统计分析。据作者统计，《德行集》取材来源于先秦至北宋的十九部汉文古籍中，共选用了五十四段语句。其中，选用最多的是儒家著作，共计十三部三十五段，还选用了史家著作三部十一段、道家著作二部五段、古代小说一部三段。这对于研究西夏对汉族传统文化的认同以及宋夏民族交流交往交融问题具有重要价值。

其三，除上述的学术研究之外，本书还深入探析了《德行集》的现实借鉴意义。《德行集》的章节大体依据儒家的"修身、齐家、治国、平天下"排序。编译者认为帝王的个人修养是基础，首先要注重个人修养，"修身"，进而"事亲"，教化百姓。成为帝王后，要学会为政之道，通晓纳谏、知人、用人之策，赏罚分明等，只有这样才能政治清明、百姓安乐、统治稳固。应该说，《德行集》的内容对于当下社会加强个人修养以及治国理政均有重要的启示和借鉴意义。正如作者在书中所言："《德行集》作为帝王的学习教材，虽有其封建糟粕，但剔除这些糟粕以后，我们辩证地看待此书，它融会了许多儒家道德标准、德行修养、伦理思想、人格理想、人性品格、和谐精神思想体系，以及道家道法自然、无为而治、与自然和谐相处的思想。这些中国传统文化对于现代人的教育影响是十分深刻的。"作者认为应该传承和弘扬这些中华优秀传统文化。为此，在书中利用较大篇幅来对《德行集》的内容进行解读、阐释，探析其现实借鉴意义。

武威为西夏故地，有着丰富的西夏文物文献资料。近年来，武威市凉州文化研究院非常重视西夏历史文化的研究，并且陆续推出相关成果。本书作者严复恩、张国才均为武威市从事这一领域研究的专家，他们长期关注西夏历史文化的研究。严复恩研究员曾先后出版西夏学研究专著《武威西夏碑整理研究》《〈番汉合时掌中珠〉校译补正》等。本书为严复恩、张国才两位研究员研究西夏历史文化的又一项重要成果，值得期待。

中国社科院古代史研究所　侯爱梅

2024 年 11 月

目 录

导论

导　论

西夏第五位皇帝仁宗（李仁孝）在位期间（1140—1193 年），由契丹族建立的辽国，共传九帝，享国 218 年，1125 年被金朝所灭。北宋传九帝，享国 167 年，靖康元年（1126 年）发生靖康之难，次年被金国灭亡。1115 年由女真族建立的统治中国北方和东北地区的封建王朝金国，西与西夏、蒙古等接壤，南与南宋对峙。共传十帝，享国 119 年。西夏仁宗皇帝充分抓住这样一个二国灭亡、一国崛起的有利时机，对外采取"联辽抗宋""联辽抗金""依金扩张"等一系列策略，充分利用当时复杂的政治形势和各国之间的矛盾，达到维护自己的生存、扩大自己疆域的最终目的，以稳定外部环境。对内采取了"确立封建土地所有制""办学校、兴科举""尊孔崇儒、弘扬佛教""改革政权机构""提倡纳谏、廉政和节俭"等一系列顺应历史发展潮流的改革措施。仁宗皇帝在内政外交诸方面不懈努力，促进了西夏国的经济繁荣，使国力强盛。这时西夏的疆域包括了今宁夏、甘肃的大部，陕西的北部，内蒙古的西南部，青海的东北部，新疆的一部分，以及蒙古国的一小部分地区。疆土的辽阔为其建国以后前所未有，连西域各国都很羡慕。天盛五年（1153 年）五月，西域回鹘第一次派遣使臣到夏国贡献方物。仁孝作为中兴之王是当之无愧的。

在这国力相对强盛的时期，仁宗皇帝不遗余力地倡导儒学和佛教，大开"以儒治国，以佛治心"的先河，把西夏文化推向顶峰。如：重用文化程度较高的党项和汉族大臣主持国政；设立各级学校，以推广教育；实行科举制度，以选拔人才；尊崇儒学，大修孔庙及尊奉孔子为文宣帝；建立翰林学士院，编纂历朝实录；重视礼乐，修乐书《新律》；天盛年间，颁行法典《天盛年改新定律令》；尊尚佛教，供奉藏传佛教僧人为国师，向宋朝奉请大藏经，并大规模刻印佛经多种。作为这一时期的见证，我们可以从《俄藏黑水城文献》中得以印证。这里著者要介绍的是儒学方面的一本书，即曹道乐译本《德行集》。尽管此书在编成时仁宗皇帝已经离世，其子桓宗（李纯祐）即位，但编者仍固守前朝的文化传统，希望以《德行集》来时常提醒桓宗，保持和延续西夏的鼎盛局面。

《德行集》可能是在桓宗皇帝授意下，由一班先帝的老臣讨论纲目，编定而成。序文中有言："因得敕诏，拜手稽首，欢喜不尽。聚集众儒，纂集要领，昔五帝、三王德行华美，万世远照者，皆依于学古法，依正爱之需数故也。"然后由番大学院教授曹道乐搜集古籍编写，序中说："圣诏已颁降，诏命微臣，纂集古语，选择德行以可观，愿准备一本谓。"其目的是让桓宗认识古今治乱之本源，悟出修身治国的道理。序中说："谨以书写，敬献龙座。惟愿：乞皇帝闲暇时随意披览，譬山丘积土以成高，如江河集水因成大等。若人故，不弃言，当有圣智之万中一益，则是惟臣等之福，不仅天下人亦为大福也。"

此书引用汉语古籍特别丰富，从先秦到北宋年间的 19 部古籍中，选用 54 段语句，少的选用一次，多的选用七次。编者根据确立的八个章节选用，依据他们对汉语古籍语句的理解，运用西夏文本有的语法规范，巧妙地将这些语句串联成篇，使得每章语句连贯，要表达的意思显明准确。此书西夏学者聂鸿音教授早有研究，著成《西夏文德行集研究》一书，在 2002 年由甘肃文化出版社出版，内容翔实丰富，对西夏文作了对译，但由于当时西夏文字研究的局限，有个别文字不够准确，特别是他的汉译，大多数是按照汉语古籍语句翻译，给现今学习西夏语言文字的读者带来不便和困惑。为此，我们根据《俄藏黑水城文献》第 11 册第 142 页至 155 页《俄 NHB.No.799 3947 德行集（甲种本）》为底本，并参考聂鸿音教授著的《西夏文德行集研究》，采用西夏学最新校注法——四行式校注重新进行了校注，并对个别难理解的词语作了注解，逐一找到汉语古籍中的出处（聂鸿音《西夏文德行集研究》已查到 51 处资料来源，他未查到的 3 处资料也已查找到），并将语段作出相对完整的摘录，并加以翻译、浅析，以便读者理解古汉语语句，同时了解西夏文与汉语的异同，以便更好地学习西夏文字。

《德行集》的发现及版本

1908—1909 年，俄国探险家科兹洛夫疏通了蒙古王爷达西，在向导的带领下顺利地抵达了他梦寐以求的黑水城遗址。在四处挖掘无果之后，科兹洛夫最终在城外的一座佛塔中发现了大批文献和文物。这里简直就是一座图书馆兼文物库房，成堆的佛像、佛画，还有成套的书籍、簿册、经卷。据科兹洛夫档案记载，当时总共装载了 40 驮，计 2.4 万卷。英国人斯坦因闻知消息后，于 1914 年也来到黑水城，从这里带走了 7000 多个编号的佛画和文献残片[①]。

科兹洛夫在黑水城遗址挖掘的世俗文献就有：《西夏诗集》《新集锦合辞》《圣立义海》《十二国》《德行集》等。《德行集》现藏俄罗斯科学院东方文献研究所圣彼得堡分所，有以下几种版本：

编号 No.146，页面：残卷首半叶和卷尾。刻本，麻纸蝴蝶装，20.5 厘米×13 厘米，版框 17.5 厘米 ×12 厘米，左右双栏。半叶 6 行，行 13 字。白口，口题西夏书名"𗴺𗪟𗫭"及汉文页次。

编号 No.799，页面：20 厘米 ×13.5 厘米，版框 16 厘米 ×10.7 厘米，左右双栏。半叶 7 行，行 14 字。

编号 No.3947，页面：19 厘米 ×13.5 厘米，版框 16 厘米 ×11 厘米，是 No.799 的写本。

编号 No.4930，写本，斜体字，间有草书，蝴蝶装，6 行，行 18 字，无页码，也是 No.799 的写本，但有异同。

另还有编号 No.7579，写本，当时流行的行书字体。第一叶左，第二叶右

---

① 韩小忙：《黑水城西夏文献研究与整理》，《中国社会科学报》，2013 年 02 期。

缺失，终于第二十二叶①。

根据"𗼮𘗽𗟲"这三个西夏字，学界有"德行记""德业集"或"德行集"等不同译法。由于没有找到相应的汉文原本，此前西夏学界对此书的性质多有误解。戈尔巴乔娃和克恰诺夫在《西夏文写本和刊本》中曾著录为"德行记"，并误把此书与曹道乐所编同名西夏文书籍混同，定性为"译汉文孔教著作"②。西田龙雄在《西夏王国的语言和文化》中主张把 No.146 作为"乙本"与曹道乐所编"甲本"相区别，并译为"德业集"③。聂鸿音先生根据自己在圣彼得堡所取原件对勘，将俄罗斯科学院东方研究所圣彼得堡分所、中国社会科学院民族研究所和上海古籍出版社合编的《俄藏黑水城文献》，把《德行集》曹道乐译本和佚名译本作为不同的书来处理，前者的照片编在第 11 册的第 142 页至 155 页，后者的照片编在第 10 册的第 195 页至 200 页。本项研究的主要目的是对曹道乐译本进行释读和史料考源，所以仅把佚名译本的简要说明和汉译文列在下面，其非一书，一望可知④。

聂鸿音把 No.146 作为"佚名译本"《德行集》与曹道乐本《德行集》甄别开来，其原因是："佚名译本"《德行集》是据某种汉文著作翻译而成的，不过作为其母本的那部汉文著作我们至今还没有找到。佚名译本的主题和曹道乐译本不同，它通篇讲的都是"君子"和"人"的为人处世原则，带有中古时期民间"劝世文"的味道⑤。并将曹道乐本《德行集》作为一部西夏文世俗著作，在此基础上著《西夏文德行集研究》一书。聂先生还对此书做了内容概述，西夏文校读、汉译及《德行集》译注。

我们认为"𗼮𘗽𗟲"译为"德行集"是比较合理的，一是从该书序言中"则积业积功，世世修德，以有道持故也"，"此时，上自谨养德，察今观昔，恩

① 聂鸿音：《西夏德行集研究》，兰州：甘肃文化出版社，2002 年，第 2—3 页。
② 聂鸿音：《西夏德行集研究》，兰州：甘肃文化出版社，2002 年，第 2 页。
③ 聂鸿音：《西夏德行集研究》，兰州：甘肃文化出版社，2002 年，第 3 页。
④ 聂鸿音：《西夏德行集研究》，兰州：甘肃文化出版社，2002 年，第 4 页。
⑤ 聂鸿音：《西夏德行集研究》，兰州：甘肃文化出版社，2002 年，第 5 页。

德妙光，并置七朝庙内"，"聚集众儒，纂集要领，昔五帝、三王德行华美，万世远照者，皆依于学古法，依正爱之需数故也"，从这些语句中可以看出，其目的是培养桓帝纯佑的德行。二是在序言中为何取名为《德行集》已经说得非常清楚："修身法本求知也，能修身，则知先人道中大者也。知无尽之恩莫胜过父母，然后能事亲也。于敬爱事亲毕，以教化至于百姓，然后能为帝也。为帝难者，在于听谏，欲受忠谏，则在于知人。知其人，则在于重用。重用之本，惟在于赏罚。赏罚必信，本心最中，明亮公正，则立政其道全，天子之事毕也。此故，起于学师，至于立政，以分八章而成。以引古代言行为本，名之《德行集》谓。"

聂鸿音教授在他著的《西夏文德行集研究》，对此书关于校读和译注的简要说明[①]中说：

> 本项研究的主体是对《德行集》曹道乐译本的校读和译注。校读以俄藏第 799 号和第 3947 号的拼合本为底本，将《德行集》依原行款逐字以汉文对译，并指出原书在排印时的讹脱及俄藏第 4930 号写本的异文。书中附有西夏原件的影印版，所以校读中不再出现西夏文字。译注在校读的基础上进行，除"序言"的注释偶然对几个西夏特有词语加以解说外，《德行集》正文的注释均集中于阐明译文的失误和相关古语的出处。引证汉文古籍时一般不依夏译作相应的简省，而仅把西夏略去未译的字句用方括号标示出来，目的是显示夏译的删削痕迹。

而本次研究校注，是从原始西夏文文献入手，借鉴和吸收聂鸿音教授《西夏文德行集研究》的精华，采用目前国际较流行的四行校注法，逐句进行释读。对原文极个别错误字、残缺字进行纠正及补充，将为学界提供可靠的录文与释文，为西夏文学及其历史文化的研究提供新史料，对西夏历史、文化研究

---

① 聂鸿音：《西夏德行集研究》，兰州：甘肃文化出版社，2002 年，第 27 页。

具有深远意义。同时，我们逐一摘录了《德行集》编者参考的汉语古籍语段，并作翻译、浅析，以便读者了解西夏文与汉语的异同，以便更好地学习西夏文字，更好地理解《德行集》全书的主旨内容。

曹道乐《德行集》译本中反映出的编纂年代

在本书序言中有二处涉及的时间，可以判断出《德行集》编写的年代就是桓宗纯祐时期。

一是"大白高国者，执掌西土二百余年，积善长生，成八代人"。在后世汉文史书著作中，多以李元昊于1038年（宋宝元元年）在都城兴庆府（今宁夏银川市）南郊戒坛寺筑坛受封，定国号为"大夏"，自号大夏世祖始文本武兴法建礼仁孝皇帝，简称大夏皇帝，改大庆三年（1038年）为天授礼法延祚元年开始算起①，于1227年被蒙古所灭为终止。其间共传十帝，依次为景宗元昊、毅宗谅祚、惠宗秉常、崇宗乾顺、仁宗仁孝、桓宗纯祐、襄宗安全、神宗遵顼、献帝德旺、末帝睍。共190年。很明显，汉史中西夏只有190年，而这时为何说是"二百余年""成八代人"？按汉史讲，此时应该是神宗遵顼。据史料记载，李遵顼（1163—1226年），西夏第八位皇帝。他是宗室齐国忠武王李彦宗子。年少力学，博通群书，工于隶篆。天庆十年（1203年，宋嘉泰三年）三月，廷试进士唱名第一。袭封齐王，又擢升为大都督府主。皇建二年（1211年，宋嘉定四年）七月，废襄宗李安全，自立为帝。以此来看，李遵顼继位已是48岁，与序文中的"圣上贵寿壮盛"相矛盾。由此可以看出，西夏人认为，他们的历史是从990年（北宋淳化元年）李继迁即位，为夏国王开始算起。聂鸿音先生研究认为：吐蕃人以太祖继迁出生之年为西夏之始，从太祖出生的公元963年到桓宗即位的1194年正"逾二百年"，而且从太祖继迁、太宗德明算，到桓宗纯祐正"成八代"，与《德行集序》完全相符②。

---

① 李范文主编：《西夏通史》，北京：人民出版社，2005年，第158页。

② 聂鸿音：《西夏德行集研究》，兰州：甘肃文化出版社，2002年，第12页。

　　北宋淳化元年（990年）十月，李继迁派破丑重遇贵至夏州诈降李继捧。李继迁率领部落攻城，破丑重遇贵在城中接应，李继捧大败。同年十二月，辽国进封李继迁为夏国王。李继迁靠辽的支持，实力日强，不仅收复了故地，还在北宋咸平五年（1002年）三月，破西北重镇灵州，改名西平府。北宋咸平六年（1003年）正月，李继迁建都西平府。宋遣使议和，宋真宗妥协退让，授李继迁夏州刺史，定难军节度使，夏、银、绥、宥、静等五州观察处置押蕃落等使。李继迁夺回五州地数千里。党项族以此为基地，又迅速地向前发展了①。

　　北宋景德元年（1004年）正月二日，李继迁因伤去世，时年四十二岁，死后其子李德明嗣位。他听取了李继迁的遗言，向宋请和，保持和平。李德明管治最大特色是"依辽和宋"，同时向辽、宋称臣，接受两国封号，并伺机向西发展。数年间，西攻吐蕃和回鹘，夺取西凉府、甘州、瓜州、沙州等地。其势力范围扩展至玉门关及整个河西走廊。由于"依辽和宋"的策略能麻痹辽、宋，西夏得以对外取得和平的环境，对内能专注于经济发展，使辖区内农业有较大的发展。北宋大中祥符五年（1012年），李德明追尊李继迁为"应运法天神智仁圣至道广德孝光皇帝"。宋天禧四年（1020年）把政治中心由西平府迁至怀远镇，改名兴州，即后来西夏的国都兴庆府（今宁夏银川）。宋天圣六年（1028年）正式立长子李元昊为太子。李德明一生，成功保存祖先基业，并且不断扩张势力，为西夏建国奠下了坚实基础②。

　　李德明于宋明道元年（1032年）十一月病死，终年五十一岁。此年，李元昊嗣夏王位，1034年始建年号，1038年称帝，国名大夏。追封祖父李继迁谥为神武皇帝，庙号太祖，陵墓裕陵。追父亲李德明谥为光圣皇帝，庙号太宗，安葬于西夏皇陵中的嘉陵。并开始修建宫殿，设立文武两班官员，创制西夏文，颁布秃发令，派兵攻取瓜州、沙州（甘肃敦煌）、肃州（今甘肃酒泉、嘉峪关一带）三个战略要地。称帝后，西夏与宋朝的关系彻底破裂，经三川口之

---

① 李范文主编：《西夏通史》，北京：人民出版社，2005年，第126—138页。
② 李范文主编：《西夏通史》，北京：人民出版社，2005年，第138—144页。

战、好水川之战、麟府丰之战、定川寨之战四大战役，西夏歼灭宋军西北数万精锐。河曲之战中，击败御驾亲征的辽兴宗，奠定了宋、辽、西夏三分天下的格局①。

因此，序言中说"大白高国者，执掌西土二百余年，积善长生，成八代人"，从 990 年李继迁即位为夏国王，到桓宗李纯祐 1194 年继位，恰好是 204 年，从太祖李继迁到桓宗李纯祐正好是第八代皇帝。再从桓宗李纯祐 17 岁继位，正是"圣上贵寿壮盛"之际，极需要"诸儒等以扶老携幼"，说明纯祐刚刚登基。从而确定此书编写的年代就是桓宗李纯祐执政时期。

二是"此时，上自谨养德，察今观昔，恩德妙光，并置七朝庙内。无尽大功，令立万世沿袭等，实所应也"。这里的"并置七朝庙内"进一步证明了前面七个皇帝已经离世，有了宗庙，此时正是桓宗纯祐执政时期，但确切的编纂年限目前还是无法考证。

曹道乐《德行集》译本中反映出的编纂目的

在此书的序言中就明确地表明了此书编纂的目的：

一、"圣上贵寿壮盛，荫及边中民，诸儒等以扶老携幼，厚承先帝之仁恩。""圣上贵寿壮盛"，指纯祐 17 岁继位，无论从精力和体力来说，正是将仁宗开创的辉煌发扬光大的有利时机。"荫及边中民"，指的就是仁宗皇帝在西夏历史上开创的中兴之势、鼎盛局面仍然惠及整个西夏国。"诸儒等以扶老携幼，厚承先帝之仁恩"，是说即位的桓宗纯祐还很年轻，史料中没有关于他在此之前参加政治活动的明确记载②。缺乏政治经验，由太子到皇帝的角色转换大约让他感到有些手足无措，他迫切需要了解前代君王的治国方略，从而在思想上和政治上尽快变得成熟起来，以继承其父的功业③。此时，这样重大的

---

① 李范文主编：《西夏通史》，北京：人民出版社，2005 年，第 147—152 页。

② 聂鸿音：《西夏德行集研究》，兰州：甘肃文化出版社，2002 年，第 14 页。

③ 聂鸿音：《西夏德行集研究》，兰州：甘肃文化出版社，2002 年，第 15 页。

使命就自然落在这些仁宗朝的旧臣（诸儒）身上，他们既要报答先帝的知遇之恩，又要辅佐新任皇帝尽快进入成熟的理政之道。

二、"皇帝于日察新德，皆亦举目以览，俱足倾耳以听。"从这里可以看出桓宗纯祐自身也很勤奋刻苦，积极进取，努力提高自己的品德修为及治政能力。他能够每天调查研究国情，认真细致地观察治国方略的实效，深刻体会治政理国的新认识、新收获，能够详细地阅览大臣们上呈的奏章，尽心竭力治国理政，侧耳倾听大臣们提出的各种治国方略和建议。这些老臣正是看到了桓宗纯祐勤学上进的态度和举动，才有可能编写《德行集》，让年轻的纯祐皇帝在闲暇时披览。

三、"上自谨养德，察今观昔，恩德妙光，并置七朝庙内；无尽大功，令立万世沿袭等，实所应也。"这是纯祐皇帝"修身（上自谨养德，察今观昔）""事亲（恩德妙光，并置七朝庙内）""平天下（无尽大功，令立万世沿袭）"的具体表现。在儒家思想中有一个严守的准则，即"修身、齐家、治国、平天下"。他们认为君王的个人道德修养是头等重要的，在君王的学习过程中，"修身""事亲""为帝"必须是循序渐进的，而在提升个人道德修养之后，学会"从谏""知人""擢用""慎赏罚"则是为帝的几个必要条件，只有这样，才能做到在"立政"时少犯错误，成为一个合格的天子[1]。这些老臣看到桓宗纯祐初步践行了儒家这一准则，并希望他能够继续沿着这一准则前行，因此编写《德行集》对其进行教育引导。

四、"本察圣帝之前后兴衰，虽欲使知古今治乱源，然真无门可入，无道所用，今不可悟。"这是指出学习治国之道根本没有捷径可走，既不能靠先天得到，也不可能靠悟性而悟到，只有靠自己努力学习历代帝王治国理政之经验教训，深刻领悟历代圣贤们提出的精妙治国之策，才能达到政兴国安的目的。这些老臣可能为桓宗纯祐呈献了许多具体的治国策略，其中之一就是要求在朝

---

[1] 聂鸿音：《西夏德行集研究》，兰州：甘肃文化出版社，2002年，第16页。

的几个儒臣合作为他编写一部教材①，教导桓宗纯祐只有学习历代帝王治国理政之经验，才能得到治乱之法，并暗示这部教材《德行集》的必要性和重要性。

五、"因得敕诏，拜手稽首，欢喜不尽。聚集众儒，纂集要领，昔五帝、三王德行华美，万世远照者，皆依于学古法，依正爱之需数故也。"这是表达这些旧臣们得到"纂集古语"的敕诏后的积极态度和满腔热情，以及报答先帝及当今皇帝的具体行动（扶老携幼，厚承先帝之仁恩）。因而，他们在浩如烟海的中原汉文经典中，经过层层筛选，选取适合《德行集》编辑主旨的文字，经他们的解读或改造，并按照八个章节，译成能让年轻的纯祐皇帝容易学习和理解的西夏文字，并以"昔五帝、三王德行华美，万世远照者，皆依于学古法"来劝嘱纯祐皇帝努力学习从上古至今历代帝王正确的治国之法。

六、"乞皇帝闲暇时随意披览，譬山丘积土以成高，如江河集水因成大等。若人故，不弃言，当有圣智之万中一益，则是惟臣等之福，不仅天下人亦为大福也。"此为这些编写《德行集》的旧臣们对桓宗纯祐寄予的殷切期望和委婉劝导。作为臣子，他们不敢妄言此书选编的语句有多么精要，对治国理政有多么重要，更不敢直接命令式地去让他学习。只能说"乞皇帝闲暇时随意披览"，并用"譬山丘积土以成高，如江河集水以成大"，指出学习是一个日积月累的过程，要有终身学习的态度和行动。并用"若人故，不弃言，当有圣智之万中一益"，指出学习治国之道不要因为人的缘故而随意放弃，也就是说不论他是帝王，还是圣贤，是大臣，还是敌人，只要他说的话，讲的道理是正确的，有益自己，也应该学习。这也可能是《德行集》引用了与西夏为敌的北宋司马光的言论（8处）及苏轼的言论（1处）。这些旧臣以一片赤诚爱国之忠心，表达了对年轻皇帝的殷切希望及呵护之情。

---

① 聂鸿音：《西夏德行集研究》，兰州：甘肃文化出版社，2002年，第15页。

曹道乐《德行集》译本中反映出的编纂主旨及内容

　　曹道乐等人编写的这本《德行集》，将儒家思想作为主体，辅之以道家思想及史家思想等。主要宣扬儒家伦理思想的核心：仁（恻隐之心）、义（羞恶之心）、礼（恭敬之心）、智（是非之心）、信（无欺之心），其目的在于指导年轻的桓宗纯祐解决"治国"和"治家"过程中所遇到的困难。如，治国策略的继承与发展，内政外交的沿袭与变革，自然灾害的应对与处理，国内矛盾的消除与缓解等问题。让桓宗纯祐继续大力推行仁宗时期的"文治"——接受汉族先进的封建文化，不断吸收先进的汉族文化和比较完善的封建国家制度作为养料，加速自身社会发展的进程，继续巩固仁宗统治期间西夏的盛世局面。

　　《德行集》的选材范围是比较广泛的。它上自先秦，下至北宋，共计从19部汉文古籍中选用了54段语句，但引用最多的还是儒家著作，共13部（篇）35段，即：《易》1段，《尚书》5段，《孔子家语》6段，《荀子》7段，《礼记》5段，《孝经》1段，《法言》2段，《新论》1段。另外引用的司马光的奏章《进修心治国之要札子状》2段，《上皇太后疏》2段，《初除中丞上殿札子》1段，以及苏轼《富郑公神道碑》1段和欧阳詹《暗室箴》1段，都反映的是儒家思想。史家著作选用了3部11段，即：《史记》2段，《汉书》6段，《资治通鉴》3段。道家著作选用了2部5段，即：《老子》3段，《庄子》2段。另还选用了古代小说1部3段，即：《说苑》3段。各章节具体引用如下：

序

　　《易·系辞下》：圣人之大宝者，位也。

　　李耳《老子·无为》：天下者，神器也谓。

　　荀况《荀子·王霸》：此二种者……则大乱大衰也。

　　《尚书·说命下》：伊尹莫能……犹生愧。

　　司马迁《史记·屈原贾生列传》：贾谊汉文处……坐毡近坐。

勤学供师章

　　班固《汉书·贾谊传·治安策》：古代帝王……三公之职。

班固《汉书·贾谊传·治安策》：太子在儿童时……是正直人。

班固《汉书·贾谊传·治安策》：与正直人……不可不晓也。

班固《汉书·贾谊传·治安策》：孔子曰……而自然自悟也。

班固《汉书·贾谊传·治安策》：及至太子……传民言。

班固《汉书·贾谊传·治安策》：凡三代……佑助者故。

《尚书·仲虺之诰》：自能得师者……则小为。

修身章

戴圣《礼记·大学》：古代欲明德天下时……能治天下也。

荀况《荀子·君道篇第十二》：或人问治国……源浊则流浊。

刘勰《新论·慎独》：善者……自然来也。

欧阳詹《暗室箴》：君子居暗室……谨慎其行也。

《孔子家语·观周》：昔孔子往观……岂有口罪也谓。

李耳《老子·立戒》：凡知足……处在长久。

戴圣《礼记·曲礼》：故慢者不可……不可使过。

事亲章

杨雄《法言·孝至卷第十三》：父母者……无地岂成。

《尚书·伊训》：故行爱时……至于四海。

戴圣《礼记·祭义》：大孝者……以不怨苦者。

杨雄《法言·孝至卷第十三》：吾见于我大舜。

戴圣《礼记·文王世子》：昔周文王……其上无所增。

《孝经·纪孝行》：故君子事亲……祭时惧然至。

为帝难章

荀况《荀子·王霸》：明主爱简要……则百事毁也。

《尚书·五子之歌》：民可近……何云不慎也。

荀况《荀子·王制》：君者……亦能反也。

荀况《荀子·正论》：汤武得天下者……故谓亡也。

《孔子家语·五仪解》：鲁哀公问于孔子……其为祸变福也。

《孔子家语·三恕》：孔子乃往……持满道也谓。

荀况《荀子·王霸》：国乱则无乐君……与乱遇也。

李耳《老子·益谦》：夫圣人不恃……无与其能争者。

庄周《庄子·杂篇·则阳》：此故，古代为帝者……斜则由己伏罪。

听谏章

《孔子家语·六本》：良药饮时……续不断也。

《孔子家语·困誓》：昔卫灵公……未曾有过谓。

司马光《资治通鉴·唐纪八》：昔唐太宗时……后影者。

《尚书·说命上》：木者……为圣谓者。

知人章

司马光《资治通鉴·周纪一》：有才有德者……故岂来害也。

庄周《庄子·杂篇·列御寇》：古代君子……在明处也。

荀况《荀子·非相》：夫察形……则不害为小人。

用人章

刘向《说苑·杂言》：巧匠削木……斧行处有为。

刘向《说苑·君道》：君王治事于无为……则为王。

戴圣《礼记·檀弓下》：古代君子依礼举人……贬人同陷深渊中。

《孔子家语·贤君》：子路对孔子……亦岂有可得。

苏轼《富郑公神道碑》：君子小人者……亦不可得也。

刘向《说苑·尊贤》：天子其举贤……与小人不共事。

立政章

司马光《进修心治国之要札子状》：治成用道者……治罪不赦。

司马光《进修心治国之要札子状》：其行准……至于亡也。

司马光《上皇太后疏》：若内外百官各自……天子之随心治也。

司马光《上皇太后疏》：夫对下治理其道者……起源时就有也。

司马光《初除中丞上殿札子》：天子其治心……帝之武也。

司马迁《史记·田敬仲完世家》：昔齐威王……天下皆胜强势。

司马光《资治通鉴·晋纪二十六·烈宗孝武皇帝上之中太元五年（庚辰，380年）》：有功不给赏……更他人乎谓。

从《德行集》的译者曹道乐来看，他是番大学院的教授，最后的印校发起者也均是番大学院的学士，那么可以推断此书的编者也应该是精通汉语和西夏语的当时西夏王朝文学造诣最高的文臣，自然他们深谙汉文经典著作。他们在中原古籍的甄选上着实下了一番功夫，他们首先要在浩如烟海的中原古籍中选出这些书籍，然后在这些书籍中遴选出符合《德行集》基本纲要的语段，加上编译者对语段的理解和认识，再依照《德行集》编纂主旨精心取舍语句，将选定的语句加上关联词语或者连缀语句进行润色，编写成逻辑顺序严密、行文脉络清晰的语段，同时将汉文中比较难理解且不能取舍的语句，用浅显的西夏语言来翻译，竟然使得不同古书的不同语段在衔接上浑然天成，毫无拼凑的痕迹。整篇体现出语句优美连贯，用词准确恰当，语意表达准确显明。这就足以体现了编者的高明之处，也反映了当时西夏民族对汉文化学习的融会贯通。

对曹道乐《德行集》译本翻译的认识

西夏是以党项族为主，与汉、藏、蒙等其他多民族杂居的社会。一般来说，杂居区各民族除了使用自己的语言外，还兼用另一个民族的语言，即语言的兼用。语言的兼用是语言接触的产物，是社会需求在语言使用数量上的反映。对一个民族发展来讲，语言兼用是进步的表现。由于语言兼用，少数民族母语与兼用语构成了双语关系。西夏也不例外，西夏党项族使用自己的母语与兼用汉语已构成互补，在日常生活中两种语言交替使用，成为现实生活中两种不可缺少、不可替代的语言工具。再加上西夏立国后创制的西夏文字是参照汉字"六书'（象形、指事、会意、形声、转注、假借）理论，运用合成造字法所创造的表意文字，其中以会意字为主，以形声兼会意、汉语借词、译意字、合意字、韵字等为辅①。二者同属于表意文字体系，在结构、形体、笔画、书体

---

① 杨才年、严复恩:《武威西夏碑整理研究》，兰州：读者出版社，2021年，第221页。

等方面都有共同点。西夏文字中兼用汉语的现象比较多，有些词直接为汉语借词，从语法和修辞方面也有很多借鉴和运用。

在西夏《天盛律令·司序行文门·独不在司品中》中设有番汉大学院（番、汉二字院）的机构。《德行集》的译者曹道乐正是番汉大学院教授，最后签名的三位印校发起者也是番汉大学院的学士，那么肯定地说，和曹道乐一起编写此书的其他人，番汉文水平与曹道乐也不相上下，也是桓宗时期番汉二种语言非常精通的文臣。

各民族文字之间的翻译，都要争取达到信、达、雅，但应以信为主。翻译文献都希望做到既忠实于原文，又能通顺畅达，还能使语言优美漂亮[①]。《德行集》的编译者在翻译过程中，他们既要正确理解古汉语语段表达的意思，又要兼顾文中字、词的含义，还要熟悉古汉语语法特点，特别是要理解古汉语中一些典故，这就更加困难。即使古今许多汉语言大儒，对有些汉语古籍的理解和翻译也各有千秋，更何况这些西夏党项族的文人。《德行集》的编译者，先要结合编辑主旨挑选出需要的文献语段，然后在翻译时仔细释读，精研细磨，对照比较，反复推敲，灵活运用。还要在翻译后验看语句是否合乎番汉二种语法，内容是否合情合理，是否讲得通，是否保留原文的某些句式或韵律，着实是下了一番功夫，不然就不会有这样的效果。

另外，汉文旧版古籍是无标点的（除个别书籍有学者做过传注的），文献翻译释读还要碰到断句的问题。断句不当，歧义迭出，乃至误解。因而在断句时还要注意文章的体裁、语言风格等。同时，《德行集》的编译者，面对的是年龄尚小，且没有读过多少汉文经典书籍的李纯祐皇帝，既要让李纯祐皇帝自己能读懂理解，不能出现经常向上师、国师请教的尴尬，又要能准确表达原文的意思，达到学习理解的目的。《德行集》的翻译就要更加严谨认真，与其他西夏作品相比，译文既要显得简明平易，又要准确达意。因而《德行集》的翻译，对重要且关键的语句一般采用逐字逐句的直译，为了译文的简约，对一些

---

① 史金波：《西夏文教程》，北京：社会科学文献出版社，2013 年，第 421 页。

次要语句是删削后的简短概括性翻译，对原文中出现的一些典故或者比较难懂的概念，如"智伯之亡""格物致知"等编译者有意避开。还有个别语句是灵活的转述。这样译文在不破坏原文本意的基础上变得更为简练，更适合初学者阅读了。

当然，正如聂鸿音先生指出的《德行集》编译者对原古籍个别词语有误解，如：

《尚书·五子之歌》："予临兆民，懔乎若朽索之驭六马。"《德行集·为帝难》译作："予念治众民之难，则若朽索以驭六马。"按《尚书》"懔"字伪孔传训"危貌"，《德行集》译"难"已属不当，又以"懔乎"属上读，其误愈甚。

《礼记·大学》："古之欲明明德于天下者，先治其国。"《德行集·修身》译作："古时欲天下明德时，先治国也。"按《礼记》"明明德"郑氏注："谓显明其至德也。"《德行集》译为"明德"，是误断其中一"明"字为衍文。

《大戴礼记·保傅》："左视右视，前后皆正人。夫习与正人居，不能不正也。"《德行集·学习奉师》译作："左右前后，皆正直人。与正直人同居而互相学习，则不能不正。"按《大戴礼》"习与正人居"的"习"当解作"经常"，犹"习见"的"习"，《德行集》译为"学习"，误。

《荀子·君道》："君者，仪也，仪正而景正。"《德行集·修身》译作："君者，身也，身正则影正。"又《资治通鉴·唐纪八》："君者，表也；臣者，景也。表动则景随矣。"《德行集·从谏》译作："君者，体也；臣者，影也。体动而影后随者，然也。"按《荀子》"仪"字及《资治通鉴》"表"字均指日晷，犹《后汉书·律历志》"立仪表以校日景"，《德行集》译作"身体"，误①。

---

① 聂鸿音：《西夏德行集研究》，兰州：甘肃文化出版社，2002年，第20—21页。

像这种个别字词与原古籍不同，以他们对这些字词的理解造成了不合原著的翻译，这是在所难免的，也是可以理解的。但译后语句表达的意思却也是能讲得通的，是符合西夏人对事物的理解和认识的。

对曹道乐《德行集》重新校注的价值和意义

国内对西夏学及西夏文化研究起步较晚，早期因国内的研究者不易见到原始文献，研究主要是转述俄罗斯西夏学家的研究成果。20世纪90年代以后，随着黑水城出土文献的陆续公布，西夏世俗文献的研究受到国内学者的进一步关注，研究也相对活跃起来，出现了一批较有影响的著作和文章。但从这些研究成果来看，大部分研究成果多停留在对这些世俗文献的介绍上，重点从文物的角度对文献进行个案研究，一般从文献保存的完好程度，清晰程度，其中部分内容的考证，以及更多地倾向于挖掘史料的历史文献价值为主，对世俗文献整体的精准释读，文献本身持有的文学价值等方面的研究还远远不够，譬如修辞、意象、用典、主旨、情感、风土人情、人文情怀等。

不同文化的产生必然与地域有密切的关系，不同的地域养育了不同性格的民族，进而形成了不同的风土人情和精神风貌，而这种情感往往又在世俗文献中存留了下来。文学作品，尤其是用本民族语言文字创作的文学作品，最能反映本民族的风土人情和精神风貌。我们研究西夏世俗文献，既要和西夏党项本民族的风土人情、精神风貌相联系，又要和西夏所在的河西地域的文化背景、风土人情、精神风貌相联系，因为周边不同的民族文化总是相互影响、相互融合发展的。《德行集》正是汉文化与西夏党项文化交流融合的典型之作，它融会汉族经典之作的精华，用西夏语言表现出来，希望通过强调家庭伦理道德和修身执政的儒家理念教育恒宗，从而达到治国图强的目的。

《德行集》的编译者可能就是恒宗李纯祐的上师、国师、德师或者仁师一级的老臣，他们编写此书其目的就是让年轻的李纯祐皇帝严守儒家的一个著名准则，即"修身、齐家、治国、平天下"。先提升道德修养，然后在勤奋学习的过程中循序渐进地加强"修身""事亲""为帝"的这些根本素养，然后再学会"从谏""知人""擢用""慎赏罚"等为帝的这些必要条件,这样,才能在自己主政时少犯错误,成为一个合格的皇帝,继续延续他父亲仁宗时代那样的辉煌。《德行集》作为帝王学习的教材,编译者自然用心是良苦的,至于效果如何,朝代的兴衰更替,往往不可能通过几本书的作用来决定。今天我们再次校注翻译此书,其价值和意义有以下三个方面。

一是采用目前国际上较流行的四行校注法,对个别错误进行纠正及补充,将为学界提供可靠的录文与释文,为西夏文学及其历史文化的研究提供最新史料。四行校注,使读者可以清楚地了解每一个西夏文字、词、句的外形,读音,以及直译与意译的差别,从中理解和掌握一些西夏文的词汇、修辞、语法、句式等西夏语言自身的规律和特点,为阅读其他西夏文献打下基础。我们在译注部分逐一摘录了《德行集》编者参考的汉语古籍语段,并作翻译、浅析,这样读者可以和前面校注部分的西夏文意译作对比,从中学习和体会西夏文和汉语在相互翻译过程中如何做到相互融合的实际情况,能更清楚地了解西夏儒学研究者对儒家经典内容的认识、理解和运用,对我们今天的读者如何准确解读、翻译西夏文献提供借鉴和帮助,同时便于读者了解西夏文与汉语的异同,以便更好地学习西夏文字,更好地理解《德行集》全书的主旨内容。因此,《西夏文〈德行集〉校注》为读者提供了一本内容完整的学习西夏文语言文字,且具有教育和借鉴意义的世俗文学资料。

二是《德行集》融汇了许多儒家道德标准、德行修养、伦理思想、人格理想、人性品格、和谐精神等思想体系,以及道家道法自然,无为而治,与自然和谐相处的思想。这些中国传统文化对于中国传统文化中优秀思想的发扬与传承,就成为历史与现实发展的客观需要。

勤学供师章,它教人克制自己的欲望,并且努力学习"孝、仁、礼、义"等儒家核心素养,培养自己正确的理念,从而淡化或者消除自己错误的欲望,达到身心的和谐。并强调重视个人志向和道德行为的躬行践履。认为理想的人格志向、意志品质来源于亲历、亲为和实践的磨炼,才能成为一个有用的人,才能为社会作出贡献,才能完成自己的人生目标,达到思想的飞跃。

　　修身章中，强调"内省""慎独""正人先正己"，即自我批评自我约束。在学习和实践中探究事物发展的本来面目和规律，明辨道理，而不是"人云亦云"。做事要意念诚实，动机纯正，发自内心，不矫饰不做作，要祛除各种不良情绪和邪念，不为诱惑所动。逐步提高自身的修养，端正自身品德，达到与自己的家人、家庭乃至家族和谐相处，在这个基础上教化他人，进而实现社会的和谐共处。

　　事亲章中，它运用儒家家庭伦理，主张性善论基础上的亲情本位，强调用感情来调节家庭人际关系。这种家人之间的情感关系，必须建立在对个体的尊重和人际双方和谐互动关系的基础上，倡导家人之间亲情的同时，也应正视家人之间的权利、义务、责任等关系，从而形成情感与理智相互促进的和谐家庭生活氛围。

　　三是《西夏文〈德行集〉校注》也可以作为当今人们修养道德、学习中国传统文化精髓的参考资料。当下，经济体制不断变革，利益格局深刻调整，新旧观念相互激荡，给人们的道德观念带来了巨大冲击，这是一些领导干部出现问题的外部原因。但与此同时，有些人主观层面不注重学习，放松了道德修养方面的自我要求，这是他们迷失的重要内因。阅读此书，可以增强他们的价值判断力和道德责任感，提醒他们"慎权、慎独、慎微、慎友"。

　　为帝难章中，提到的"民本"思想，和我们党坚持的"立党为公，执政为民"思想是一脉相承的，还有列举的鲁桓公宗庙内有欹器的典故，告诫人们要永远牢记"满招损，谦受益"，以及与民无争"故天下无与其能争者"的道理。对当今党员干部有很现实的教育意义。

　　听谏章中，"君者，体也；臣者，影也。体动则引后影者，明也谓。""木者，因墨弦为直；君者，以听谏为圣谓者。"此话虽然是对古代帝王而说的，但他反映的道理却是古今通用的，强调为政者应在道德方面起表率作用，尤其主张为政者应以伟大的人格力量去感召天下，认为道德乃政治之本，要德服天下，而不是威服天下。

　　知人章中，关于"德"与"才""君子"与"小人"的辩证论述，以及察人九法，重点强调一个人的道德品质是区别"德"与"才""君子"与"小人"的关键。君子心胸平坦宽广，看重的是道义，恋念仁义道德、法令制度，能严格要求自己，在急难险重时，仍然坚持原则，在日常生活中，君子能成全别人的好事，与人相处处理好亲清、勤廉关系，泰然自若而不骄傲。君子在一视同仁地、平等宽厚待人的同时，又能在社会交往中坚持个体的独立自主性和正义性。君子的一切社会行为，都是以道德志向将彼此相联系。表现君子的独立自主的人格和宽容博大的人道情怀，是和谐社会的主体道德实践，凝聚和体现时代精神。

用人章中，"天子其举贤者，知后应用，用后应保，保后应信，信后应使与小人不共事。"对我们现在选拔任用干部及用人机制上仍然有指导性的作用。中国当今的选贤任能、干部提拔制度不断改进和完善，通过采取有效的制度措施，摒除中国传统贤能推举制度中的弊病与恶习。这些从长期的历史社会实践中总结的经验，具有中国传统文化基础和优势，在现今的行政体制中仍然具有一定的积极作用。

立政章中，"治成用道者有三种：一者依官举人，二者赏赐用信，三者治罪不赦。""天子其治心有三种要：一者谓仁，二者谓明，三者谓武。""有功不给赏，有罪不决断，则虽是尧舜，亦不能为治中，更他人乎谓？"这些内容对解决我们现在干部的庸政、懒政，不担当、不作为有一定的借鉴意义。

西夏时期的《德行集》作为"夏译汉籍"的典型代表，不仅是西夏文化吸收中原文明的历史见证，更在铸牢中华民族共同体意识方面具有深远的现实意义。其翻译并非简单转译，而是结合西夏本土需求进行编译，如《德行集》即是对汉文典籍的选编与诠释，体现了西夏对中原文化的选择性吸收与再创造。西夏政权通过翻译汉籍，主动融入中原文化体系，这种"译经为用"的行为反映了对中华文化内核的认同。例如，《德行集》作为道德伦理类译著，通过传播儒家忠孝节义思想，强化了西夏社会对中华文化价值的接受，成为多民族文化交融的纽带。辽宋西夏金时期，少数民族政权通过翻译汉籍实现文化整合，如《德行集》译本，不仅是学术研究的重要资料，更揭示了中原文化对边疆民族的深刻影响，这种文化互动为元朝统一奠定了基础，印证了中华民族共同体形成的历史必然性。从物质、文化到精神层面的交融，《德行集》等译著促进了民族间"形"（物质交往）、"气"（文化交流）、"神"（精神认同）的融合。西夏通过翻译儒家经典，将中原伦理与本土习俗结合，形成了兼具多元性与统一性的文化体系，为共同体意识提供了历史范本。对《德行集》等的研究不仅具有校勘、训诂等学术意义，更能从历史维度深化对"五个认同"的理解，也成为西夏文化交融的缩影，展现了中华民族共同体意识形成的历史脉络。

西夏文校读

第1叶右面

01-1-01

𗣼①	𗤴	𗤨	𗐬
tśhja²	dźji	śioo¹	bu¹
德	行	集	序
德行集序			

01-1-02

	𗏁	𗙏	𗥔②	𗦩	𗒀③	𗕾	𗣼	𘝞	𗧯	𗟭
	mji²	ljij²	γiew¹	dzjiij²	tśjij¹	tshew¹	tśja¹	tshow¹	lhej²	deej¹
	番	大	学	教	正	曹	道	乐	译	传
	番大学教授曹道乐译传									

01-1-03

𗟲	𗫂	𗣀	𗷒	𗧃	𗾮:	"𗝴	𗋽	𗅲	𗙏	𘟒	𗢭,	𗆀	𗦻。"
bji²	mji¹	dzjı¹	·jwir²	kha¹	tshjiij¹	śjij²	dzjwo²	·jij¹	ljij¹	lji¹	tja¹	lu²	ŋwu²
臣	闻	古	书	中	说：	"圣	人	之	大	宝	者，	位	也。"
臣闻古书中说："圣人之大宝者，位也。"													

---

① 𗣼：此字为多义字，有"德、正、贞、平、静、至、直、尊、方"的意思。有学者将"𗣼𗤴"译为"正行"，笔者认为不恰当，根据后文讲述的内容，多指养德、修身有关，因而译为"德行"较为妥帖。

② 𗒀𗕾：后落一个"𘝞（院）"字。据《新集慈孝传》题记，曹道乐官职为"中兴府承旨番大学院教授"。另在《天盛律令·司序行文门》独不在司品中有"番汉大学院"一职。西夏大庆元年（1036 年）立番、汉字院，"元昊既制番书，尊为国字，凡国中艺文诰牒，尽易番书。于是，立番字、汉二院。汉习正、草；番兼篆、隶。其秩与唐、宋翰林等。汉字掌中国往来表奏，中书汉字，旁以番书并列；番字掌西番、回鹘、张掖、交河一切文字，并用新制国字，仍以各国番字副之。以国字在诸字之右，故番字院特重"。从"汉字掌中国往来表奏"，"番字掌西番、回鹘、张掖、交河一切文字"来看是中国古代非常典型而传统的文书工作职责，因此，可以肯定地说，番、汉二字院（即番汉大学院）是中书省下所设的西夏中央机构中具体管理番、汉文书撰拟任务及其指导并规范各司署衙门文书工作的机构。（清·吴广成撰，龚世俊等校证：《西夏书事校证》卷 12，兰州：甘肃文化出版社，1995 年。）

③ 𗦩𗒀：对译为"教正"，意译为"正教"，即"教授"。

01-1-04

綴	斔	："𦌺	敹	纞	祧	䔈①	歊	劦。"	灘	楒	毅	纞	薣
·ji²	ŋwuu¹	ŋwər¹	khju¹	tja¹	nja¹	gju²	ŋwu²	·ji¹	thji²	nji̵¹	mə²	tja¹	tśja¹
复	曰	"天	下	者，	神	具	也	谓。"	此	二	种	者，	道

又曰："天下者，神器也谓。"此二种者，以

01-1-05

纊	敹	纞	絳	歊	纞	歊	敪	斨；	慨	薣	敹	纞	絳
dźjij²	ŋwu²	·jiij¹	ku¹	ljij²	du¹	ljij²	wejr¹	lji¹	mji¹	tśja¹	ŋwu²	·jiij¹	ku¹
有	以	持，	则	大	安	大	盛	也；	无	道	以	持，	则

有道持，则大安大盛也；以无道持，则

01-1-06

歊	巚	歊	絔	歊。	豻	牠
ljij²	ŋewr¹	ljij²	dźju²	lji¹	dzjwi̵¹	sjiij²
大	乱	大	衰	也。	敬	思

大乱大衰也。敬思。

01-1-07

祥	阠	噸	歊②	纞	惭	絾	豯	韒③	楒	緃	叕	祇，	蓊
phiow¹	bjij¹	lhji̵j²	ljij²	tja¹	lji¹	tser¹	dzju²	ɣiwej¹	nji̵¹	·jir²	kjiw¹	dzjij¹	neew²
白	高	国	大	者，	西	土	主	受	二	百	年	余，	善

大白高国者，执掌西土二百余年，积

---

① 䔈：器皿、具。这里根据上下文意译为"器"。

② 祥阠噸歊：对译为"白高国大"，意译为"大白高国"。西夏文献中用以西夏自称。对"大白高国"的解释可谓众说纷纭，较为合理的意见概括为两大类：其一，认为党项人崇尚白色。王炯、彭向前依据"五德终始说"撰文认为，西夏自命"西朝"，在中国五行相配学说中，西方属金，金主白色，故以色尚称国，意在标榜继大唐王朝的土德之后取得金德为正统，显示与其他并立政权的对等性。（王炯、彭向前《"五德终始说"视野下的"大白高国"》，《青海民族学报·社会科学版》，第35卷第3期，2009年7月）因此得国名"大白高国"。其二，认为是河流名。此河与党项族的起源密切相关。"白高河"即"白河上游"，"白河"通常传为"白水"，可能是今四川西北的"白水"。白水流域是汉代羌人的原居地，西夏人建国后，以"大白高国"命名，可能与西夏人追怀祖先的情结有关。

③ 豯韒：直译为"主受"，意译为"执掌、主持"。此处根据上下文意译为"执掌"。

第 1 叶左面

01-2-01

𗋽	𗰺	𗼮	𗀱	𗼇	𗼱	𗼄
duu¹	gjii¹	zjir²	·jar¹	mjir¹	śjij¹	we²
积	生	长	八	人	代	成

善长生，成八代人。

01-2-02

𗀉	𗦴	𗥃	𗥑	𗉞	𘄒	𗷢	𗫂	𗥾①	𗀔②	𗢳	𗉩	𗤋
tju²	rər²	khjwi²	rejr²	lji¹	tser¹	śji²	gjwi¹	lwo²	śjij¹	dzjọ¹	lụ¹	ljij²	ŋər¹
祖	庙	牢	安	及	社	稷	坚	固	然	譬	石	大	山

宗庙安牢及社稷坚固然，譬如大石

01-2-03

𗋽	𗱦	𗤁	𗩾	𘀄	𗭼	𗨁	𗣼	𗤉	𗥑	𗁅	𗗙	𗼮	𗼄
so²	sju²	ljiir¹	rjiir²	·ju¹	kjir²	mjijr¹	mjij¹	dźjij²	sjij²	dzu¹	dzjwɨ¹	lew²	we²
高	如	四	方	视	敢	者	无	有	民	爱	敬	堪	为

高山，四方没有敢望者，民堪为敬爱

01-2-04

𗤋	𗵒	𗵽	𗼶③	𘃡	𗥃	𗋽	𘜶	𗼒	𗼱	𗼱	𗥾	𗱈	𗏵
tja¹	wa²	nioow¹	·jɨ¹	ku¹	dźji	duu¹	·ioow¹	dzjiw¹	śjij¹	śjij¹	tśhja²	djọ	tśja¹
者，	何	故	谓？	则	业	积	功	积，	世	世	德	修，	道

者，何故谓？则积业积功，世世修德，以

---

① 𗥾：（1）作语助，有"顺、依顺、其"之义。（2）为结构助词，构成词缀。加在名词、动词、副词之后，是一个名物化助词。（3）作形容词或副词词尾，相当于汉语中助词"然（……的样子）"，用于句末，表肯定、断定的语气；或表示比拟的语助词。在这里按形容词词尾讲，可译，也可不译。

② 𗀔：本是"喻、比喻、譬"的意思，在这里按"譬"讲。

③ 𗼶：此词在西夏文文献中大多表明西夏语中的引述格，用引述词"𗼶"表示。"𗼶"本身可以是一个普通行为动词，意为"谓、说、曰、云、白"。但"𗼶"最重要、最多见的是做引述词。"𗼶"作引述词时，置于引述内容之后。它又可分为两种情况：（1）对话引述。西夏语中对话时，将引述词"𗼶"置于所引述话语完结后，表示前面为引述语，话语完结。在引述时，"𗼶"与句首主语后的动词"觥（言、话、语）"相匹配、呼应。由于汉语中无这种引述格助词，在翻译西夏文时常将他译为"……谓"，有时难以译出时，可不译。（2）名称引述。有时并非对话，而仅是引述特定名称，其后也置"𗼶"。

01-2-05

𗼮	𗥃	𗟲	𗗙	𗳙。	𗰔①
dźjij²	ŋwu²	·jiij¹	nioow¹	lji¹	śji¹
有	以	持	故	也。	昔，

有道持故也。昔，

01-2-06

𗼻	𗋽		𗢭	𗵒，	𗦟	𗖊	𗈁	𗒹②	𗵘	𗰭	𗋽	𗋽，	𗇋
·wejr²	we²		ŋwər¹	dzjwɨ¹	ljiɨr¹	ŋjow²	dzjʉ²	dzjij²	·jir²	mə²	ŋewr¹	ŋewr¹	wja¹
护	城		皇	帝，	四	海	雨	堑，	百	姓	杂	乱，	父

护城皇帝，四海雨淹，百姓杂乱，父

01-2-07

𗤁	𗇁	𗋽	𗰰	𗙴。
mja¹	ljwij¹	sju²	giee¹	bju¹
母	亡	犹	次	依

母犹依次亡。

---

① 𗰔：昔。若在汉语中，"昔"后面应该接着叙述，但在西夏文献中往往出现二种情况：一是在"佛""皇帝""皇太后"这些词前空一格，或者另起一行书写，二是出现"臣"及臣名时缩小字体书写。这种书写形式体现了西夏社会百姓对佛祖及皇权的崇敬膜拜心理。此处为第一种情况。

② 𗈁𗒹：雨堑。雨堑，即雨水冲刷而成的壕沟。根据上下文的文意，似为当时西夏遭受持续降雨，冲毁淹没了大量的农田和房屋。因而这里可将此词译为"雨淹"。

第 2 叶右面

02-1-01

西夏文													
ŋwər¹	dzjwi¹	mə¹	dźjij²	lji¹	lu²	twę¹	lhjij¹	mjijr²	nja¹	dwuu¹	·wụ²	be²	lhjij²
皇	帝	天	纲	宝	位	袭	承	灵	神	密	佑	日	月

皇帝承袭天纲宝位，神灵密祐，日月

02-1-02

西夏文													
·ji²	swew¹	·u²	djir²	mjii¹	zeew¹	·ioow¹	ljij¹	djij²	wji¹	dzjwo²	nja¹	bju¹	gji²
重	照	内	外	治	监	功	大	定	做	人	神	依	依

重光，内外监治，大功告成，人神相依

02-1-03

西夏文								
tji²	rjir²	mər²	lju²	·wejr²	·jiij¹	rjir²	lew²	sjij¹
处	得	源	头	护	持	相	同	今

处得源头，护持相同。今，

02-1-04

西夏文									①,	②			
phju²	śjij²	yiwe¹	zjọ²	bạ²	njwi¹	bju²	gu²	sjij²	lji¹	lhwu¹	biej¹	rjijr²	nji²
上	圣	贵	寿	壮	盛	边	中	民	及	衣	枚	儒	等

圣上贵寿壮盛，荫及边中民，诸儒等

02-1-05

西夏文			③								
nar²	dźjwi²	thjwị¹	śio¹	ŋwu²	śji¹	dzjwi¹	·jij¹	dźjwu¹	lji¹	ljịi¹	lhjij²
老	扶	幼	引	以	先	帝	之	仁	恩	厚	承

以扶老携幼，厚承先帝之仁恩。

---

① 蘸：本是"衣服"的意思，这里按动词"衣"讲，是"覆盖"之意。此处根据上下文意译为"荫"。

② 糀：此字在原稿中右边上面多出一撇，是"糀"的讹体。"糀"是"枚、厘、条、枝、株、竿、弦"之义，音为［麦］［猛］与"枚"音近，此处疑为音译"每、每一个"，汉译时因"每"与后面的"儒"不能搭配，故根据上下文意译为"诸儒"。

③ 厐：本是"引、导、将、诱"等之义，此处根据上下文意译为"携"字。

02-1-06

𗣼	𗦽	𘖑	𗤁	𗢯	𗇋	𘂪，	𗣼	𘝯	𗀔	𘜶	𗧘	𗥃，	𗎫
ŋwər¹	dzjwɨ¹	do²	njɨ²	sjiw¹	tśhja²	thjuu¹	zji²	tsji¹	mej²	tśhjij¹	ŋwu²	dźjij²	ŋowr²
皇	帝	于	日	新	德	察，	皆	亦	目	举	以	览，	俱

皇帝于日察新德，皆亦举目以览，俱

02-1-07

𗏁	𗢳	𘞪①	𗧘	𘄒。	𗣼	𗦫	𗎀	𗧟	𗇋	𗅁	𘄒	𗷅
lhə²	nju¹	tji¹	tsji¹	nji²	thji²	dzjij¹	tśhjaa¹	·jij¹	tśhjwɨj¹	tśhja²	·jur¹	sjij¹	seew²
足	耳	置	以	听。	此	时，	上	自	谨	德	养，	今	察

足倾耳以听。此时，上自谨养德，察今

---

① 𘞪：本是"置、放、安、设、始、专"等之意，此处根据上下文意译为"倾"。

第 2 叶左面

02-2-01

𗣼	𗂂	𗥼	𗼉	𗤻	𗢩
njwo²	kaar¹	tśhja²	lji²	thjoo¹	bji¹
昔	窥	德	恩	妙	光,

观昔，恩德妙光，

02-2-02

𗧓	𗤺	𗏆	𗎘	𗫂	𗥃	𗫻	𘟂	𗣓	𗥃	𗟭	𗫡	𗧘①
śja¹	śjij¹	rər²	·u²	du¹	lji¹	sji¹	mjij¹	ljij²	·ioow¹	khji²	śjij¹	twẹ¹	do²
七	世	庙	内	置	并;	尽	无	大	功,	万	世	袭	处

并置七朝庙内；无尽大功，令立万世

02-2-03

𗿒	𗼑	𗍋	𗤒	𗵒	𗈪	𗀔	𗝟	𗟨	𗴭	𘘛②
dzji²	phji¹	nji¹	źjɨr¹	kji¹	wo²	lji¹	mji¹	·ji¹	dạ²	ŋwə²
立	令	等,	实	所	应	也。	此	刻	言	五:

沿袭等，实所应也。此刻言五:

02-2-04

𗏁	𗴭	𗓁	𗠟	𗾝③	𗁬	𗴼	𗀔	𗤒	𗣼	𗴭	𗤆	𗥼④	𗥼	𗧘
śjij²	zur²	wji²	to²	twụ²	zjɨr¹	bji²	·jij¹	dzju¹	njwo²	dạ²	śioo¹	ror²	tśhja²	dźjɨ
圣	诏	已	出	真,	微	臣	之	诏,	古	言	纂	敛,	德	行

圣诏已颁降，诏命微臣，纂集古语，选择

---

① 𗧘：对格助词，常附在名词、代词及部分词组之后，表示动作发生的处所，有"于……""……处所""……处所"之义。这里"𗟭𗧘"，袭处。这里根据上下文意可译为"沿袭"。

② 𘘛：这里的"言五"，指下面五句话。"圣诏已颁降，诏命微臣，纂集古语，选择德行以可观，愿准备一本谓。"

③ 𗾝：对译为"出真"，意译这"真出"。此处根据上下文意可译为"颁降"。

④ 𗥼：本意为"集敛、聚敛"，此词多用于财物，此处根据上下文意可译为"纂集"。

02-2-05

𘕿	𗠉	𗹦	𘃡	𗿒，	𗰖	𗈁	𘃽	𗙏	𗪨	𗱀。	𗾈	𘓓	𗸐
tsjiir¹	gjij¹	tsji¹	·juu¹	lew²	·a¹	tśhji²	wjij²	dzji¹	dji²	·ji¹	bji²	nji²	rjijr²
选	择	以	看	可，	一	本	愿	准	备	谓。	臣	等	儒
德行以可观，愿准备一本谓。臣等儒

02-2-06

𘕕	𗩴	𗹦	𗙏	𗹃	𗂙	𘜶，	𗩈	𗏁
tśju¹	wạ²	tsji¹	tshji²	ljij²	kha¹	wjij¹	·jij¹	lhjij²
事	保	以	侍	奉	中	在，	自	国
职以保在侍奉中，是本

02-2-07

刄	𗩴	𘃜	𘉅	𘃡	𘙰。	𗁅	𗫉	𗰖	𗋽	𗥃	𗆍	𗰜	𘝯
śjij²	tśhja²	rjir²	pjụ²	zjir²	we²	·ji¹	·jwĩ¹	thow¹	njij²	·jij¹	tśjij²	phji¹	mji¹
圣	德	乃	荫	长	是。	伊	尹	汤	王	之	正	使	莫
国圣德乃长荫。伊尹莫能使汤王修

第 3 叶右面

03-1-01

𗿎,	𗄴	𗸟	𘊟	𗃌	𗅲	𗬝	𗡞	𗿎;	𗪘	𗥃	𗒃	𗒘	𗥃
njwi²	ku¹	·jij¹	lhjoor¹	lhji¹	sju²	zar²	śjwo¹	lji¹	kia¹	gjii¹	xã²	wẽ¹	do²
能,	则	自	市	答	犹	愧	生	并;	贾	谊	汉	文	处
正,则自市答并犹生愧;贾谊汉文处													

03-1-02

𗯷	𗣛	𗄆	𗿎,	𗉺	𗥃	𘜶	𘓟	𗣊	𗡞	𗩱	𗴾	𘑲	𗅲
·jir¹	bju¹	ku²	njwi²	nioow¹	dzjwi¹	dzuu²	lju¹	njowr²	ŋwu²	njij¹	wji¹	nji²	sju²
问	因	答	能,	故	帝	坐	毡	迁	以	近	为	等	犹
因问能答,故帝犹以迁坐毡近坐等。													

03-1-03

𗝾	𗥃	𗄆	𗧁	𗄴	𗳄	𗥃	𗤫	𗂈,	𗣜	𘊟	𗐞	𗰗	𘕰
śjij²	dzjwi¹	·jij¹	śji¹	ku¹	wejr¹	dźju²	mər²	seew²	njwo²	sjij¹	mjii²	ŋewr¹	ɣjow¹
圣	帝	之	前	后	兴	衰	本	察,	古	今	治	乱	源
本察圣帝之前后兴衰,虽欲使知古													

03-1-04

𗑗	𗼨	𗡞	𗐴,	𗟻	𗎩	𗤏	𗳄	𗷒	𗁣,	𘝸	𗱱	𗅆	𗄈,
nwə¹	phji¹	lji¹	kiej²	djij¹	twụ¹	·o²	tji²	ɣa¹	mjij¹	dja¹	sji¹	tśja¹	mə¹
知	使	虽	欲,	然	真	入	处	门	无,	所	用	道	无,
今治乱源,然真无入门处,无道所用,													

03-1-05

𗐞	𗟻	𘝗	𗳄		𗳭	𗤏	𗡞	𘊟	𗂈	𗥃①	𗥃	𗥃②	𘞃
sjij¹	ljij¹	mji¹	tji²		zur²	dzju¹	rjir²	·jiw¹	·ju²	tshwew¹	ljụ¹	ljiij¹	de²
今	悟	不	可。		敕	诏	得	因,	高	拜	首	留,	喜
今不可悟。因得敕诏,拜手稽首,欢													

---

① 𗥃𗥃:高拜。高拜,即古代"拜手"礼。拜手,古代汉族男子一种跪拜礼。正坐时,两手拱合,低头至手与手心平,而不及地,故称"拜手"。亦叫"空手""拜首"。

② 𗥃𗥃:对译为"首留",意译为"留首"。留首,即古代"稽首"礼。稽首,指古代跪拜礼,为九拜中最隆重的一种。常为臣子拜见君主时所用。跪下并拱手至地,头触碰在地上且停留一会儿。

03-1-06

𗗥	𘀗	𗏖。	𗱕	𗣼	𗯿	𗾖①	𗟲	𗾖②	𗜐	𗺉。	𗠁	𘓐	𗓽、
ljij²	mji¹	sji¹	·ji¹	rjijr²	thjwi²	lji²	tshji¹	rjijr²	śioo¹	ror²	njwo²	ŋwə¹	dzjwɨ¹
欢	不	尽。	众	儒	聚	合，	要	向	纂	敛。	昔	五	帝、
喜不尽。聚集众儒，纂集要领，昔五帝、

03-1-07

𗦲	𗾟	𗇁	𗩈	𗤁	𗤁③	𗏆	𗚩	𗃛	𗲾	𗥦	𗠁	𗤋
sọ¹	njij²	tśhja²	dźji	wja¹	wja¹	khji²	śjij¹	khwa¹	swew¹	tja¹	zji²	njwo²	tsjiir¹
三	王	德	行	美	美，	万	世	远	照	者，	皆	古	法
三王德行华美，万世远照者，皆依于

---

① 𗯿𗾖：本意是"聚合"，根据上下文意可译为"聚集"。

② 𗟲𗾖：本意是"要向"，即主要方向。此处根据上下文意可译为"要领"。

③ 𗤁𗤁：对译为"美美"，重叠后即"华美"的意思。

第 3 叶左面

03-2-01

𗾨	𗥃	𗼃	𗿷	𗵒	𗾮	𗰖	𗤒	𗬠	𗣼	𗈜	𗟻	𘝵	𗣋
γa²	gji²	γiew¹	dzu¹	tśjij¹	bju¹	·jij¹	tshji¹	sej¹	nioow¹	lji¹	io¹	γiew¹	śjij¹
于	依	学,	爱	正	依	之	需	数	故	也。	凡	学	法

学古法，依正爱之需数故也。凡学法

03-2-02

𗈪	𗁅	𗯼	𘌢	𗤋	𗣋	𘅳	𗰖	𗣋	𗕢	𗀯	𗼑	𗂍	𗈜
tja¹	twụ¹	·jwir²	dji¹	do¹	tshjɨɨ¹	rjar¹	sjij²	dzjiij¹	zjij¹	ŋwuu¹	rejr²	gjii²	lji¹
者,	真	文	字	读	诵、	书	写	学	直	言	多	求,	并

者，诵读、书写真文字，多求学直言，并

03-2-03

𗾹	𗦜	𗢷①	𘄄	𗈪	𗣋	𗵒	𗁅	𗤒	𘄄	𗋽	𗣋	𗢳
njaa²	seew²	meej²	lew²	tja¹	·o¹	tśjij¹	njiij¹	twụ¹	·jij¹	dźjɨɨ¹	mji¹	lhjwi¹	mər²

非 测 思 应 者。 腹 正 心 直, 自 舍 他 取 本

应思考非者。腹正心直，自舍他取本

03-2-04

𗊱	𗤋	𗼃	𗤒	𗺬	𗣋	𗣋	𗋽	𗁅	𗣋	𗢳	𗈜	𘝵	𗣋
γjow¹	tśhji¹	kjij¹	tshji¹	rjijr¹	lhjwi¹	ŋwu¹	ljụ¹	djọ²	śjij¹	mər²	nwə¹	gjii²	lji¹
源,	本	释	要	向	取	以,	身	修	其	本	知	求	也,

源，以取要领释本。修身，其本求知也，

03-2-05

𗊱	𗁅	𗈪	𗁞	𗤋	𗙴	𗢷	𗣼	𗈪	𗋽	𗣋	𗩾	𗎡
ljụ²	djọ²	njwi²	ku¹	śji¹	dzjwo²	tśja¹	kha¹	ljij²	tja¹	nwə¹	lji¹	sji¹	mjij¹
身	修	能,	则	先	人	道	中	大	者	知	也。	尽	无

能修身，则知先人道中大者也。知无

---

① 𗦜𗢷：本意是"测思"。此处根据上下文意可译为"思考"。

03-2-06

𗋽	𗣾①	𗩳	𗏁	𗋕	𗤵	𗏹	𗧓,	𗣷	𗣀	𗰿	𗤁	𗫂	𗧓。
lji²	tja¹	wja¹	mja¹	su¹	dzjij¹	mjij¹	nwə¹	mja¹	nioow¹	njij¹	tshji²	njwi²	lji¹
恩	之	父	母	胜	过	莫	知,	然	后	亲	事	能	也。

尽之恩莫胜过父母，然后能事亲也。

03-2-07

𗼃	𗖍	𗰿	𗤁	𗏁	𗤭,	𗣼	𗣰	𗧓②	𗦳	𗧊	𗏁	𗤀	𗣷
dzu¹	bjuu¹	njij¹	tshji²	do²	dźjwa¹	ŋwu²	tśhja²	dzjiij²	·jir²	mə²	do²	nji²	mja¹
爱	敬	亲	事	于	毕,	以	德	化	百	姓	于	至,	然

于敬爱事亲毕，以教化至于百姓，然

---

① 𗣾：（1）者，语助。作为助词，常附在动词、形容词或者基数词之后，具有"者"之义。（2）作为助词，具有"以、之、乃、则"之义。（3）作为主格助词时，在句中常起提示主语作用，有强调主语的功能，但并非每一主语下皆用主格助词，只有在必要强调主语时才用。此处按助词讲，译为"之"。

② 𗣰𗧓：本意是"德化"。此处根据上下文意可译为"教化"。

第 4 叶右面

04-1-01

nioow¹	dzjwi¹	wji¹	njwi²	lji¹	dzjwi¹	wji²	gie¹	tja¹	pjwiir¹	nji¹	ɣa²	·o¹	twu¹
后	帝	为	能	也。	帝	为	难	者	谏	听	于	在，	忠

后能为帝也。为帝难者，在于听谏，欲

04-1-02

pjwiir¹	lhjij²	kięj²	ku¹	dzjwo²	nwə¹	ɣa²	·o¹	thja¹	dzjwo²	nwə¹	ku¹	śjwo¹	bjij¹①
谏	受	欲，	则	人	知	于	在。	其	人	知，	则	用	升

受忠谏，则在于知人。知其人，则在于

04-1-03

ɣa²	·o¹	śjwo¹	bjij¹	mər²	tja¹	lew¹	bjuu¹	bjo²	ɣa²	·o¹	bjuu²	bjo²	djij²②
于	在。	用	升	本	之，	惟	赏	罚	于	在	赏	罚	定

重用。重用之本，惟在于赏罚。赏罚必

04-1-04

dźiej²	mər²	njiij¹	zji²	kha¹③	dźju¹	swew¹④	·jiij¹	tśhja²⑤	ku¹	不详	dzji²	śjij¹	tśja¹
信，	本	心	最	中，	显	照	平	正	则	政	立	其	道

信，本心最中，明亮公正，则立政其道

04-1-05

ŋowr²	mə¹	zji¹	·jij¹	dą²	dźjwa¹	lji¹	thji²	nioow¹	dzjiij²	ɣiew¹	ɣa²	śjwo¹	不详
全，	天	子	之	事	毕	也。	此	故，	师	学	于	起，	政

全，天子之事毕也。此故，起于学师，至

---

① 对译这"用升"，意译为"升用"。此处根据上下文意可译为"重用"。

② 定。此处根据上下文意可译为"必"。

③ 中。此处意为"中间"，不偏心、公正的意思。

④ 对译这"显照"，意译为"显明"。

⑤ 平正。此处根据上下文意可译为"公正"。

04-1-06

[illegible]	[illegible]	[illegible]，	[illegible]	[illegible]	[illegible]	[illegible]①	[illegible]	[illegible]。	[illegible]	[illegible]	[illegible]	[illegible]	[illegible]
dzjị^{2}	ɣa^{2}	njɨ^{2}	djii^{1}	ŋwu^{2}	·jar^{1}	tjij^{1}	dja^{2}	we^{2}	njwo^{2}	śjij^{1}	ŋwuu^{1}	dźjij^{1}	śio^{1}
立	于	至，	分	以	八	章	而	成。	古	代	言	行	引
于立政，以分八章而成。以引古代言													

04-1-07

[illegible]	[illegible]	[illegible]，	[illegible]	[illegible]	《[illegible]	[illegible]	[illegible]》	[illegible]。	[illegible]	[illegible]	[illegible]	[illegible]，
ŋwu^{2}	mər^{2}	wji^{1}	mjiij^{2}	tja^{1}	tśhja^{2}	dźjɨ	śioo^{1}	·jɨ^{1}	dzjɨ^{1}	ŋwu^{2}	rjar^{1}	sjịj^{2}
以	本	为，	名	之	《德	行	集》	谓。	谨	以	书	写，
行为本，名之《德行集》谓。谨以书写，												

① [illegible][illegible]：八章。即后面分别论述的“勤学供师章、修身章、事亲章、为帝难章、听谏章、知人章、用人章、立政章”。

第 4 叶左面

04-2-01

西夏文	西夏文①	西夏文	西夏文②	西夏文	西夏文
we¹	dźjwi²	·ju²	bjij¹	lew¹	tji¹
龙	床	前	升。	惟	愿

敬献龙座。惟愿：

04-2-02

西夏文	西夏文	西夏文	西夏文③	西夏文	西夏文	西夏文④	西夏文	西夏文⑤	西夏文	西夏文⑥	西夏文	西夏文	西夏文
ŋwər¹	dzjwi¹	ɣiã¹	źiejr²	dzjij¹	tśhjaa¹	bji¹	·ju²	bioo¹	śjij²	mjiij¹	ŋər¹	low²	lhji²
皇	帝	闲	居	时	上	下	看	观	乞,	譬	山	丘	尘

乞皇帝闲暇时随意披览，譬山丘积

04-2-03

西夏文	西夏文	西夏文	西夏文	西夏文	西夏文	西夏文	西夏文	西夏文	西夏文	西夏文	西夏文	西夏文	西夏文
duu¹	ŋwu²	so²	we²	mja¹	śjwa¹	zjiir²	śioo¹	bju¹	ljij²	śjij¹	nji²	sju²	tjij¹
积	以	高	成,	河	江	水	集	因	大	成	等	如。	若

土以成高，如江河集水因成大等。若

04-2-04

西夏文	西夏文	西夏文	西夏文	西夏文	西夏文	西夏文	西夏文	西夏文	西夏文	西夏文	西夏文	西夏文	西夏文
dzjwo²	nioow¹	ŋwuu¹	mji¹	dźjiir¹	śjij¹	sjij²	·jij¹	khji²	kha¹	lew¹	lhu¹	lew²	dju¹
人	故,	言	不	弃,	圣	智	之	万	中	一	益	当	有,

人故，不弃言，当有圣智之万中一益，

---

① 西夏文：床。此处义为"座床、座位"的意思，故译为"座"。

② 西夏文西夏文：前升。此处根据上下文意可译为"敬献"。

③ 西夏文西夏文：闲居。此处根据上下文意可译为"闲暇"。

④ 西夏文西夏文：本意为"上下"。此处根据上下文意可译为"随意"。

⑤ 西夏文西夏文：对译为"看观"，意译为"观看"。此处根据上下文意可译为"披览"。披览，翻开阅读。

⑥ 西夏文：喻、譬。原文写为"西夏文（尸）"，根据上下文意看，此字应为"西夏文（譬）"的讹写，左边部首多写一撇。

04-2-05

[illegible]	[illegible]	[illegible]	[illegible]	[illegible]	[illegible]	[illegible]，	[illegible]	[illegible]①	[illegible]	[illegible]	[illegible]	[illegible]	[illegible]
ku^1	lew^1	bji^2	njɨ^2	·jij^1	ljo^1	ŋwu^2	mji^1	dźjij^1	ŋwər^1	khju^1	·jij^1	tsjɨ^1	ljij^2
则	惟	臣	等	之	福	是，	不	精	天	下	人	亦	大
则是惟臣等之福，不仅天下人亦为													

04-2-06

[illegible]	[illegible]	[illegible]。	[illegible]	[illegible]	[illegible]②	[illegible]	[illegible]。
ljo^1	we^2	ljɨ^1	bji^2	tsewr^1	njij^1	·jwã^1	kji^1
福	为	也。	臣	节	亲	渊	记。
大福也。臣节亲渊记。							

04-2-07

[illegible]	[illegible]	[illegible]	[illegible]。
zur^2	bju^1	dzjɨ^1	bu^1
敕	奉	谨	序。
奉敕谨序。			

---

① [illegible]：本意为“不精”。“[illegible]”，为“纯、精”之意。但在许多西夏文献中“[illegible]”，按副词“不仅”讲。

② [illegible]：节亲。“[illegible]”，义为“节、辈、重、数”，音为［则］。“[illegible]”，义为“亲、近、轻、直、迩”，音为［你］。在《文海》中解释为：[illegible]（节），耳围亲左，节者骨节也；又节亲父兄之谓。[illegible]（亲），在《同音》中解释为：[illegible]（亲），嫡亲。节亲，就是“皇室、宗亲、宗室”的意思，指西夏皇族嵬名氏。

第 5 叶右面

05-1-01

𗼨	𗆧	𗤗
tśhja²	dźji	śioo¹
德	行	集
德行集		

05-1-02

	𗀓	𗈁	𗊏	𗵘	𗉺		𗥃	𗪚	𗉺		𗰖	𗣼	𗉺
	ɣiew¹	·jɨr²	dzjiij²	kju¹	tjij¹		lju²	djọ²	tjij¹		njij¹	tshji²	tjij¹
	学	勤	师	供	章		身	修	章		亲	事	章
勤学供师章　修身章　事亲章													

05-1-03

	𗣼	𗤋	𗼨	𗉺		𗩾	𗍫	𗉺		𗣼	𗫿	𗉺
	dzjwɨ¹	wji¹	gie¹	tjij¹		pjwiir¹	nji²	tjij¹		dzjwo²	nwə¹	tjij¹
	帝	为	难	章		谏	听	章		人	知	章
为帝难章　听谏章　知人章												

05-1-04

	𗣼	𗰣	𗉺			𗀔	𗥜	𗉺
	dzjwo²	śjwo¹	tjij¹			不详	dzji²	tjij¹
	人	用	章			政	立	章
用人章　立政章								

05-1-05

		𗀓	𗈁	𗊏	𗵘	𗉺
		ɣiew¹	·jɨr²	dzjiij²	kju¹	tjij¹
		学	勤	师	供	章
勤学供师章						

05-1-06

《𗌭	𗪝	𗣜》	𗧀	𗢳:	"𘂤	𗼨	𗣼	𗫩	𗷝	𗿾	𗷭,	𘃡
śji¹	xã²	·jwɨr²	kha¹	tshjiij¹	njwo²	śjij¹	dzjwi¹	njij²	·jij¹	ljij²	no²	tja¹	ɣu¹
《前	汉	书》	中	说:	"古	代	帝	王	之	太	子	者,	初
《前汉书》中说:"古代帝王之太子者,初													

05-1-07

緂	孨	剢	豞①	燵②	䝬	毅	氿	緂	孨	毥	祇	菽	惴③
ljiij¹	mjijr²	dźi̵	wji¹	tjij²	wạ²	ɣa¹	bju²	rar²	zjij¹	lhji²	phji¹	rər²	pjụ²
待	者	行	为	抚	宫	门	边	过	时	下	令	庙	殿
待者行为，抚宫门边，过时令下，过宗

---

① 剢豞：行为。也可不译。剢豞连用，语助，加在名词或代词之后，作施动助词、被动句，表示其前面的名词或代词所代表的人或事物是动词行为的施动者，具有"行为、被、为、配之……"等义。

② 燵：有"抱、怀、抚、养"之义，这里译为"抚"。

③ 菽惴：庙殿。菽，有"影、庙、祠"之义，这里的庙殿，指家庙、祠堂。此处根据上下文意可译为"宗庙"。

第 5 叶左面

05-2-01

𗗙	𗘱	𗦇	𗓆	𗁅①	𗼈	𗦺	𗫔	𗍳	𗣼	𗼺	𗤁	𗤋
·ju²	rar²	zjɨj¹	xja¹	śjɨ¹	thji²	tja¹	gji²	·jij¹	wəə¹	tśja¹	nwə¹	phji¹	śjij¹
前	过	时	疾	往	此	者	子	之	孝	道	知	使	其

庙前时疾行。此者，使其知子之孝道

05-2-02

𗙴	𗥃	𗣼	𗯿	𗟻	𗔇	𗾔	𗣩	𘀄	𗥃	𗬢	𘟛	𗤋	𗥃
ŋwu²	njwo²	tśjiw¹	śjij¹	njij²	śjwi¹	tsəj¹	zjọ²	śjaa²	kow¹	thẹj²	po¹	wji¹	tśjiw¹
也	昔	周	成	王	年	幼	时	召	公	太	保	为	周

也。昔周成王年幼时，召公为太保，周

05-2-03

𗬢	𘟛	𗤁	𗤋	𘟛	𗬢	𘟛	𗴿	𗤋	𘟛	𗬢	𗍳	𗓑②	𗦺
kow¹	thẹj²	xu¹	wji¹	thẹj²	kow¹	thẹj²	śiə¹	wji¹	thẹj²	po¹	·jij¹	tśju¹	tja¹
公	太	傅	为	太	公	太	师	为	太	保	之	事	者

公为太傅，太公为太师。太保之职者，

05-2-04

𗇂	𗍳	𗟻	𗹐	𗢸	𗏹	𘟛	𗤁	𗍳	𗓑	𗦺	𗇂	𗍳	𗍫
dzjwɨ¹	·jij¹	ljụ¹	kwər¹	wạ²	lji¹	thẹj²	xu¹	·jij¹	tśju¹	tja¹	dzjwɨ¹	·jij¹	wo²
帝	之	身	体	保	也	太	傅	之	事	者	帝	之	义

保帝之身体也。太傅之职者，助帝之

05-2-05

𗤋	𗤀	𗏹	𘟛	𗴿	𗍳	𗓑	𗦺	𗇂	𗍳	𗧘	𗸷	𗿧	𗏹
tśhja²	·wụ²	lji¹	thẹj²	śiə¹	·jij¹	tśju¹	tja¹	dzjwɨ¹	·jij¹	dzju¹	neej¹	śio¹	lji¹
德	助	也	太	师	之	事	者	帝	之	指	示	导	也

义德也。太师之职者，导帝之指示也。

---

① 𗁅：有"往、去、至、入、向"之义，此处根据上下文意可译为"行"。

② 𗓑：有"事、务、局、做事、管理"之义，此处根据上下文意可译为"职"。

05-2-06

𗫂	𗫔	𗇁	𗼕	𗫔	𗱽	𗆟	𗼕	𗫂	𗇁	𗫂	𗇁	𗼅	𗇁
thji²	tja¹	sã¹	kow¹	·jij¹	tśju¹	ŋwu²	ljij²	no²	zjɨ¹	lji²	dzjij¹	tśhjaa¹	sã¹
此	者，	三	公	之	事	是。	太	子	儿	童	时	在，	三

此者，是三公之职。太子在儿童时，三

05-2-07

𗼕	𗺌	𗎭	𗗙	𗾔	𗵒	𗁬	𗆟	𗆟①	𗱽	𗫔	𗱽。	𗱽	𗦎
kow¹	dźji	wji¹	wəə¹	dźjwu¹	tjɨj²	wo²	dźju¹	dźju¹	ŋwu²	dzjiij²	lji¹	dow¹	dzjwo²
公	行	为，	孝、	仁、	礼、	义	显	显	以	教	也。	奸	人

公行为，以教孝、仁、礼、义显明也。蠲除

---

① 𗆟𗆟：对译为"显显"，二字重叠后意译为"显明"。

第 6 叶右面

06-1-01

tjij¹	·jijr²	niow²	dźjɨ	mji¹	ljij²	phji¹	tśhjwo¹	ljij²	no²	wee¹	njij²	tśhja²	dạ²
奸	除	恶	行	不	见	使。	故	太	子	生	前	正	事

奸人，使不见恶行。故太子生前，纯见

06-1-02

dźjij¹	ljij²	tśhja²	ŋwuu¹	dźjij¹	mji¹	tśhja²	tśja¹	dźjij¹	dźjij¹	źjɨ¹	tsier¹	·ju¹	kụ¹
纯	见，	正	言	纯	闻	正	道	纯	行，	左	右	前	后

正事，纯闻正言，纯行正道，左右前后

06-1-03

zji²	tśjij¹	twụ¹	dzjwo²	ŋwu¹	tśjij¹	twụ¹	dzjwo²	rjir²	thwuu¹	dźjiij¹	ŋwu¹	dźjwi¹	ɣa²①
皆	正	直	人	是。	正	直	人	与	同	居	以，	相	于

皆是正直人。与正直人以同居，相互

06-1-04

ɣiew¹	dzjɨ¹	ku¹	mji¹	tśjij¹	tji¹	mjij¹	dzjọ¹	tshji¹	lhjij²	·u²	dju²	dza¹	tshji¹
学	习，	则	不	正	处	无。	譬	齐	国	中	生	长，	齐

学习，则无处不正。譬生长齐国中，而

06-1-05

ŋwuu¹	mji¹	wji²	phja¹	mjij¹②	sju²	lji¹	mji¹	tśjij¹	dzjwo²	rjir²	dźjwi¹	ɣa²	ɣiew¹
言	不	晓	近	不	而	也。	不	正	人	与	相	于	学

齐言不可不晓也。与不正人相互学

---

① 㦲：本意是"于、在、中、而"之意。此词作为介词，表示动作发生的具体地点。（1）表示空间方位的后置词，表示行动、状况的原点或者终点。（2）还可作宾语的后置词。这里与"蕊"连用，表示"学习"这个行为的原点。可译为"相互"。

② 弱绢：对译为"边无、近不"，意译为"无边，不近"。但在一些西夏文著作中将"弱绢"译为"不可、不得"。此处根据上下文意译为"不可"。

06-1-06

𗆀,	𗂾	𗚩	𗱽	𗢳	𗫻。	𗫻	𗏹	𗖵	𗇯	𗰔	𗐴	𗏹	𗗙
dzjɨi²	ku¹	tśjij¹	we²	tji²	mjij¹	dzjo̱¹	tśhjụ	lhjij²	·u²	dju²	dzja¹	tśhjụ¹	ŋwuu¹
习，	则	正	成	处	无。	譬	楚	国	中	生	长，	楚	言
习，则无处成正。譬生长楚国中，而楚													

06-1-07

𗢳	𗟲	𗼃	𗫻	𗒛	𗫂。	𗙼	𗣼①	𗤒：	'𗻨	𗼑	𗢳	𗰔	𗇋
mji¹	wji²	phja¹	mjij¹	sju²	lji¹	goor¹	no²	ŋwuu¹	tsəj¹	njij²	śjij¹	tja¹	mər²
不	晓	边	无	而	也。	夫	子	曰：	'少	昔	成	者，	本
言不可不晓也。孔子曰：'昔少成者，如													

---

① 𗙼𗣼：夫子。敬词。表示对孔子的尊敬，因而文中译为"孔子"。

第 6 叶左面

（西夏文）

06-2-01

㢸	蕤	貔	㣹,	骰	敊	彡	纗	羆	㳷	蕱	㸵	㣹	㪅。'
tsjiir²	bju¹	wji²	sju²	dzjɨɨ²	ŋwu²	zjij²	tja¹	thja¹	śjij¹	·jij¹	tsjij²	sju²	lji¹
性	依	能	如,	习	以	直	者,	自	然	自	悟	而	也。'

能依本性，以习直者，而自然自悟也。'

06-2-02

矵	瓕	敊	瓥	敊	㣲	㓆	移	泼,	㤙	貐、	㤙	㡥	靫
rjir²	nji¹	ljij²	no²	dzja¹	thọ²	dzjwi²	wji¹	zjij¹	thẹj²	po¹	thẹj²	xu¹	nji²
及	至	太	子	长	大	帝	为	时,	太	保、	太	傅	等

及至太子长大为帝时，能与太保、太

06-2-03

孖	敉	骰	兹	牧	甍,	朩	㴛	㩗	葥	孨、	绎	孨	逖
·jij¹	dzju¹	dzjiij²	rjir²	wjij²	ka¹	tsji¹	neew²	niow²	la¹	mjijr²	nwə	mjijr²	dźjiij¹
之	训	教	与	能	绝,	亦	善	恶	记	者、	辩	者	留

傅等之教训绝，亦使记善恶者、辩者

06-2-04

祇。	厖	㸤	敎	泼,	矗	孨、	㣼	敽	㴛	㹳	籠	㖿,	籤
phji¹	tji¹	thji¹	dźjwa¹	zjij¹	pjwɨɨr¹	mjijr²	bji²	zeew²	neew²	tshjiij²	gjwii¹	tśhjij¹	pjo¹
使。	食	饮	毕	时,	谏	者、	臣	遣	善	说	旗	举,	谤

留。饮食毕时，遣谏者、臣，举说善旗，立

06-2-05

㢸①	燕	絑,	胏	矗	㣀	敎。	㤙	㡥	隒	絑②	㷃	㥹③,	幺
nji¹	sji¹	dzuu²	twụ²	pjwɨɨr¹	bar¹	xjwij²	thẹj²	xu¹	lhjij²	nioow¹	dźiow²	bjij¹	rjijr²
告	木	立,	真	谏	鼓	悬。	大	夫	国	缘	谋	举,	士

诽谤木，悬谏真鼓。大夫为国献谋，士

---

① 㤙㢸：对译这"谤告"，意译为"告谤"。此处根据上下文意可译为"诽谤"。

② 絑：有"缘、故"之义，此处根据上下文意可译为"为"。

③ 㷃㥹：对译这"谋举"，意译为"举谋"。此处根据上下文意可译为"献谋"。

06-2-06

[illegible]①	[illegible]	[illegible]	[illegible]	[illegible]，	[illegible]	[illegible]	[illegible]	[illegible]	[illegible]②	[illegible]	[illegible]③	[illegible]	[illegible]，
nji^{2}	sjij^{2}	dạ^{2}	phju^{2}	deej^{1}	iọ^{1}	sọ^{1}	śjij^{1}	njij^{2}	nji^{2}	dźjo^{1}	zjir^{2}	śjij^{1}	tja^{1}
人	民	言	上	传，	凡	三	代	王	人	长	长	顺	乃，
人上传民言，凡三代诸王长久乃顺，													

06-2-07

[illegible]	[illegible]	[illegible]	[illegible]	[illegible]	[illegible]	[illegible]	[illegible]	[illegible]	[illegible]。”	《[illegible]④》	[illegible]	[illegible]：	“[illegible]
dzju^{1}	neej^{2}	·wụ^{2}	bjij^{2}	mjijr^{2}	dzjwo^{2}	tśjɨj^{1}	dju^{1}	nioow^{1}	ŋwu^{2}	sjij^{2}	kha^{1}	tshjiij^{1}	·jij^{1}
指	示	佑	助	者	人	正	有	故	是。”	《书》	中	说：	“自
是有正人指示佑助者故。”《书》中说：“自													

---

① [illegible]：（1）且、当：语助。（2）为人称呼应代词。常附在谓语动词之后（句末），构成该动词的复数第二人称，相当于“你、汝”。（3）作为词缀加在名词、形容词之后，表示“人”之意，此处译为“人”。

② [illegible][illegible]：有“王人、王氏”之义，此处根据上下文意译为“诸王”。

③ [illegible][illegible]：对译这“长长”，意译为“长久”。

④ [illegible]：本有“写、画、书”之义，此处根据上下文意可译为“书”。书，这里指《尚书》。

第 7 叶右面

07-1-01

𗼻	𗫂	𗵒	𗣫	𗣩	𗤁	𗀔	𗣼	𗤊	𗤬	𗆜	𗴁	𗿒
dzjiij²	rjir¹	njwi²	tja¹	njij²	we²	mji¹	·jij¹	zjij¹	mji¹	不详	·ji¹	lhjo¹
师	得	能	者	王	为	他	自	若	不	及	谓	则	亡

能得师者为王，他自若不及谓，则亡

07-1-02

𗼎。	𗤞	𗐯	𗴁	𗼎	𗤁	𗣼	𗦭	𗼺	𗆜	𗾚	𗤁。"	𗜓	𗵒
lji¹	·jïr¹	dzu¹	ku¹	zjij¹	we²	·jij¹	phji¹	wji¹	ku¹	zjiir¹	we²	thji²	nioow¹
也。	问	爱	则	广	为	自	意	为	则	小	为。"	此	故，

也。爱问则广为，自意为则小为。"此故，

07-1-03

𗗐	𗥩	𗵄	𗣩	𗺉	𗵘	𗤫	𗼻	𗣼	𗌮	𗣩	𗼎
njwo²	śjij¹	dzjwɨ¹	njij²	zji²	ɣiew¹	·jïr²	dzjiij¹	kju¹	·jij¹	mər²	wji¹	lji¹
古	代	帝	王	皆	学	勤	师	供	之	本	为	也。

古代帝王皆勤学供师之为本也。

07-1-04

		𗣼	𗠇	𗸮
		lju²	djọ²	tjij¹
		身	修	章

修身章

07-1-05

𗗐	𗥩	𗣿	𗌦	𗵒	𗂧	𗄛	𗣫，	𗦴	𗢏	𗤬	𗼎。	𗢏	𗤬
njwo²	śjij¹	ŋwər¹	khju¹	tśhja²	dźju¹	kięj²	zjij¹	śji¹	lhjij²	mjii²	lji¹	lhjij²	mjii²
古	代	天	下	德	明	欲	时，	先	国	治	也。	国	治

古代欲明德天下时，先治国也。欲治

07-1-06

𗄛	𗄛，	𗦴	𗤫	𗤬	𗼎。	𗤫	𗤬	𗄛	𗄛，	𗦴	𗣼	𗠇	𗼎。
kięj²	zjij¹	śji¹	nji¹	mjii²	lji¹	nji¹	mjii²	kięj²	zjij¹	śji¹	lju²	djọ²	lji¹
欲	时，	先	家	治	也。	家	治	欲	时，	先	身	修	也。

国时，先治家也。欲治家时，先修身也。

07-1-07

矛	膈	绥	羰,	繊	絴	祷	隊	赦。	新	絴	祷	縱	慨
lju²	djo²	kiej²	zjij¹	śji¹	njiij¹	tśjij¹	wji¹	lji¹	tśhjwo¹	njiij¹	tśjij¹	mja¹	nioow¹
身	修	欲	时，	先	心	正	为	也。	故	心	正	然	后
欲修身时，先为正心也。故正心然后													

第 7 叶左面

07-2-01

𗰔	𗼃	𗰔	𗼃	𗿒	𗼩	𗼻	𗺉	𗼻	𗺉	𗿒	𗼩	𗴽	𗺉
lju²	djɔ²	lju²	djɔ²	mja¹	nioow¹	nji¹	mjii²	nji¹	mjii²	mja¹	nioow¹	lhjɨj²	mjii²
身	修	身	修	然	后	家	治	家	治	然	后	国	治

修身，修身然后治家，治家然后治国，

07-2-02

𗴽	𗺉	𗿒	𗼩	𘓏	𗆐	𗺉	𗿒	𘃽	𘒏	𘐀	𗴽	𗺉	𗼪
lhjɨj²	mjii²	mja¹	nioow¹	ŋwər¹	khju¹	mjii²	njwi¹	lji¹	tśhioow¹	dzjwo²	lhjɨj²	mjii²	·jɨr¹
国	治	然	后	天	下	治	能	也。	或	人	国	治	问，

治国然后能治天下也。或人问治国，

07-2-03

𘋠	𗼕	"𗰔	𗼃	𗿒	𘕿	𗮀	𗲲	𗴽	𗺉	𗿒	𘕿	𘅜	𗹐
ku²	ŋwuu¹	lju²	djɔ²	tja¹	mji¹	mjɨ¹	djij²	lhjɨj²	mjii²	tja¹	mji¹	mjij²	djij²
答	曰：	"身	修	者	闻，	不	然，	国	治	者	闻	未	尝

答曰："闻修身者，不然，未尝闻治国者

07-2-04

𘃎。"	𘉒	𗿒	𗰔	𗥃	𗰔	𗿊	𘕰	𗈁	𗿊	𘉒	𗿒	𘔵	𗥃
·ji¹	dzjwi¹	tja¹	lju²	ŋwu²	lju²	tśjij¹	ku¹	rər²	tśjij¹	dzjwi¹	tja¹	bã¹	ŋwu²
谓。"	君	者，	身	也，	身	正	则	影	正。	君	者，	盘	也，

谓"。君者，身也，身正则影正。君者，盘也，

07-2-05

𘔵	𘈩	𗿊	𘎑	𘈩。	𘉒	𗿒	𘄴	𗥃，	𘄴	𘃽	𗿊	𘎑	𘃽。
bã¹	iọ¹	ku¹	zjɨ̈r²	iọ¹	dzjwi¹	tja¹	gju²	ŋwu²	gju²	dzjij²	ku¹	zjɨ̈r²	dzjij²
盘	圆	则	水	圆。	君	者，	具	也，	具	方	则	水	方。

盘圆则水圆。君者，器也，器方则水方。

07-2-06

𘉒	𗿒	𗬨	𗥃，	𗬨	𗾟	𗿊	𗴺	𗾟	𗬨	𘇚	𗿊	𗴺	𘇚。
dzjwi¹	tja¹	ɣjow¹	ŋwu²	ɣjow¹	sej¹	ku¹	lju¹	sej¹	ɣjow¹	niəj¹	ku¹	lju¹	niəj¹
君	者，	源	也，	源	清	则	流	清，	源	浊	则	流	浊。

君者，源也，源清则流清，源浊则流浊。

07-2-07

𗾈	𗼨,	𗴂	𗂤	𗾟	𗗙。	𗤟	𗂤	𗾈	𗆧	𗤊	𗼨,	𗀁	𗙏
neew²	tja¹	dźɨ	·jij¹	mər²	ŋwu²	dzjwo²	·jij¹	neew²	śjwo¹	śjij¹	tja¹	dzjo̱¹	ljʉ²
善	者,	行	之	本	也。	人	之	善	需	其	者,	譬	头

善者，行之本也。人之需其善者，譬头

第 8 叶右面

08-1-01

[illegible]①	[illegible]	[illegible]，	[illegible]	[illegible]	[illegible]	[illegible]，	[illegible]	[illegible]	[illegible]	[illegible]②	[illegible]	[illegible]	[illegible]。
gu^{2}	pjụ^{2}	śjwo^{1}	rewr^{2}	ɣa^{2}	zjị^{1}	śjwo^{1}	ljɨ^{1}	dzjɨj^{1}	ka^{2}	tjị^{2}	mjij^{1}	sju^{2}	ljɨ^{1}
中	冠	需，	脚	上	靴	需，	一	时	离	处	无	犹	也。
上需冠，脚上需靴，犹无一时离开也。													

08-1-02

[illegible]	[illegible]	[illegible]	[illegible]	[illegible]	[illegible]	[illegible]	[illegible]，	[illegible]	[illegible]	[illegible]	[illegible]	[illegible]	[illegible]
tjij^{1}	dźju^{1}	śja^{2}	twụ^{1}	dźjiij^{1}	zjij^{1}	neew^{2}	djọ^{2}	lwu^{2}	wjii^{1}	twụ^{1}	dźjiij^{1}	zjij^{1}	niow^{2}
若	明	显	处	在	时	善	修，	匿	隐	处	在	时	恶
若在明显处时修善，在隐匿处时作													

08-1-03

[illegible]	[illegible]，	[illegible]	[illegible]	[illegible]	[illegible]	[illegible]。	[illegible]	[illegible]，	[illegible]	[illegible]	[illegible]	[illegible]	[illegible]
wji^{1}	tja^{1}	neew^{2}	djọ^{2}	mjijr^{2}	njaa^{2}	ljɨ^{1}	thji^{2}	nioow^{1}	goor^{1}	gji^{2}	mjɨ^{1}	mji^{1}	ljij^{2}
作	者，	善	修	者	非	也。	此	故，	君	子	彼	不	见
恶者，非修善者也。此故，君子彼不见													

08-1-04

[illegible]	[illegible]	[illegible]	[illegible]③，	[illegible]	[illegible]	[illegible]	[illegible]	[illegible]	[illegible]	[illegible]。	[illegible]	[illegible]	[illegible]
twụ^{1}	tsjɨ^{1}	tśjɨɨr^{2}	tśhjwɨj^{1}	mjɨ^{1}	mji^{1}	mji^{1}	twụ^{1}	tsjɨ^{1}	ŋewr^{1}	le^{2}	mə^{1}	djij^{2}	so^{2}
处	亦	惊	慎，	彼	不	闻	处	亦	惧	恐。	天	虽	高
处亦戒慎，彼不闻处亦恐惧。天虽高													

08-1-05

[illegible]	[illegible]	[illegible]	[illegible]	[illegible]，	[illegible]	[illegible]	[illegible]	[illegible]	[illegible]	[illegible]	[illegible]	[illegible]，	[illegible]
tsjɨ^{1}	nji^{2}	śjij^{1}	zji^{2}	bji^{2}	be^{2}	djij^{2}	khwa^{1}	tsjɨ^{1}	swew^{1}	śjij^{1}	zji^{2}	njij^{1}	nja̧^{1}
而	听	其	最	下，	日	虽	远	而	照	其	最	近，	神
而其听最下，日虽远而其照最近，神													

① [illegible]：本意是“头中”，即头项。根据上下文意可译为“头上”。

② [illegible]：助词，“所、处”之义，表示动作发生和进行的可能。与“[illegible]”连用，意为“离处”，即“离开”之意。

③ [illegible]：惊慎。此处根据上下文意译为“戒慎”。戒慎，是指警惕谨慎。

08-1-06

羊	嬪	爿	胤	溉	繊	燃。	覼	钬	羊	叕	帆	爿	猦
djij²	dwuu²	tsjɨ¹	seew²	śjij¹	zji²	dźju¹	tjij¹	dzjwo²	djij²	mji¹	nwə¹	tsjɨ¹	·ju¹
虽	密	而	察	其	最	明。	若	人	虽	不	知	而	鬼

虽密而其察最明。若人虽不知亦鬼

08-1-07

絥	帆	肵,	猦	絥	羊	叕	帆	爿	燎	絆	帆	肵。	新
nja¹	nwə¹	lji¹	·ju¹	nja¹	djij²	mji¹	nwə¹	tsjɨ¹	·jij¹	njiij¹	nwə¹	lji¹	tśhjwo¹
神	知	也,	鬼	神	虽	不	知	而	自	心	知	也。	故

神知也，鬼神虽不知亦自心知也。故

第8叶左面

08-2-01

·jij¹	lju²	·ju²	neew²	ɣa²	dźjiij¹	ku¹	·u²	sjwi¹	sjiij²	mjij¹	djir²	kja¹	le²
自	身	常	善	于	居	则	内	忧	虑	无	外	畏	惧

自身常于善，居则内无忧虑，外无畏

08-2-02

mjij¹	tjij¹	dźjiij¹	zjij¹	·jij¹	rər²	do²	mji¹	zar²	tjij¹	me²	zjij¹	gjwɨr¹	gjwi²
无	独	居	时	自	形	于	不	愧	独	睡	时	被	衣

惧，独居时不愧于自形，独睡时不愧

08-2-03

do²	mji¹	zar²	phju²	zjij¹	mjijr²	nja¹	rjir²	thwuu¹	tji¹	wjij²	bji²	zjij¹	dzjwo²
于	不	愧	上	时	灵	神	与	通	处	在	下	时	人

于衣被。处在上时与神灵通，下时重

08-2-04

tjij²	kha¹	ljɨɨ¹	ɣiej¹	we²	tśhja²	tja¹	dzjwo²	nja¹	do²	zji²	nji²	gjuu¹	ljwu²
礼	中	重	真	为	德	者	人	神	处	皆	至	吉	庆

人礼中，为真德者。人神皆至处，吉庆

08-2-05

thja¹	śjij¹	lja¹	lji¹	thji²	tja¹	goor¹	gji²	kjɨɨr²	na¹	·u²	dźjiij¹	tsji¹	dzew²
自	然	来	也	此	者	君	子	室	暗	内	居	亦	伪

自然来也。此者，君子居暗室内，亦不

08-2-06

mji¹	wji¹	·jij¹	tjij¹	dzji¹	tśhjwij¹	śjij¹	dźji	ŋwu²	njwo²	goor¹	no²	tśjiw²	lhjij²
不	为	自	独	谨	慎	其	行	也	昔	夫	子	周	国

为伪，独自谨慎其行也。昔孔子往观

08-2-07

𗐺	𗉔，	𘄒	𗼻，	𗡞	𘕕	𗾊	𗆧	𗀇	𗏇	𗊰	𗢭	𘊝	𗤳，
bioo¹	śji²	rjar¹	ŋwu²	ljij²	tju²	xew¹	tsji²	·jij¹	rәr²	pju²	·u²	kji̱¹	·o²
观	往，	去	以，	太	祖	后	稷	之	庙	殿	内	所	入，
周国，以去，进入太祖后稷之宗庙内，													

第 9 叶右面

09-1-01

猵	禘	牅①	辨	藉	㑪	弨	㡭,	撒	秘	㪤	蘷②	㭦	魏,
tśier¹	djij¹	rewr²	·ju²	kię¹	dzjwo²	gji²	·jar¹	ŋwu¹	tśhjaa¹	sọ¹	gu¹	kjwi²	tji¹
右	基	阶	前	金	人	一	立	口	上	三	具	锁	置

右台阶前立一金人，口上置三把锁，

09-1-02

揚	㦕	靴	藊	茷③	㺫	㻪	"龘	姍	柇	㴗	彦	簐,	㴗
wər²	zjir²	γa²	la¹	·jwɨr²	·o¹	dạ²	njwo²	śjij¹	ŋwuu¹	tśhjwij¹	mjijr²	ŋwu²	tśhjwij¹
脊	背	上	记	文	有	言	"古	代	言	慎	者	也,	慎

脊背上铭文有言："古代慎言者也，应

09-1-03

㴤	㪤。	柇	㻪	㳽	柇	㳽	缝	縹;	㳽	覙	㻪,	㳽	覙
lew²	lji¹	ŋwuu¹	tji¹	rejr²	ŋwuu¹	rejr²	ku¹	ljiij²	rejr²	dạ²	tji¹	rejr²	dạ²
应	也。	言	勿	多,	言	多	则	毁;	多	事	勿,	多	事

慎也。勿言多，言多则毁；勿多事，多事

09-1-04

缝	㴋	㳽。	㦈	㿟	㻪	㥩,	羅	㿟	㩗	徶;	㦈	㴋	㻪
ku¹	γię²	rejr²	wa²	ŋjạ²	tji¹	·ji¹	thja¹	ŋjạ²	lhu¹	·jij¹	wa²	γię²	tji¹
则	害	多。	何	罪	勿	谓,	其	罪	增	将;	何	害	勿

则害多。勿谓何罪，其罪将增；勿谓何

09-1-05

㥩,	羅	㴋	㪤	徶。	結	㮿	蒅	㪦	禳	㳽	㭶④	絉	㴉
·ji¹	thja¹	γię²	ljij¹	·jij¹	goor¹	gji²	ŋwər¹	khju¹	su¹	phju²	wji¹	gie¹	śjij¹
谓,	其	害	增	将。	君	子	天	下	可	上	为	难	其

害，其害将增。君子知天下可上为其

---

① 禘牅：阶阶、基阶。此处根据上下文意译为"台阶"。

② 蘷：量词，有"二、具、张、副、乘"等义。此处根据上下文意可译为"把"。

③ 藊茷：此词有"记文、传文、碑文"之义。根据上下文意可知，他是刻在金人身上的文字，所以译为"铭文"。

④ 㳽㭶：本意是"上为"。指最好的、优等的作为或行为，和下句的"下为"形成对比。

09-1-06

𗀭,	𗂼	𗾔	𗼀	𗉔。	𗥃	𗤁	𗼾	𗰗	𘁁①	𗅉	𗒹	𗀭,	𗂼
nwə¹	nioow¹	bji²	wji¹	gjii²	·ji¹	dzjwo²	su¹	śji¹	we²	gie¹	śjij¹	nwə¹	nioow¹
知,	故	下	为	求。	众	人	可	先	为	难	其	知,	故
难,故求下为。众人知可先为其难,故													

09-1-07

𗎼	𗼀	𗉔	𗁬。"	𗥦	𗼕	𗰗	𗏁	𗥔	𗥤	𗆫	𗺓	𗣼	𗒘
ku¹	wji¹	gjii²	·ji¹	goor¹	no²	la¹	·jwir²	wji²	do¹	bjij¹	·ju²	ŋwu²	dzjiij²
后	为	求	谓。"	夫	子	记	文	已	读,	后	视	以	弟
求后为谓。"孔子读完铭文,以后视对													

---

① 𗰗𘁁:先为。先为,指成为倡导、先行者,和后一句"后为"形成对比。

第 9 叶左面

09-2-01

祾	猵	豩 : "	祾	豥	蒲	绕	豿	瀰	潍	桃 ,	瓶	綷	瘢
gji²	·jij¹	·ji¹	zjiir²	zji¹	la¹	lew²	lju²	bju¹	thji²	sju²	dźjij¹	ku¹	ŋwu²
子	对	曰 : "	小	子	记	应	,	身	应	此	如 ,	行	则	口

弟子曰："小子应记，身应如此，行则岂

09-2-02

耤	祾	霂	欻	豩 ? "	舱	绣	㐌	綷	慨	叕 ,	佾	㐌	綷
dźjar²	ljo²	dju¹	lji¹	·ji¹	io¹	lhə²	nwə¹	ku¹	mji¹	dźjuu²	djij¹	nwə¹	ku¹
罪	岂	有	也	谓 ? "	凡	足	知	则	不	侵 ,	停	知	则

有口罪也谓？"凡知足则不侵，知停则

09-2-03

慨	簌 ,	祀	绒	叕	㐌 。	新	薂	纞	祾	祇	慨	穆	綏
mji¹	bjij¹	dźjo¹	zjir²	tji²	wjij²	tśhjwo¹	khwej¹	tja¹	ljij¹	phji¹	mji¹	wo²	kiej²
不	殆 ,	长	长	处	在 。	故	慢	者	增	使	不	可 ,	欲

不殆，处在长久。故慢者不可使增，欲

09-2-04

纞	薅	犕	慨	穆 ,	耤	纞	絻	犕	慨	穆 ,	羁	纞	蘸
tja¹	śja¹	wja²	mji¹	wo²	kjur²	tja¹	sə¹	lhoo¹	mji¹	wo²	rejr²	tja¹	dzaa¹
者	逸	放	不	可 ,	志	者	满	恃	不	可 ,	乐	者	过

者不可放逸，志者不可恃满，乐者不

09-2-05

祇	慨	穆 。	潍	纞 ,	豿	犕	瀢	叕	蒋	豥	祅 。
phji¹	mji¹	wo²	thji²	tja¹	lju²	djo²	śjij¹	tshji¹	ɣiej²	ŋwu²	lji¹
使	不	可 。	此	者 ,	身	修	其	要	真	是	也 。

可使过。此者，是修身其真要也。

09-2-06

		犀	蘸	眔
		njij¹	tshji²	tjij¹
		亲	事	章

事亲章

09-2-07

𗷅	𗼋	𘜶	𗗙	𗹙	𗤁	𗗘	𗡜	𗢳	𗤁	𗾺	𗓑	𗼝	𗗘
wja¹	mja¹	tja¹	gji²	do²	mə¹	lji²	sju²	ŋwu²	mə¹	mjij¹	mji¹	wee¹	lji²
父	母	者，	子	于	天	地	如	也。	天	无	不	生，	地

父母者，于子如天地也。无天不生，无

第 10 叶右面

10-1-01

絹	猏	蒲	。	新	蘮	瓶	叕	澈	脬	效	訕	，	輽	瓶	叕
mjij¹	ljǫ²	śjij¹		tśhjwo¹	dzu¹	dźjij¹	zjij¹	lew¹	njij¹	do²	śjwo¹		bjuu¹	njij¹	dźjij¹	zjij¹
无	岂	成	。	故	爱	行	时	惟	亲	处	始	，	敬	行	时

地岂成。故行爱时惟亲处始，行敬时

10-1-02

澈	羝	效	訕	。	濓	蔽	纐	，	繡	繼	顊	效	訕	，	羧	絗
lew¹	pjụ¹	do²	śjwo¹		thjɨ¹	tśja¹	tja¹		śji¹	nji¹	lhjij²	do²	śjwo¹		dźjwa¹	ljɨɨr¹
惟	尊	处	始	。	此	道	者	，	先	家	邦	于	始	，	终	四

惟尊处始。此道者，先始于家邦，终至

10-1-03

循	效	織	。	散	軒	纐	㮚	骹	蘷	蕊	稀	飝	，	蘷	蕊
ŋjow²	do²	njɨ²		ljij²	wəə¹	tja¹	·a¹	zjǫ²	wja¹	mja¹	·jij¹	dzu¹		wja¹	mja¹
海	于	至	。	大	孝	者	一	世	父	母	对	爱	，	父	母

于四海。大孝者，一世对父母爱，父母

10-1-04

飝	叕	，	嬰	赦	愺	輤	蘷	蕊	核	叕	乇	赦	愺	蒜
dzu¹	zjij¹		de²	ŋwu²	mji¹	mji²	wja¹	mja¹	khie¹	zjij¹	rjijr²	ŋwu²	mji¹	njɨɨ²
爱	时	，	喜	以	不	忘	父	母	厌	时	苦	以	不	怨

爱时，以不忘喜；父母厌时，以不怨苦

10-1-05

纐	，	絤	散	膊	效	敋	絋	羆	效	纕	席	散	纈	杉
tja¹		mjo²	ljij²	śjwi¹	do²	lji²	ŋa²	njwo²	tśjiw¹	wẽ¹	njij²	ljij²	no²	wji¹
者	，	吾	大	舜	于	见	我	昔	周	文	王	太	子	为

者，吾见于我大舜。昔周文王为太子

10-1-06

羑	，	蘷	愺	薇	效	翊	赦	散	妍	羧	巟	澈	蕪	。	纕
zjǫ²		wja¹	·jow¹	kjwi¹	do²	njɨɨ¹	ŋewr²	sǫ¹	dźjow¹	gji²	kięj²	kjwi¹	śji¹		ɣu¹
时	，	父	王	季	于	日	数	三	遍	乃	朝	拜	往	。	初

时，日数三遍乃往朝拜于父王季。初

10-1-07

𗼃	𗗙	𗢤	𗌰	𗇁,	𗇋	𗩾	𗜈	𗣼	𘂀	𗼑	𗋕	𗼲,	𗈪
·jaar²	bji²	zjij¹	wor¹	ŋwu²	wja¹	·jij¹	me²	tji²	kjïir²	ɣa¹	nioow¹	·jar¹	·u²
鸡	鸣	时	起	以,	父	之	寝	处	房	门	后	立,	内

鸡鸣时以起，立父之寝处房门后，对

第 10 叶左面

10-2-01

𗣼	𗈁	𗢭	𗥃	𘕾	𗀔:	"𗀸	𗱲	𗾹	𗿒①	𗙭	𗆎	𗍫? "	𗈁
bji²	tshji²	mjijr²	·jij¹	·jir¹	da²	pji¹	njɨ²	·a¹	tśhji¹	dzjij¹	nej²	·ji¹	tshji²
臣	侍	者	对	问	话:	"今	日	所	相	安	泰	谓? "	侍

内臣侍者问话:"今日所相安泰谓?"侍

10-2-02

𗢭	𗀔:	"𗆎	𗙭	𗍫."	𗾈	𗣨	𗱲	𗄊	𘄴②	𗆎	𗅲	𗎟	𗗚
mjijr²	da²	dzjij¹	nej²	·ji¹	zjij¹	de²	njɨ²	lji¹	ljij²	lji¹	mə¹	nej²	tsji¹
者	言:	"安	泰	谓."	时	喜。	至	正	午	及	天	晚,	亦

者言:"安泰谓,"时喜。至正午及天晚,亦

10-2-03

𗴾	𗉛	𗏛	𘕾。	𗣗	𘓯	𗿒	𗍫,	𗾈	𗉮	𗄊	𗓽	𘊝	𗾈
śji¹	sju²	bjuu¹	·jir¹	tjij¹	mji¹	no²	·ji¹	zjij¹	sjwɨ¹	tsʐ¹	·o¹	dźjij¹	zjij¹
前	如	敬	问。	若	不	安	谓,	时	忧	色	有,	行	时

如前敬问。若不安谓,时有忧色,行时

10-2-04

𗫂	𗢸	𗁮	𗂅,	𗜁	𗄊	𗢯③	𘃡	𗡜	𗗡	𗳒	𗤵	𘓯	𗚦
tśjij¹	dźji	mji¹	njwi¹	rjir¹	njɨ²	rer²	we²	tji¹	thji¹	kjir¹	mja¹	nioow¹	tśhjwo¹
正	步	不	能,	乃	至	胜	为	食	饮	能,	然	后	方

不能正步,乃至胜为能饮食,然后方

10-2-05

𗉮	𗥛④	𗗚	𗙫。	𗤻	𗤆	𗤙	𗎆	𗆎	𗡞	𘄴	𗏫	𗭴	𘕾
sjwɨ¹	go²	lji¹	·u²	njij²	wja¹	tśja¹	twe¹	ŋwu²	dźjij¹	thja²	tśhjaa¹	lhu¹	lew²
忧	除	也。	武	王	父	道	袭	以	行,	其	上	增	所

除忧也。袭武王父道以行,其上无所

---

① 𗿒:为"尔、彼、他、其、争、相"等之义。根据上下文意这里可译为"相",即:审视,察看,辨察的意思。

② 𗄊𘄴:对译为"午午",意译为"卓午、正午、中午"之义。根据上下文意这里可译为"正午"。

③ 𗢯:胜,这里是"禁得起、承受得了"的意思。

④ 𗥛:为"清、蠲、除、退、遣"之义。根据上下文意这里译为"除"。

10-2-06

�便	𗥔	𗝣	𗤒	𗄛	𗾠	𗀔	𗼃	𗗙	𗾠	𗣼	𘝙	𗗙
mjij[1]	tśhjwo[1]	goor[1]	gji[2]	njij[1]	tshji[2]	śjij[1]	źiejr[2]	zjij[1]	bjuu[1]	śjij[1]	nji[2]	tshwew[1]	zjij[1]
无。	故	君	子	亲	事	然，	居	时	敬	然	至，	养	时
增。故君子事亲然，居时敬然至，养时												

10-2-07

𗍳	𗾠	𗣼	𗤬	𗗙	𗓑	𗾠	𗣼	𗰜	𗗙	𘄒	𗾠	𗣼	𘟣
rejr[2]	śjij[1]	nji[2]	ŋo[2]	zjij[1]	sjwɨ[1]	śjij[1]	nji[2]	lhji[2]	zjij[1]	ɣa[1]	śjij[1]	nji[2]	gjwij[1]
乐	然	至，	病	时	忧	然	至，	死	时	哀	然	至，	祭
乐然至，病时忧然至，死时哀然至，祭													

第 11 叶右面

11-1-01

時	惧	然	至。	夫	人	之	子	为	者,	亲	事	道	中
zjij¹	kja¹	śjij¹	nji²	io¹	dzjwo²	·jij¹	gji²	we²	mjijr²	njij¹	tshji²	tśja²	kha¹
时	惧	然	至。	夫	人	之	子	为	者,	亲	事	道	中

时惧然至。夫为人之子者，堕失事亲

11-1-02

ljwu¹	lji¹	ku¹	dzjij²	·jir¹	mə²	neew²	tśhja²	djij²	dźjij²	tsji¹	thja¹	dźjar²	gjuu²
失	堕,	则	他	百	种	善	德	虽	有,	亦	其	罪	救

道中，则他虽有百种善德，亦不能救

11-1-03

mji¹	njwi²	lji¹
不	能	也。

其罪也。

11-1-04

		dzjwi¹	wji¹	gie¹	tjij¹
		帝	为	难	章

为帝难章

---

① 瓹：有"圆、圈、院、圈、围、国、堂、方、盖、凡、夫、徽、回、洲、轮、社稷、地方"等之义，是一个多义词。这里根据上下文意，表示下面进行议论，可译为副词"夫"。

11-1-05

𗀖	𗤴	𗤁	𗢳①	𗋽,	𗤊	𗤴②	𘝞	𗤖③	𗋽。	𗤁	𗢳	𗋽,	𘂬
swew¹	tshu¹	tshji¹	gjɨi²	dzu¹	mur¹	tshu¹	sow¹	swej¹	dzu¹	tshji¹	gjɨi²	dzu¹	ku¹
明	主	要	疏	爱，	俗	主	粒	碎	爱。	要	疏	爱，	则

明主爱简要，俗主爱琐碎。爱简要，则

11-1-06

𗤿	𗧘	𗰜	𗏁;	𘝞	𗤖	𗋽,	𘂬	𗤿	𗧘	𗲞	𗏁。	《𘆄》	𗿒
·jir²	da²	śjij¹	lji¹	sow¹	swej¹	dzu¹	ku¹	·jir²	da²	ljiij²	lji¹	sjij²	kha¹
百	事	成	也;	粒	碎	爱，	则	百	事	毁	也。	《书》	中

百事成也;爱琐碎，则百事毁也。《书》中

11-1-07

𘝞:	"𗵃	𗦇	𗡝	𗴱	𗼃	𗡝	𗵃	𗢾	𗦺	𗟻	𘃡	𗼕	𘃡
tshjiij¹	sjij²	njij¹	wo²	bji¹	mji¹	wo²	sjij²	tja¹	lhjij²	·jij¹	mər²	we²	mər²
说:	"民	近	可，	轻	不	可。	民	者	邦	之	本	为，	本

说: "民可近，不可轻。民者为邦之本，本

---

① 𗤁𗢳：对译为"要疏"，意译为"疏要"。此处根据上下文意可译为"简要"。

② 𗤊𗤴：俗主。有些资料将此词译为"暗主"有失妥帖，原汉文资料为"闇"，愚昧的人。没有"暗"之意。𗤊，有"俗、愚、顽"之义，没有"暗"之义，"愚、顽"不符合通称，此处根据上下文意笔者认为译为"俗主"较符合上下文意。

③ 𘝞𗤖：对译为"粒碎"，意译为"碎粒"。根据上下文意可译为"琐碎"。

第 11 叶左面

11-2-01

𘘡	𗟲	𗏴	𗝀。	𗾺	𗆧	𗴾	𗹦	𗷝	𗑠	𗙩,	𗟲	𗦠	𗰖
lwo²	ku¹	lhjij²	du¹	mjo²	·ji¹	sjij²	mjii²	gie¹	śjij¹	sjiij²	ku¹	dzjo̱¹	lu²
固	则	邦	宁。	我	众	民	治	难	其	想,	则	譬	索

固则邦宁。我想治众民其难，则譬如

11-2-02

𘋠	𗊱	𗢱	𗩱	𘄒	𗄿。	𗤁	𗾔	𗝀	𗴅	𗁬,	𗫂	𗧋	𗒹
kjij¹	ŋwu¹	tśhjiw¹	gjij¹	tśhjwij¹	sju²	dzjwo²	·jij¹	phju²	dźjiij¹	mjijr²	thjij¹	sjo²	mji¹
朽	以	六	马	驭	如。	人	之	上	居	者,	何	云	不

以朽索驭六马。居人之上者，何云不

11-2-03

𗣝	𗏁? "	𗦎	𗙩	𘍦	𗭪	𗎬;	𗴾	𗙩,	𗳛	𘄒	𗒉。	𗳛	𗊱
tśhjwij¹	lji¹	goor¹	tja¹	dzjwi̱²	rjir²	thwuu¹	sjij²	tja¹	zjiir²	rjir²	lew²	zjiir²	ŋwu²
慎	也? "	君	者,	舟	与	同;	民	者,	水	与	同。	水	以

慎也？"君者，与舟同；民者，与水同。水以

11-2-04

𘍦	𘜒	𗝀,	𗒉	𗌭①	𗋽	𗝀	𗏁。	𗉫	𘐥	𗗙	𗏴	𗟻	𗙩,
dzjwi̱¹	dźjwi²	njwi¹	nioow¹	lhej²	tsji¹	njwi²	lji¹	thow¹	·u²	ŋwər¹	khju¹	rjir²	tja¹
舟	载	能,	并	反	亦	能	也。	汤	武	天	下	得	者,

能载舟，并亦能反也。汤武得天下者，

11-2-05

𘘡	𗭼②	𗏁	𗤒,	𗕾	𗆟	𘊉	𗂧	𗏁,	𗗙	𗟻	𗤁	𘜶	𗙩
lhjwij¹	wji¹	lji¹	njaa²	tśja¹	djo²	wo²	dźjij¹	ŋwu²	ŋwər¹	khju¹	·jij¹	gjij¹	tja¹
取	为	并	非,	道	修	义	行	以,	天	下	之	利	者

并非夺取，以修道行义，建立天下之

---

① 𗌭：有"译、庚、反、变、易、革、迁、假"等之义，此处根据上下文意译为"反"。

② 𘘡𗭼：对译为"取为"，意译为"夺取"。

11-2-06

𗣼	𗷲,	𗼷	𗄛	𗏁	𗤀	𗰗	𗽸①	𗤱	𗼷	𗄛	𗏁	𘝞
gu¹	śjwo¹	ŋwər¹	khju¹	·jij¹	ɣiẹ²	tja¹	tjij¹ wji¹	nioow¹	ŋwər¹	khju¹	·jij¹	tji¹
建	立,	天	下	之	害	者	除 为,	故	天	下	之	归

利者，清除天下之害者，故为天下之

11-2-07

𗍫	𗒹	𗆧。	𗃛	𗍫	𗼷	𗄛	𗰿	𗤀	𗴺	𗤀	𗆐	𗁟。	𗼹
tji²	we²	lji¹	khja²	tśhjiw²	ŋwər¹	khju¹	lhjo¹	tja¹	wji²	dźjɨ̱ɨr¹	lji¹	njaa²	gjuu¹
处	为	也。	桀	纣	天	下	亡	者，	所	弃	并	非。	禹

归处也。桀纣亡天下者，并非所弃。变

---

① 𗰗𗽸：对译为"除为"，意译为"清除"。

第 12 叶右面

12-1-01

緂	孤	紽	糍	鞁，	憾	繆	孤	譶	崷	祇，	綍	撜	皴
thow¹	·jij¹	tśhja²	lhej²	ljij¹	tjij²	wo²	·jij¹	mər¹	ŋewr¹	phji¹	ŋjir¹	duu¹	niow²
汤	之	德	易	变，	礼	义	之	本	乱	使，	灾	积	恶

易禹汤之德，使礼义之本乱，积灾增

12-1-02

散，	絘	藏	掰	孤	纙	绒	翝。	藏	掰	紭	叕	翝，	絘
ljij¹	nioow¹	ŋwər¹	khju¹	·jij¹	dźjiir¹	lew²	we²	ŋwər¹	khju¹	tji¹	tji²	we²	nioow¹
增	故	天	下	之	弃	所	为。	天	下	归	处	为，	故

恶，故为天下之所弃。为天下归处，故

12-1-03

席	豸；	藏	掰	纙	绒	翝，	絘	祇	豸	祅。	甦	頣	鈗
njij²	·ji¹	ŋwər¹	khju¹	dźjiir¹	lew²	we²	nioow¹	lhjo¹	·ji¹	lji¹	lu²	ɣew¹	kow¹
王	谓；	天	下	弃	所	为，	故	亡	谓	也。	鲁	哀	公

谓王；为天下所弃，故谓亡也。鲁哀公

12-1-04

絤	殂	效	絋	骏：	"肔①	繈	隋	菲	祇	獭	綍	繎，	祗
goor¹	no²	do²	·jir¹	da²	io¹	nji¹	lhjij²	rjir¹	lhjo¹	ljo¹	ŋjir¹	tja¹	zji²
夫	子	于	问	言：	"凡	家	国	得	失	福	祸	者，	皆

问于孔子言："凡家国得失福祸者，皆

12-1-05

腾	絃	豰	散	肳，	毹	移	豰	帄	祅	豸？"	絤	殂	粦
mə¹	ka¹	bju¹	ŋwu²	twu²	dzjwo²	wji¹	bju¹	njaa¹	lji¹	·ji¹	goor¹	no²	ku²
天	命	因	是	真，	人	为	因	非	也	谓？"	夫	子	答

因天命是真，非因人为也谓？"孔子答

---

① 肔：有"圆、圈、院、圈、围、国、堂、方、盖、凡、夫、徽、回、洲、轮、社稷、地方"等之义，是一个多义词。这里根据上下文意，表示所有的对象无一例外时，可译为副词"凡"。

12-1-06

溺:	"𗀔	𗷛	𗊴	𗤋，	𗥔	𗱕	𗫲	𗝰，	𗢳	𗑗	𗤋	𗆎	𗠩
ŋwuu¹	rjir¹	lhjo¹	ljo¹	ŋjir¹	zji²	·jij¹	ɣa²	·o¹	mə¹	lji²	njir¹	ŋwu²	ɣiẹ²
曰：	"得	失	福	祸，	皆	自	于	在，	天	地	祸	以	害

曰："得失福祸，皆在于已，天地不能以

12-1-07

𗫉	𗄝	𗤁。	𗗟	𗰜	𗫉	𗭑，	𗣼	𗤋	𗫲	𗄈	𗥃	𗬩	𗠁
mji¹	njwi²	lji¹	njwo²	·jĩ¹	tśhjiw²	dzjij¹	tśhjaa¹	tsəj¹	ɣa²	dźjwow¹	ljij²	gji²	wji²
不	能	也。	昔	殷	纣	时，	于	小	而	乌	大	一	所

祸害也。昔殷纣时，于小而所生一大

第 12 叶左面

12-2-01

wee¹	gjuu²	ljiij²	seew²	mjijr¹	ŋwuu¹	zjiir¹	ɣa²	ljij²	wee¹	ku¹	nji¹	lhjiij²	kji¹①
生。	吉	凶	占	者	曰：	'小	而	大	生，	则	家	国	必

鸟。占吉凶者曰：'小而生大，则国家必

12-2-02

djij²	wejr¹	·ji¹	tśhji¹	dzjij²	·jĩ¹	tśhjiw²	lhjij²	不详	mji¹	djo²	bja¹	niow²	mji¹
定	昌	谓。'	尔	时，	殷	纣	国	政	不	修，	弊	恶	不

定昌谓。'尔时，殷纣不修国政，不除弊

12-2-03

tjij¹	·u²	bji²	dźji¹	wji¹	mji¹	gjuu²	djir²	gja¹	śjwo¹	ŋwu²	ljiij²	ljij²	·ji¹
除	内	臣	行	为	不	救，	外	军	发	以	伐	来，	殷

恶，不救内臣行为，外军以发来伐，殷

12-2-04

lhjiij²	dja²	lhjo¹	thji¹	tja¹	ljo¹	khwa¹	njir¹	we²	śjij¹	ŋwu²	nioow¹	·ji¹	njij²
国	以	亡，	此	者，	福	变	祸	为	其	也。	又	殷	王

国以亡。此者，其为福变祸也。又于殷

12-2-05

thẹj²	·u²	dzjij¹	tśhjaa¹	sow¹	kwo¹	sji¹	tja¹	gjij²	nioow¹	to²	lew²	ŋwu²	kha¹②
太	戊	时	于，	桑	谷	树	者，	野	外	生	应	是，	中

王太戊时，桑谷树者，应是生野外，中

---

① 㮰：（1）已、所、虽、将。（2）趋向前缀，在动词前用此前缀，表示向近处、向里的方向。（3）与"憿"连用，"㮰憿"为"必定、决定"的意思。此处译为"必"。

② 㮰：中。这里是"期间、中间"的意思。

12-2-06

橪	楖①	靴	豑	綖	綴。	絺	黴	撖	疹	猁：	'蕡	茢②	纀，
zjɨ²	njɨɨ¹	djij¹	·ju²	wji²	to²	gjuu²	ljiij²	seew²	mjijr²	ŋwuu¹	kwo¹	sow¹	tja¹
二	二	阶	前	所	生。	吉	凶	占	者	曰：	'谷	桑	者，
二双生长阶前。占吉凶者曰：'桑谷者，													

12-2-07

靴	豑	綴	慨	艜	頪	秠	戧	緂	嫆	劜。	辅	焱	脩
djij¹	·ju²	to²	mji¹	wo²	lhjij²	lhjo¹	jij¹	mja¹	ŋwu²	·jɨ¹	thej²	·u²	ŋewr¹
阶	前	生	不	应，	国	亡	兆	恐	也	谓。'	太	戊	惧
不应生阶前，恐亡国兆也谓。'太戊恐													

---

① 橪楖：对译这"二二"，意译为"二双"。橪，为"二、俱"之义，根据上下文意可译为"二双"。

② 蕡茢：谷桑。疑为二字颠倒。根据上句"桑谷树者"，以及《孔子家语·五仪解》："桑谷野木，而不合生朝。"应当为"桑谷"。

第 13 叶右面

13-1-01

𗼴,	𗎃	𘞂①	𗟻	𘄅	𘕿	𗊱	𗠨	𗡮	𗟶,	𗫂	𘟩	𗤀	𗇁
le²	·jij¹	źier¹	dźji	tśhjwij¹	śji¹	njij²	·jij¹	不详	meej²	sjij²	·jur¹	śjij¹	tśja¹
恐	自	詈	行	慎,	先	王	之	政	思,	民	养	其	道

惧，自责慎行，思先王之政，修养民其

13-1-02

𗺓,	𗴈	𗙴	𘊝	𗴈	𘆄②	𗴺	𘊨	𘉋	𗥦	𗈁	𗦠	𗤋③	𗷅。
djọ²	nioow¹	sọ¹	kjiw¹	nioow¹	rjijr²	khwa¹	rjijr²	ɣa²	tśhjiw¹	lhjij²	ɣu¹	tji¹	ljij²
修,	故	三	年	后	向,	远	方	十	六	国	首	归	来。

道，故三年之后，远方十六国来投诚。

13-1-03

𗦎	𗆟,	𘂪	𗫐	𗿷	𗆄	𗤀	𗆃。"	𗬫	𗷀	𗤌	𗦻	𗤇	𗠨
thji²	tja¹	ŋjir¹	khwa¹	ljo¹	we²	śjij¹	ŋwu²	goor¹	no²	lu¹	xwã¹	kow¹	·jij¹
此	者,	祸	变	福	为	其	也。"	夫	子	鲁	桓	公	之

此者，其为祸变福也。"孔子乃往鲁桓

13-1-04

𗣼	𗯭	𗂼	𗫐	𘕿,	𗳦	𘐬④	𗾹	𘊫,	𘆥	𗤛	𗳦	𗉫	𗤛
rər²	pjụ²	·u²	rjir¹	śji¹	twej¹	gju²	gji²	ljij²	ŋa¹	ku¹	twej¹	gu²	ku¹
庙	殿	内	乃	往,	累	具	一	见,	虚	则	累,	中	则

公之宗庙内，见一欹器，虚则累，中则

---

① 𗎃𘞂：本意是"自骂、自詈"，此处根据上下文意可译为"自责"。

② 𗴈𘆄：本意是"后向"，即后面方向。此处根据上下文意可译为"之后"。

③ 𗤀𗤋：对译这"首归"，意译为"投降、投诚、归顺"。此处根据上下文意译为"投诚"。

④ 𗳦𘐬：本意是"累具"。据《荀子·宥坐》为"欹器"。欹器，古代一种倾斜易覆的盛水器。水少则倾，中则正，满则覆，寓意"满招损，谦受益"。在春秋战国时期被鲁国君王放在庙堂的座位右侧，专门用来警醒修身之用，因此又称"宥坐之器"，类似于今天我们说的"座右铭"。此处根据上下文意译为"欹器"。

13-1-05

祸,	貒	絳	粬。	烬	纛	餀	祾	孫	豹	潲:	"弑	蕭①	敳
tśjɨj¹	sə¹	ku¹	lhej²	bjij¹	·ju²	dzjiij²	gji²	·jij¹	·jɨ¹	ŋwuu¹	zjɨɨr²	njij²	lju²
正,	满	则	反。	后	视	弟	子	对	谓	曰:	"水	教	注

正, 满则反。后视对弟子谓曰:"教注水

13-1-06

纞	荒	豹。"	弑	羥	敳	祗,	辥	菠	祸,	貒	菠	粬。	結
·juu¹	nji²	·jɨ¹	zjɨɨr²	nja¹	lju²	phji¹	gu²	zjij¹	tśjij¹	sə¹	zjij¹	lhej²	goor¹
看	且	谓。"	水	已	注	令,	中	时	正,	满	时	反。	夫

且看谓。"水已令注, 中时正, 满时反。孔

13-1-07

弑	磓②	豹:	"蚮	穮	貒	菠	恓	粬	纞	荒	蔽	豹?"	髒
no²	·ji¹	·jɨ¹	io¹	war²	sə¹	zjij¹	mji¹	lhej²	tja¹	dju¹	mo²	·jɨ¹	tsə¹
子	哀	曰:	"凡	物	满	时	不	反	者	有	乎	谓?"	子

子叹曰:"凡物有满时不反者乎谓?"子

---

① 蕭:教。表示希求式或未然的前缀之一, 加在动词之前, 表示向下的方向, 或者说话者期待宾语实现或不要实现的愿望。此处根据上下文意可译为"教"。

② 磓:有"呜呼、哀、嗟"之义, 根据上下文意可译为"叹"。

第 13 叶左面

13-2-01

lu²	·jɨr¹	ŋwuu¹	sə¹	·jiij¹	śjij¹	tśja¹	·a¹	dju¹	no²	ŋwuu¹	bju¹	swew¹	śjij²
路	问	曰:	"满	持	其	道	否	有?"	子	曰:	"聪	明	圣

路问曰："其持满有道否？"子曰："聪明圣

13-2-02

sjij²	tja¹	wę¹	ŋwu²	·jiij¹	lew²	·ioow¹	ŋwər¹	khju¹	nji²	tja¹	źwe¹	ŋwu²	·jiij¹
智	者,	愚	以	持	应;	功	天	下	至	者,	让	以	持

智者，应持以愚；功至天下者，应持以

13-2-03

lew²	kjir¹	γie	lja¹	lho	tja¹	dźju²	ŋwu²	·jiij¹	lew²	dju¹	ljɨr¹	ŋjow²	dźjij¹
应;	勇	力	特	出	者,	怯	以	持	应;	富	四	海	有

让；勇力特出者，应持以怯；富有四海

13-2-04

tja¹	tsjɨj¹	ŋwu²	·jiij¹	lew²	thji²	tja¹	sə¹	·jiij¹	śjij¹	tśja¹	ŋwu²	·jɨ¹	lhjɨj²
者,	谦	以	持	应。	此	者,	满	持	其	道	也	谓。"	国

者，应持以谦。此者，其持满道也谓。"国

13-2-05

ŋewr¹	ku¹	dzjwɨ¹	rejr²	mjij¹	lhjɨj²	du¹	ku¹	sjij²	sjwɨ¹	mjij¹	·jir¹	mə²	rejr²
乱	则	君	乐	无,	国	安	则	民	忧	无。	百	种	乐

乱则无乐君，国安则无忧民。百种乐

13-2-06

tja¹	lhjɨj²	du¹	γa²	rjɨr²	sjwɨ¹	γię²	dạ²	tja¹	lhjɨj²	ŋewr¹	bju¹	śjwo²	rejr²
者,	国	安	于	出;	忧	患	事	者,	国	乱	因	生。	乐

者，出于国安；忧患事者，因生国乱。要

13-2-07

𘃨	𗹢	𗪛	𗼃	𗧓	𗢳	𗣼	𗴾,	𗿢	𗢂	𗤑	𗷅	𗷖。	𗣀
lhjịj²	tshji¹	phji¹	ŋwu²	lhjịj²	mjii²	ku̱¹	tja¹	rejr²	nwə¹	mjijr²	njaa²	lji¹	tśhjwo¹
取	要	使	以	国	治	松	者，	乐	知	者	非	也。	故

使以取乐松治国者，非知乐者也。故

第 14 叶右面

14-1-01

𗨢	𗨟	𗋒	𗧗	𗈪	𗦎	𗰜	𗁾	𗰓	𗅋	𗏁	𗧓	𗋒	𗀉
swew¹	tshu¹	tja¹	djij²	śji¹	lhjij²	mjii²	mja¹	nioow¹	·jir¹	mə²	rejr²	tja¹	thja¹
明	主	者	定	先	国	治	应	后	百	种	乐	者	自

明主者，应必先治国，后百种乐者自

14-1-02

𗫂	𗑠	𗣼	𗴂	𗥃	𗋒	𗧗	𗧓	𗦎	𗼻	𗌏	𗦎	𗦎
śjij¹	ŋowr²	lji¹	mur¹	dzjwi¹	tja¹	djij²	rejr²	lhjij²	tshji¹	phji¹	ŋwu²	lhjij²	mjii²
然	全	也	俗	君	者	定	乐	取	要	使	以	国	治

然全也。俗君者，必使要取乐以对治

14-1-03

𗧠	𗺉	𗁾	𗄈	𗑼	𗈪	𗭖	𗧓	𗫃	𗪚	𗉛	𗄈	𗈪	𗦺
·jij¹	ku¹	nioow¹	sjwi¹	ɣieʔ²	mji¹	sji¹	rejr²	gjii²	·jij¹	zjij¹	sjwi¹	rjir²	djụ¹
对	松	故	忧	患	不	尽	乐	求	将	时	忧	与	遇

国松，故忧患不尽。将求乐时与忧遇，

14-1-04

𗋽	𗫃	𗪚	𗉛	𗰳	𗈪	𗦺	𗣼	𗆜	𗟿	𗞞	𗊴	𗦖	𗈪
źiejr²	gjii²	·jij¹	zjij¹	ŋewr¹	rjir²	djụ¹	lji¹	iọ¹	śjij²	dzjwo²	·jij¹	ljij²	mji¹
安	求	将	时	乱	与	遇	也	夫	圣	人	自	见	不

将求安时与乱遇也。夫圣人不恃自

14-1-05

𗀜	𗁾	𗨢	𗜈	𗊴	𗞞	𗈪	𗖴	𗁾	𗹭	𗜈	𗊴	𗢳	𗈪
lhoo¹	nioow¹	swew¹	we²	·jij¹	ŋwu²	mji¹	sej¹	nioow¹	dźju¹	we²	·jij¹	njwi²	mji¹
恃	故	明	为	自	是	不	算	故	达	为	自	能	不

见故为明，不算自是故为达，不重自

14-1-06

𗭴	𗁾	𗥤	𗢲	𗏵	𗈪	𗰊	𗁾	𗀔	𗥰	𗀉	𗈪	𗢳	𗰊
·jow²	nioow¹	·ioow¹	dźjij²	lew¹	mji¹	dzeej¹	nioow¹	ŋwər¹	khju¹	thja¹	rjir²	njwi²	dzeej¹
重	故	功	有	惟	不	争	故	天	下	其	与	能	争

能故有功。惟不争，故天下无与其能

14-1-07

𗤋	𗆟。	𘕕	𗦇,	𘔼	𗑠	𗤋	𗣼	𗤋,	𗍫	𗰉	𘜶	𘏧	𗣀
mjijr²	mjij¹	thji²	nioow¹	njwo²	śjij¹	dzjwɨ¹	wji¹	mjijr²	rjir¹	tja¹	sjij²	·jij¹	·ioow¹
者	无。	此	故,	古	代	帝	为	者,	得	则	民	之	功

争者。此故，古代为帝者，得则算民之

第 14 叶左面

14-2-01

𗹙,	𗤶	𗢳	𗤁	𗣼	𗾑	𗫂;	𗯨	𗖸①	𗗟	𗤁	𗢤	𗹙,	𗫽
sej¹	lhjo¹	tja¹	·jij¹	bju¹	dźjar²	la²	tśjij¹	zjij¹	sjij¹	·jij¹	·ioow¹	sej¹	lhjwij¹
算,	失	则	自	由	罪	伏;	正	则	民	之	功	算,	斜

功；失则由己伏罪；正则算民之功，斜

14-2-02

𗏹	𗤁	𗣼	𗾑	𗫂。	𗤶	𗢳	𗢤	𗤁	𗤶	𗤁	𗫨。
ku¹	·jij¹	bju¹	dźjar²	la²	thjɨ²	tja¹	dzjwɨ¹	wji¹	gie¹	śjij¹	ŋwu²
则	自	由	罪	伏。	此	者,	帝	为	难	其	也。

则由己伏罪。此者，为帝其难也。

14-2-03

		𗦻	𗤶	𗖸
		pjwiir¹	nji²	tjij¹
		谏	听	章

听谏章

14-2-04

𗤶	𗤻	𗤼	𗤺	𗤷	𗤹	𗤸	𗗟,	𗤽	𗤾	𗤿	𗥀	𗥁
tsə¹	ŋa²	thji¹	bjij²	khie¹	kha¹	ŋo²	·jij¹	tow¹	da²	twu̯¹	nju¹	mji¹	wer¹
药	良	饮	时	苦	中	病	对	帮,	言	直	耳	不	睦

良药饮时苦中对病帮，直言不睦耳

14-2-05

𗤹	𗤶	𗗟	𗥂。	𗤶	𗗟	𗯨	𗤽	𗥃	𗣼	𗥄	𗥅	𗗟
kha¹	dźji	·jij¹	gjij¹	thow¹	·u²	twu̯¹	tshjiij¹	dzu¹	bju¹	dja²	wejr¹	khja²	tśhjiw²
中	行	对	利。	汤	武	忠	言	爱	因	而	昌,	桀	纣

中对行利。汤武因爱忠言而昌，桀纣

---

① 𗖸：则。此词有多种用法：（1）作名词，为"时"。（2）作副词，为"顷"。（3）有时作助词，有"而、之、则"等之义。此处根据上下文意译为"则"较妥。

14-2-06

𗱕	𗥃①	𗤶	𗆜	𗟲	𗅆。	𗤧	𗅊	𗋽	𗤋	𗙴，	𗋪	𗋽	𗤨
śjij¹	śjwii²	dzu¹	nioow¹	dja²	lhjo¹	io¹	dzjwɨ¹	pjwiir¹	bji²	mjij¹	wja¹	pjwiir¹	gji²
顺	合	爱	因	而	亡。	凡	君	谏	臣	无，	父	谏	子

因爱顺合而亡。凡君无谏臣，父无谏

14-2-07

𗙴，	𗆫	𗤨	𗆊	𗙴，	𗧹	𗤨	𗏵	𗙴，	𗎁	𗤒	𗲨	𗡥	𗤿
mjij¹	ljo²	pjwiir¹	tjo²	mjij¹	rjijr²	pjwiir¹	wji¹	mjij¹	ku¹	ɣie²	rjir²	mji¹	dju¹
无，	兄	谏	弟	无，	士	谏	友	无，	则	害	与	不	遇

子，兄无谏弟，士无谏友，则与害不遇

---

① 𗱕𗥃：对译为"其合"，意译为"顺合"。意为顺应符合。𗥃，有"合、和、调、应、随、顺、美、校、好"等之义。此处根据上下文意译为"顺合"较妥。

第 15 叶右面

15-1-01

tja¹	dju¹	mjij²	djij²	sji²	tśhjwo¹	dzjwi¹	lhạ²	zjịj¹	bji²	gjuu²	wja¹	lhạ²	zjịj¹
者，	有	未	曾	用。	故	君	失	则	臣	救，	父	失	则

者，未曾有过。故君失则臣救，父失则

15-1-02

gji²	gjuu²	ljo²	lhạ²	zjịj¹	tjo²	gjuu²	rjijr²	lhạ²	zjịj¹	wji¹	gjuu²	thji²	nioow¹
子	救，	兄	失	则	弟	救，	士	失	则	友	救。	此	故，

子救，兄失则弟救，士失则友救。此故，

15-1-03

lhjij²	iọ¹	lhjo¹	ljiij²	lja²	·jij¹	mjij¹	nji¹	do²	ŋewr¹	khiee¹	niow²	·jij¹	mjij¹
国	家	亡	毁	瑞	兆	无，	家	处	杂	乱	凶	兆	无。

国家危亡无瑞兆，家处杂乱无凶兆。

15-1-04

zjị¹	wja¹	ljo²	tjo²	ljwu¹	nu¹	mjij¹	wji¹	dźjwi¹	ŋwej²	ljwụ¹	twẹ¹	mji¹	bja²
子	父	兄	弟	违	背	无，	眷	属	和	睦，	续	不	断

父子兄弟无违背，眷属和睦，续不断

15-1-05

lji¹	njwo²	we²	ljij¹	kow¹	khju²	pie¹	gjuu¹	mee²	ŋwu²	kha¹	mji¹	śjwo¹	bjii¹
也。	昔	卫	灵	公，	籧	伯	玉	贤	也，	中	不	用。	弥

也。昔卫灵公，籧伯玉贤也，中不用。弥

---

① 虠：用。此词有多种用法：（1）语助。名物化助词，具有词缀的作用，附在形容词或动词之后，表示形容词所描写的或该动作性质所依赖的工具，一般按"用"或"具"使用。（2）表示动作进行和存在的原因。（3）与"㪍"连用，虠㪍，表示"而已"。此处是第二种用法，根据上下文意可译为"过"。

② 稅糤：对译为"亡毁"，意译为"毁亡"。此处根据上下文意可译为"危亡"。

③ 蘿叕：有"朋友、乡党、眷属"之义。此处根据上下文意译为"眷属"较为妥帖。

15-1-06

[illegible]	[illegible]	[illegible]	[illegible]，	[illegible]	[illegible]	[illegible]。	[illegible]	[illegible]	[illegible]	[illegible]，	[illegible]	[illegible]	[illegible]。
tsə^{1}	xia^{1}	mji^{1}	mee^{2}	kha^{1}	·a^{1}	śjwo^{1}	śiə^{1}	gjuu^{1}	twụ^{1}	pjwɨɨr^{1}	tsjɨ^{1}	mji^{1}	nji^{2}
子	瑕	不	贤，	中	所	用。	史	鱼	直	谏，	亦	不	听。
子瑕不贤，中所用。史鱼直谏，亦不听。													

15-1-07

[illegible]	[illegible]	[illegible]	[illegible]	[illegible]，	[illegible]	[illegible]	[illegible]	[illegible]	[illegible]	[illegible]：	“[illegible]	[illegible]	[illegible]
ŋo^{2}	thjwɨ^{1}	sjɨ^{1}	·jij^{1}	zjịj^{1}	gji^{2}	do^{2}	wẹ^{1}	dạ^{2}	wjɨ^{2}	tji^{2}	mjo^{2}	we^{2}	njij^{2}
病	染	死	将	时，	子	于	遗	言	所	嘱：	“吾	卫	王
染病将死时，于子遗言嘱托：“吾乃为													

第 15 叶左面

15-2-01

𗙳	𗣼	𗣀	𗈛，	𗣼	𗼱	𘞂	𗗙	𘊟，	𘊟	𗾧	𗗿	𗟲①	𗾔
do²	bji¹	rjir²	wji¹	khju¹	pie¹	gjuu¹	bjij¹	lji¹	bjii¹	tsə¹	xia¹	tśjɨi²	nji²
处	臣	乃	为，	虽	举	蘧	伯	玉，	弥	子	瑕	跌	等

卫王之臣，虽举蘧伯玉，莫能退弥子

15-2-02

𗟭	𗣼	𗩈，	𗤁	𗣼	𗾶	𗤋	𗗟②	𗯨	𗭪	𗟭	𗣼	𗳉
mji¹	njwi²	tja¹	mjo²	bji¹	tśja¹	bju¹	njij²	·jij¹	tśjij¹	phji¹	mji¹	njwi²	nioow¹
莫	能	者，	吾	臣	道	依	王	之	正	使	莫	能	故

瑕等者，吾依臣道莫能使王改正故

15-2-03

𗗙。	𗀉	𗰧	𗯨	𗭪	𗭪	𗟭	𗣼，	𗞩	𗤧	𘗶	𗒛	𗵘	𗜓
lji¹	sjwu²	zjo²	njij¹	tśjij¹	phji¹	mji¹	njwi²	ku¹	sji¹	nioow¹	ljwij¹	tjij²	ŋowr²
也。	生	时	王	正	使	莫	能，	则	死	后	丧	礼	全

也。生时莫能使王正，则死后不应使

15-2-04

𗭪	𗤧	𗍫，	𗒛	𗤁	𗤧	𗧯，	𗵽	𗭪	𗋽	𗙳	𘈩	𗗟	𗗙
phji¹	mji¹	wo²	tśhjwo¹	mjo²	sji¹	zjij¹	ɣur¹	djij¹	·ju¹	tji¹	tsji¹	lew¹	lji¹
使	不	应，	故	吾	死	时，	尸	阶	前	置	亦	足	也

全丧礼，故吾死时，尸置阶前亦足也

15-2-05

𗥻。"	𗍥	𗾧	𘘚	𗣼	𗱈	𗦵	𗖻	𗗙，	𗗟③	𗼻	𗥑	𘜶	𗤁，
·ji¹	thja¹	gji²	wji²	nji²	ljij¹	kow¹	sjii¹	ljij²	tśhjaa¹	ɣar²	bji²	dja²	·jir²
谓。"	其	子	所	听。	灵	公	吊	来，	上	惊	愕	而	问，

谓。"其子听从。灵公来吊，公惊愕而问，

---

① 𗟲：本是"蹶、跌"之义，此处根据上下文意可译为"退"。

② 𗗟：此词有二种用法：（1）有"之、人、对、的、与、于"等之义。（2）西夏文中，"𗗟（之）"可作属格助词和宾格助词使用，属格后为名词，宾格后为动词。此处根据上下文意按宾格助词使用，和"𗯨"组成"𗗟𗯨"可译为"改正"。

③ 𗗟：上。本是"皇上"之义，此处根据上下文意指"灵公"，所以译为"公"。

15-2-06

䖀	䖀	䖀	䖀	䖀	䖀	䖀。	䖀①	䖀	䖀	䖀	䖀:	"䖀	䖀,
gji²	wja¹	wę¹	dạ²	bju¹	rjɨr²	tshjiij¹	njij²	dźju¹	ŋwu²	tsə¹	khwa¹	thji²	tja¹
子	父	遗	言	以	乃	说。	王	显	以	色	变:	"此	者,

子乃以父遗言说。公以显变色："此者，

15-2-07

䖀	䖀②	䖀	䖀	䖀	䖀。"	䖀	䖀,	䖀	䖀	䖀	䖀	䖀	䖀。
zjɨ̈r¹	dźjwu¹	·jij¹	dźjar²	ŋwu²	·jɨ¹	tśhji¹	dzjij¹	thja¹	ɣur¹	tśjij¹	rjɨr²	tśhjaa¹	tji¹
稀	人	之	过	也	谓。"	尔	时,	其	尸	正	堂	于	置。

寡人之过也谓。"尔时，其尸置于正堂。

---

① 䖀：王。本是"王、诸侯"之义，此处根据上下文意指"灵公"，所以译为"公"。

② 䖀䖀：直译为"稀人、少人"，意译为"寡人"。

第 16 叶右面

16-1-01

祧	孍	鞲	祾	孫	擨	灇①	痲	犕	莃	孫	綐	毅②	結
phji¹	khju²	pie¹	gjuu¹	·jij¹	·a¹	śjwo¹	bjii²	tsə¹	xia¹	·jij¹	wjɨ¹	khwạ¹	goor¹
令	籧	伯	玉	对	所	用，	弥	子	瑕	对	所	贬。	夫

令对籧伯玉起用，对弥子瑕贬退。孔

16-1-02

孍	骹	悗	溿	"秚	綑	焘	彦	繎	糕	縍	廸	耕③	孎
no²	mji¹	nioow¹	ŋwuu¹	njwo¹	śjij¹	pjwɨɨr¹	mjijr²	tja¹	sjɨ¹	ku¹	djij²	kha¹	śiə¹
子	闻	后	曰：	"古	代	谏	人	者，	死	则	停	中，	史

子闻后曰："古代谏人者，死则停止，如

16-1-03

祾	憽	歔	赦	焘，	瀻	嘉	席	孫	骹	孍	祧	繎	荒
gjuu¹	sju²	yur¹	ŋwu²	pjwɨɨr¹	bju¹	·jij¹	njii²	·jij¹	dwewr²	tsjij²	phji¹	tja¹	dju¹
鱼	如	尸	以	谏，	因	自	王	之	觉	悟	令	者，	有

史鱼以尸谏，因己令王之觉悟者，未

16-1-04

毅	縍	荒	矜	"秚	絔	霡	蕣	綑	孍	姃	帰，	叕
mjij²	djij²	sji²	·ji¹	njwo²	thow¹	thej¹	tsṵ̃²	śjij¹	tśhja¹	bioo¹	kjiw¹	·u²	tśju¹
未	曾	用	谓。"	昔	唐	太	宗	时	正	观	年	内，	事

曾有过谓。"昔唐太宗时正观年间，执

16-1-05

韝	厐	荒④	孍	彦	骹	絃	霡	蕣	綌	綌	閌	孍	嵮
zow²	tji¹	gjii²	śjwɨ²	mjijr²	ljij¹	nioow¹	thej¹	tsṵ̃²	nji²	nji²	źjɨ¹	tśier¹	dzjwo²
执	食	贿	随	者	增，	故	太	宗	暗	暗	左	右	人

事随受贿者增，故太宗暗暗使左右

---

① 擨灇：本是"所用"之义，此处根据上下文意可译为"起用"。

② 綐毅：本是"所贬"之义，此处根据上下文意可译为"贬退"。

③ 廸耕：本是"停中"之义，此处根据上下文意可译为"停止"。

④ 厐荒：本是"食贿"之义，此处根据上下文意可译为"受贿"。

16-1-06

𗸐	𗼨	𗫷	𗆛	𘟛。	𗟁	𗩾	𗣼	𗴴	𗼻	𘈷	𗏁①	𗢡	𗦛
phjii¹	kaar¹	ŋwu²	tji¹	gjii²	khjow¹	phji¹	tśju¹	zow²	mjijr²	gji²	ner²	·a¹	no²
使	察	以	食	贿	给	教	事	执	者	一	绢	一	匹

人以察受贿。教给一执事者接受一

16-1-07

𗉅②	𗫅	𗉚	𘓯	𗼖	𗸐	𗫐	𘟀	𗆫	𗋽	𗥔	𗤽	𗣼	"𗣼
dji²	lhjwi¹	dzjwi¹	dźji¹	wji¹	sja¹	kiej²	śjow¹	śie¹	phej²	kju¹	pjwiir¹	da²	tśju¹
所	接	帝	行	其	杀	欲	尚	书	裴	矩	谏	言	"局

匹绢，帝欲行杀其，尚书裴矩谏言："局

---

① 𘈷：本是"黄丝绢"之义，黄丝绢，用黄色蚕丝织成的绢，比较珍贵。此处根据上下文意可译为"绢"。

② 𗉅：此词有二种用法：（1）所、与。（2）表示趋向行为主体或说话者的方向。《音同》中明确注释为"语助"，证明它是虚词。它有以下三种情况：一是向主语的方向，动词前用此前缀。二是取物等动作动词前也可用此前缀。三是有些心理活动，动词前也用此前缀。此处用在取物动词"𗫅"前，"𗉅𗫅"表示"接受"的意思。

第 16 叶左面

16-2-01

[illegible]①	[illegible]	[illegible]，	[illegible]	[illegible]	[illegible]	[illegible]	[illegible]	[illegible]	[illegible]，	[illegible]	[illegible]	[illegible]	[illegible]
ljij^{1}	gjii^{2}	lhjwi^{1}	dźjar^{2}	bju^{1}	źjɨr^{1}	sja^{1}	wo^{2}	ljɨ^{1}	ŋwu^{2}	djij^{2}	sjij^{1}	dzjwɨ^{1}	dzjwo^{2}
分	贿	接，	罪	依	实	杀	应	虽	然，	然	今	帝	人
分收贿，虽然依罪实应杀，然今帝以													

16-2-02

[illegible]	[illegible]	[illegible]	[illegible]	[illegible]	[illegible]	[illegible]，	[illegible]	[illegible]	[illegible]	[illegible]	[illegible]	[illegible]。	[illegible]
phjii^{1}	ŋwu^{2}	gjii^{2}	khjow^{1}	phji^{1}	rjɨr^{2}	njɨ^{2}	lhjwi^{1}	mjijr^{2}	dju^{1}	zjij^{1}	sja^{1}	ku^{1}	thjɨ^{2}
使	以	贿	授	教	乃	至，	接	者	有	时	杀	则。	此
使人教授贿乃至，收者有时则杀。此													

16-2-03

[illegible]，	[illegible]	[illegible]	[illegible]	[illegible]	[illegible]	[illegible]	[illegible]	[illegible]	[illegible]。	[illegible]	[illegible]	[illegible]：	‘[illegible]
tja^{1}	dzjwo^{2}	śio^{1}	ŋwu^{2}	dźjar^{2}	kha^{1}	·jijr^{1}	phji^{1}	śjij^{1}	ŋwu^{2}	goor^{1}	no^{2}	tshjiij^{1}	tśja^{1}
者，	人	导	以	罪	中	堕	使	其	也。	夫	子	说：	‘道
者，人以导使其堕罪中也。孔子说：‘以													

16-2-04

[illegible]	[illegible]，	[illegible]	[illegible]	[illegible]	[illegible]	[illegible]。’	[illegible]	[illegible]	[illegible]	[illegible]	[illegible]。”	[illegible]	[illegible]
ŋwu^{2}	śio^{1}	tjij^{2}	ŋwu^{2}	ka^{1}	phji^{1}	·jɨ^{1}	rjir^{2}	mja^{1}	ljwu^{1}	nja^{2}	·jɨ^{1}	thej^{1}	tsụ̃^{2}
以	导，	礼	以	齐	令	谓。’	与	恐	失	汝	谓。”	太	宗
道导，令以礼齐谓。’与汝恐失谓。”太宗													

16-2-05

[illegible]	[illegible]，	[illegible]	[illegible]	[illegible]	[illegible]	[illegible]	[illegible]	[illegible]②	[illegible]	[illegible]：	“[illegible]	[illegible]	[illegible]
ljij^{2}	de^{2}	·jwɨr^{2}	ɣạ^{1}	·jir^{2}	dzjɨ^{2}	·jij^{1}	khju^{2}	phji^{1}	mjị^{1}	dạ^{2}	phej^{2}	kju^{1}	·jij^{1}
大	喜，	文	武	百	官	之	请	令	告	言：	“裴	矩	自
大喜，令召文武百官之告言：“裴矩能													

① [illegible]：局分。西夏文中的“局分”，相当于汉语中的“事务、管理、官吏、干事”。

② [illegible]：对译为“请令”，意译为“令请”。此处根据上下文意可译为“令召”。

16-2-06

㹠①	㼻	㴗	㺸	㶛	㹟，	㺍	㹒	㷀	㼄，	㺞	㺌	㺾	㺧
tśju¹	bju¹	ɣie	zjir²	pjwiir¹	njwi²	mjo²	njijr²	mji¹	wji¹	tjij¹	mə²	da²	zji²
事	因	力	久	谏	能，	我	面	不	为，	若	诸	事	皆

因本职力久谏，不为我面，若诸事皆

16-2-07

㺗	㺊，	㺝	㷀	㺵	㺶	㷀	㺸	㺹	㺺	㺻？"	㹠	㺼	㺽
thji²	sju²	ku¹	mji¹	mjii²	ɣa²	nioow¹	lew²	wa²	·o¹	·ji¹	sə¹	biaa²	wẽ¹
此	如，	则	不	治	而	后	当	何	有	谓？"	司	马	温

如此，则有何不治而后当谓？"司马温

---

① 㸫㹠：本为"自事"之义，此处根据上下文意可译为"本职"。

第 17 叶右面

17-1-01

𗾔	𗱕	𗟲		"𗥆	𗥃	𗦀	𗋽		𗦣	𗹢	𗯴	𗐱		𗣼	𗾞		𗭪
kow[1]	lji[1]	ŋwuu[1]		njwo[2]	dzjwo[2]	da[2]	dju[1]		dzjwi[1]	swew[1]	ku[1]	bji[2]	twụ[1]		·ji[1]	phej[2]	
公	论	曰：		"古	人	言	有，		君	明	则	臣	忠		谓。	裴	

公论曰："古人有言，君明则臣忠谓。裴

17-1-02

𗀋	𗾺	𗦲	𗕚	𗤙，	𗬬	𗎉	𗦲	𗹢	𗤓	𗥔	𗜯	𗾷	𗤒
kju[1]	sjwi[1]	do[2]	dzew[2]	ŋwu[1]	kha[1]	thow[1]	do[2]	twụ[1]	we[2]	thja[1]	mər[2]	tsjiir[2]	dja[2]
矩	隋	于	奸	是，	中	唐	于	忠	为，	其	本	性	所

矩于隋是奸，于中唐为忠，其本性并

17-1-03

𗀕	𗾺	𗍋。	𗦲	𗠐	𗠿	𗥃	𗯴	𗹢	𗀕	𗕚	𗤙；	𗦲
khwa[1]	lji[1]	njaa[2]	dzjwi[1]	·jij[1]	dźjar[2]	mji[1]	khie[1]	ku[1]	twụ[1]	khwa[1]	dzew[2]	we[2]	dzjwɨ[1]
变	并	非。	君	自	过	闻	厌，	则	忠	变	奸	为；	君

非变化。君厌闻己过，则忠变为奸；君

17-1-04

𗹢	𗥃	𗠿	𗢸	𗯴	𗕚	𗀕	𗹢	𗤓。	𗵒	𗧊，	𗦲	𗅁	𗱴
twụ[1]	da[2]	mji[1]	dzu[1]	ku[1]	dzew[2]	khwa[1]	twụ[1]	we[2]	thji[2]	nioow[1]	dzjwi[1]	tja[1]	kwər[1]
忠	言	闻	爱，	则	奸	变	忠	为。	此	故，	君	者，	体

爱闻忠言，则奸变为忠。此故，君者体

17-1-05

𗤙；	𗐱	𗅁	𗏁	𗤙。	𗱴	𗇋	𗯴	𗏁	𗩾	𗷮	𗅁	𗮟	𗴮
ŋwu[2]	bji[2]	tja[1]	rər[2]	ŋwu[2]	kwər[1]	mju[1]	ku[1]	rər[2]	nioow[1]	śio[1]	tja[1]	sjwij[1]	lji[1]
也；	臣	者，	影	也。	体	动	则	影	后	引	者，	明	也

也；臣者，影也。体动则引后影者，明也

17-1-06

𗾞。"	𗄈	《𗦻》	𗬬	𗣷：	"𘃥	𗅁	𗇋	𗒹	𘜍	𗸯	𗅁	𗦲	𗅁，
·ji[1]	tśhjwo[1]	sjij[2]	kha[1]	tshjiij[1]	sji[1]	tja[1]	dźjo[2]	rer[2]	bju[1]	twụ[1]	we[2]	dzjwi[1]	tja[1]
谓。"	故	《书》	中	说：	"木	者，	墨	弦	因	直	为；	君	者，

谓。"故《书》中说："木者，因墨弦为直；君者，

17-1-07

薮	繖	赦	刽	繝	努	燍。"	漩	释	鞁	綋	翗。
pjwïr¹	nji²	ŋwu²	śjij²	we²	·ji¹	tja¹	thji²	da²	dźiej²	lew²	lji¹
谏	听	以	圣	为	谓	者。"	此	言	信	当	也。
以听谏为圣谓者。"此言当信也。											

第 17 叶左面

17-2-01

		𗟻	𗢺	𗎫
		dzjwo²	nwə¹	tjij¹
		人	知	章
	知人章			

17-2-02

《𗴮	𗵤	𗪙	𗫾① 》	𗙼	𗯨:	"𗖅	𗣼	𗫃	𗣼	𗣼,	𗡮	𗿒	𗙼
mjii²	·wu²	thwuu¹	tjij²	kha¹	tshjiij¹	rjijr²	dźjij²	tśhja²	dźjij²	tja¹	do²	ŋwu²	kha¹
《治	资	通	镜》	中	说:	"才	有	德	有	者,	异	也,	间
《资治通鉴》中说:"有才有德者,异也,世													

17-2-03

𗦚	𗪙	𗾟	𗋽	𗼺	𗣼,	𗤶	𗇁	𗰖	𗼉	𗻰	𗫾	𗣼	𗟻
śjij¹	mur¹	phjo²	kar²	mji¹	njwi²	nioow¹	zji²	nji¹	mee²	sej¹	thji²	tja¹	dzjwo²
世	俗	区	分	莫	能,	故	俱	等	贤	算。	此	者,	人
俗间莫能区分,故俱等算贤。此者,取													

17-2-04

𗗙	𗢺	𘏨	𗤶	𗿒。	𗴂	𗟶	𗖰②	𗺌	𗋽③	𗫾	𗖅	𗯨,	𗠝
lhjwi¹	mji¹	dźjaa²	śjij¹	ŋwu²。	io¹	bju¹	meej²	dźja²	kjir²	tja¹	rjijr²	·ji¹	tśjij¹
取	不	准	其	也。	凡	聪	思	刚	敢	者	才	谓,	正
人其不准也。凡思聪刚毅者谓才,正													

---

① 𗫾:本为"镜"义,此处根据上下文意可译为"鉴"。

② 𗖰𗟶:对译为"聪思",意译为"思聪"。思聪,思想敏锐,心思敏捷。

③ 𗺌𗋽:对译为"刚敢",意译为"敢刚"。此处根据上下文意可译为"刚毅"。刚毅,

刚强坚毅。

17-2-05

𗹦	𗾑	𗼃	𘝶	𗀱	𗛽。	𗤋	𘋨,	𗀱	𘝶①	𗤊	𘕺	𗟲,	𗓽
twụ¹	gu²	ŋwej²	tja¹	tśhja²	·ji¹	thji²	nioow¹	tśhja²	tja¹	rjijr²	su¹	buu²	ku¹
直	中	和	者	德	谓。	此	故,	德	于	才	如	胜,	则

直中和者谓德。此故，德如胜于才，则

17-2-06

𗼆	𗗙	𗛽;	𗤊	𘝶	𗀱	𘕺	𗟲,	𗓽	𗤁	𗣼	𗛽;	𗤊	𗀱
goor¹	gji²	·ji¹	rjijr²	tja¹	tśhja²	su¹	buu²	ku¹	zjiir¹	dzjwo²	·ji¹	rjijr²	tśhja²
君	子	谓;	才	于	德	如	胜,	则	小	人	谓;	才	德

谓君子；才如胜于德，则谓小人；德才

17-2-07

𗴺	𗵘,	𗟲	𘀗	𗣼	𗛽;	𗤊	𗀱	𗡞	𗣿,	𗟲	𗧓	𗣼	𗛽。
ŋowr²	lhə²	ku¹	śjij²	dzjwo²	·ji¹	rjijr²	tśhja²	zji²	mjij¹	ku¹	wẹ²	dzjwo²	·ji¹
全	备,	则	圣	人	谓;	才	德	皆	无,	则	愚	人	谓。

全备，则谓圣人；德才皆无，则谓愚人。

---

① 𘝶：此字在这里作为主格助词，在句中常起提示主语作用，有强调主语的功能，但并非每一主语下皆用主格助词，只有在必要强调主语时才用。此处根据上下文意可译为"于"。下一个"𘝶"亦同。

第 18 叶右面

18-1-01

𗦽	𗤆	𗥤	𗯨	𗰖	𗫂	𗋽	𗤆	𗀔	𘝶	𗏁	𗤁	𗵗
iọ¹	dzjwo²	lhjwi¹	śjij¹	tsjiir¹	tja¹	śjij²	dzjwo²	lji¹	goor¹	gji²	mji¹	rjir¹	ku¹
夫	人	取	其	术	之	圣	人	及	君	子	不	得	则

夫其取人之术，不得圣人及君子，则

18-1-02

𗼃	𗤆	𗤁	𗅲	𗀔	𗤆	𗤁	𗗙	𗥃	𗹏	𗫸	𗥩	𘝰	𗵗
zjɨɨr¹	dzjwo²	rjir¹	su¹	wẹ¹	dzjwo²	rjir¹	zjij¹	mji¹	不详	wa²	nioow¹	·ji¹	ku¹
小	人	得	如	愚	人	得	而	不	如	何	故	谓?	则

如得小人而不如得愚人，何故谓? 则

18-1-03

𘝶	𗦎	𗤁	𗱈	𗀔	𗝶	𗩱	𗼃	𗤆	𗤁	𗱈	𗤍	𗩱
goor¹	gji²	rjijr²	lhoo¹	ŋwu²	neew²	wji¹	zjɨɨr¹	dzjwo²	rjijr²	lhoo¹	ŋwu²	niow²	wji¹
君	子	才	恃	以	善	为	小	人	才	恃	以	恶	为

君子恃才以为善，小人恃才以为恶。

18-1-04

𗤁	𗱈	𗀔	𗝶	𗩱	𗵗	𗝶	𗥩	𗹏	𗏁	𗫂	𗖻	𗤁
rjijr²	lhoo¹	ŋwu²	neew²	wji¹	ku¹	neew²	mji¹	do²	mji¹	nji²	tja¹	mjij¹	rjijr²
才	恃	以	善	为	则	善	他	处	不	至	乃	无	才

恃才以为善，则善他处乃无不至; 恃

18-1-05

𗱈	𗀔	𗤍	𗩱	𗵗	𗤍	𗹏	𗏁	𗫂	𗖻	𗤁	𗀔	𗫂
lhoo¹	ŋwu²	niow²	wji¹	ku¹	niow²	mji¹	do²	mji¹	nji²	tja¹	mjij¹	wẹ¹	tja¹
恃	以	恶	为	则	恶	他	处	不	至	乃	无	愚	者

才以为恶，则恶他处乃无不至。愚者

18-1-06

[illegible]	[illegible]	[illegible]	[illegible]，	[illegible]	[illegible]①	[illegible]	[illegible]	[illegible]	[illegible]	[illegible]，	[illegible]	[illegible]	[illegible]
mji^{1}	neew^{2}	wji^{1}	kię̣j^{2}	tsjɨ^{1}	sa^{2}	ŋwu^{2}	śjɨj^{1}	phji^{1}	mjɨ^{1}	njwi^{2}	ɣie	ŋwu^{2}	wji^{1}
不	善	为	欲，	亦	计	以	成	令	不	能，	力	以	行
欲不为善，亦不能令以谋成，以力行													

18-1-07

[illegible]②	[illegible]	[illegible]。	[illegible]	[illegible]	[illegible]	[illegible]	[illegible]	[illegible]，	[illegible]	[illegible]	[illegible]	[illegible]	[illegible]。
wjo^{1}	mjɨ^{1}	·u^{2}	dzjọ^{1}	kə^{1}	ta^{1}	dzjwo^{2}	gjii^{1}	kię̣j^{2}	tsjɨ^{1}	t–	tjị^{2}	wjịj^{2}	sju^{2}
遣	不	任。	譬	小	狗	人	啮	欲，	亦	制	处	有	犹。
遣不任。譬小狗欲啮人，亦犹有制处。													

① [illegible]：本为“计、陈、接”之义，此处根据上下文意可译为“谋”。谋，有“出主意.”“计策”“密谋”“设法求得”。

② [illegible][illegible]：本为“行遣、遣送”之义，根据上下文意可译为“行遣”。

第 18 叶左面

18-2-01

𗩾	𗁅	𗊂	𗩾	𗋦	𗼓	𗷓	𗼈	𗏹	𗰭	𗋦	𗾔	𗼃	𗖵
zjɨɨr¹	dzjwo²	tja¹	sjij²	ŋwu²	dzew²	śjij¹	phji¹	ljij¹	kjir¹	ŋwu²	ŋewr¹	śjwo¹	tsji¹
小	人	者，	智	以	奸	成	使	能，	勇	以	乱	生	亦

小人者，以智能使成奸，以勇亦能生

18-2-02

𗰭	𗸲	𗊂	𗵐	𗏹	𗢳	𗣼	𗳒	𗌛	𗤒	𗀋	𗂼	𗹛
njwi²	thji²	tja¹	le²	dzjwɨ²	·o¹	sju²	thja¹	ɣię²	wji¹	śjij¹	zji²	kha¹	na¹
能。	此	者，	虎	翼	有	如，	此	害	为	其	最	中	深

乱。此者，如虎有翼，此其为害最中深

18-2-03

𗹙	𗀔	𗳒	𗊂	𗁅	𗤁	𗋦	𗋽	𗤴	𗱚	𗊂	𗁅	𗤁	𗰳
lji¹	io¹	tśhja²	tja¹	dzjwo²	·jij¹	kja¹	lew²	ŋwu²	rjijr²	tja¹	dzjwo²	·jij¹	dzu¹
也。	夫	德	者	人	之	畏	应	也，	才	者	人	之	爱

也。夫德者人之应畏也，才者人之应

18-2-04

𗱚	𗤴	𗰳	𗊂	𗆐	𗏹	𗋦	𗊂	𗽱	𗔻	𗥦	𗁅	𗤩	𗊠
lew²	ŋwu²	dzu¹	tja¹	njij¹	lji²	kja¹	tja¹	ka²	lji¹	tśhjwo¹	dzjwo²	kaar¹	mjijr²
应	也。	爱	者	近	易，	畏	者	离	易。	故	人	察	者，

爱也。爱者易近，畏者易离。故察人者，

18-2-05

𗊂	𗰜	𗦎	𗱚	𗣼	𗵫	𗋦	𗤁	𗹙	𗩾	𗸰	𗏣	𗠣
tja¹	rjir²	mjaa²	rjijr²	do²	mer²	ŋwu²	tśhja²	·jij¹	dźjiir¹	lji¹	njwo²	śjij¹	lhjij²
则	乃	多	才	于	迷	以	德	之	舍	也。	古	代	国

则乃以迷于多才舍之德也。古代乱

18-2-06

𗰭	𗋻	𗁅	𗊂	𗰞	𗩾	𗵴，	𗱚	𗺉	𗤒	𗤁	𗠣	𗍫，	𗋦
ŋewr¹	bji¹	lji¹	nji¹	ljiij²	gji²	nji²	rjijr²	gjij¹	dźjij²	tśhja²	mji¹	lhə²	ŋwu²
乱	臣	及	家	败	子	等，	才	奇	有	德	不	足，	以

国臣及败家子等，有奇才德不足，以

18-2-07

蔽	朣	紦	纖	纞	旐	絥。	靳	繸	隬	靫	疹，	纞	絲
ŋewr¹	ljiij²	ɣa²	nji²	tja¹	rejr²	lji¹	tśhjwo¹	nji¹	lhjɨj²	mjii²	mjijr²	tja¹	tśhja²
乱	毁	于	至	之	多	也。	故	家	国	治	者，	乃	德

至于乱败之多也。故治家国者，乃有

第 19 叶右面

19-1-01

嬈	孤	繍	獡	嬑	嬈	孤	燃	祇	祉①	嶷	緣	傂	绷
dźjij²	·jij¹	śji¹	sej¹	rjijr²	dźjij²	·jij¹	ku¹	phji¹	nwə¹	njwi²	ku¹	nioow¹	dzjwo²
有	之	先	算	才	有	之	后	使	知	能	则	复	人

德之先算，能使知有才之后，则复取

19-1-02

䂂	傂	觥	繈	繈	放	帨	狨	飛	珮	結	裗	绷	鏻
lhjwi¹	mji¹	dźjaa¹	nioow¹	yiẹ¹	ljọ²	lja¹	lji¹	njwo²	śjij¹	goor¹	gji²	dzjwo²	kaar¹
取	不	准	故	害	岂	来	也？"	古	代	君	子	人	察

人。不准，故岂来害也？"古代君子察人

19-1-03

狨	柀	蘒	赦	祆	鏻	脺	蘒	赦	軽	鏻	嶮	蘒	赦
zjij¹	khwa¹	phjii¹	ŋwu²	twu̱¹	kaar¹	njij¹	phjii¹	ŋwu²	bjuu¹	kaar¹	rejr²	phjii¹	ŋwu²
时	远	使	以	忠	察	近	使	以	敬	察	多	使	以

时，远使以察忠，近使以察敬，多使以

19-1-04

嶷	鏻	鄉	頖	赦	放	鏻	鑿	繝	赦	绷	鏻	穮	叙
njwi²	kaar¹	lhjwi²	·jir¹	ŋwu²	sjij¹	kaar¹	dzjir¹	ljwu²	ŋwu²	dźiej²	kaar¹	war²	noo²
能	察	骤	问	以	智	察	急	聚	以	信	察	物	寄

察能，骤问以察智，急聚以察信，寄物

19-1-05

赦	鿊	鏻	蔽	澌	赦	醽②	鏻	쟛	瓩	狨	颰	鏻	祆
ŋwu²	dźjwu¹	kaar¹	bjij¹	mji¹	ŋwu²	kjur²	kaar¹	·o²	lia²	zjij¹	tsjiir²	kaar¹	dza¹
以	仁	察	危	告	以	贞	察	酒	醉	时	性	察	杂

以察仁，告危以察贞，醉酒时察性，杂

---

① 祇祉：本为"使知"之义。此处疑为前后二字颠倒，应为"祉祇"。祇，使、令：动态后缀之一，一般用在动词之后。另本词在第3叶右面第4列第1、2字，语序也为"祉祇"。

② 醽：本为"志、列、贞"之义。此处根据上下文意可译为"贞"。贞，守正道的、效忠的。

19-1-06

𗦴	𗼨	𘝞	𘐣，	𗉁	𗯨	𘐣	𗦻	𗄊，	𗊂	𗼕	𗘈	𗷀	𗥃，
dźjiij¹	ŋwu²	tsə¹	kaar¹	gjɨɨ¹	mə²	kaar¹	śjij¹	njɨ²	nioow¹	mji¹	mee²	dzjwo²	tja¹
居	以	色	察，	九	种	察	其	至，	故	不	贤	人	者，
居以察色，其九种察至，故不贤人者，												

19-1-07

𗥃	𗊲	𘂤	𗦴。	𗈪	𘃡	𘄊	𗼨	𗄊	𗀖	𗊂	𘂀，	𗼨	𗄊
dźju¹	tji²	wjij²	lji¹	io¹	·jij¹	seew²	njiij¹	lji¹	zjij¹	mji¹	不详	njiij¹	lji¹
显	处	在	也。	夫	形	察	心	论	许	不	如，	心	论
在明处也。夫察形许不如论心，论心												

第 19 叶左面

19-2-01

𗤁	𗼩	𗏹	𗄊	𗆊。	𗣫	𗀍	𗨝	𗣼，	𗣭	𗤁	𗢭，	𗫡	𗄥
dźji	tsjir¹	zjij¹	mji¹	ljwu¹	·jwir¹	·jij¹	djij²	tśjo̧¹	njiij¹	dźjɨ	neew²	ku¹	goor¹
行	择	许	不	如。	象	形	虽	丑,	心	行	善,	则	君

许不如择行。形象虽丑，心行善，则不

19-2-02

𗍳	𗼩	𗏹	𗁯；	𗣫	𗀍	𗨝	𗴾，	𗣭	𗤁	𗊨，	𗫡	𗍷	𗢺
gji²	we²	mji¹	yiȩ²	·jwir¹	·jij¹	djij²	śjwo²	njiij¹	dźjɨ	niow²	ku¹	zjɨr¹	dzjwo²
子	为	不	害；	象	形	虽	美,	心	行	恶,	则	小	人

害为君子；形象虽美，心行恶，则不害

19-2-03

𗼩	𗏹	𗁯。	𗘮	𗽸	𗢺	𗗙	𗣫	𗭼	𗅲，	𗿡	𗌭	𗗙	𗏾
we²	mji¹	yiȩ²	thji²	tja¹	dzjwo²	nwə¹	śjij¹	tsjiir¹	ŋwu²	lhjij²	mjii¹	śjij¹	kha¹
为	不	害。	此	者,	人	知	其	术	也,	国	治	其	中

为小人。此者，其知人术也，其治国中

19-2-04

𗴿	𗤬	𗋽	𗭫	𗫽	𗅲。
śji¹	yu¹	wji̧²	tshji¹	yiej¹	ŋwu²
原	始	所	要	真	也。

原始真首要也。

19-2-05

		𗗙	𗳒	𗤒
		dzjwo²	śjwo¹	tjij¹
		人	用	章

用人章

19-2-06

𗬩	𗺉	𗽺	𗫨	𗿆	𗮔	𗋽，	𗢹	𗡪	𗤊	𗮋	𗑗。	𗣼	𗊱
kjiir¹	rjiir¹	sji¹	tśjiir¹	ya²	wji¹	mjij¹	tsewr²	dźjij¹	do²	wji¹	dju¹	dzjwi²	njij²
匠	巧	木	削	于	为	无,	斧	行	处	为	有。	君	王

巧匠削木于无为，斧行处有为。君王

19-2-07

𗼩	𗰔	𗿒	𗤁	𗟲,	𗦇	𗵘	𗿒	𗤁	𗼃。	𘀗	𗤜	𗁅	𘕘
dạ²	mjii²	ɣa²	wji¹	mjij¹	mee²	bjij¹	ɣa²	wji¹	dju¹	tśhjwo¹	mə¹	zjɨ¹	·jij¹
事	治	于	为	无,	贤	举	于	为	有。	故	天	子	之

治事于无为，举贤于有为。故天子之

第 20 叶右面

20-1-01

dạ²	tja¹	lew¹	ljij¹	bji²	śjwo¹	γa²	·o¹	·jij¹	njwi²	ku¹	bji²	njwi²	thji²
事	者	一	大	臣	用	于	在	自	能	则	臣	能	此

职者，在于用一大臣，已能则臣能，如

20-1-02

sju²	ku¹	njij²	we²	njwo²	śjij¹	goor¹	gji²	tjij²	bju¹	dzjwo²	bjij¹	tjij²	bju¹
如	则	王	为	古	代	君	子	礼	依	人	举	礼	依

此，则为王。古代君子依礼举人，依礼

20-1-03

dzjwo²	khwạ¹	sjij¹	dzjij¹	goor¹	gji²	dzjwo²	bjij¹	ŋwer²	tśhjaa¹	dzuu²	phji¹	sju²	dzjwo²
人	贬	今	时	君	子	人	举	膝	于	坐	使	如	人

贬人。今时君子，举人如使坐于膝，贬

20-1-04

khwạ¹	wa¹	na¹ ①	·u²	du¹	thwuu¹	thji²	tja¹	dzjwo²	lhjwi¹	mji¹	dźjaa¹	śjij¹	ŋwu²
贬	涡	深	中	陷	同	此	者	人	取	不	准	其	也

人同陷深渊中，此者，取人其不准也。

20-1-05

tsə¹	lu²	goor¹	no²	·jij¹	·jɨr¹	dạ²	mee²	dzjwi¹	lhjij²	mjii²	zjij¹	lji¹	kji¹
子	路	夫	子	对	问	话	贤	君	国	治	时	何	必

子路对孔子问话："贤君治国时，何必

---

① 㵽龘：对译为"涡深"，意译为"深涡"。此处根据上下文意可译为"深渊"。

20-1-06

蕭	緢? "	絬	雓	稱	"敎	儭	輚	隄①	慨	骹②	豣	瓅	祇
śji¹	we²	goor¹	no²	dạ²	mee²	dzjwo²	bjuu¹	bjij¹	mji¹	sjij²	·jij¹	tshe²	phji¹
先	为? "	夫	子	说:	"贤	人	钦	举	不	贤	之	贱	使

为先? "孔子说："在于钦重贤人使不贤

20-1-07

粍	豩 。"	糈	絼	彌	"蟏	隴	嫊	俎	糀,	絘	訛	荒	敎
ɣa²	·o¹	tsə¹	lu²	ŋwuu¹	tsjĩ¹	lhjij²	tśhjiw¹	khjij¹	kha¹	tśjow¹	xwo²	nji²	mee²
于	在。"	子	路	曰:	"晋	国	六	卿	中,	中	行	人	贤

贱之。"子路曰："晋国六卿中，中行人钦

---

① 輚隄：本为"钦举"之义，此处根据上下文意可译为"钦重"。钦重，敬重。

② 骹：本为"智、知、贤、哲"之义，此处根据上下文意可译为"贤"比较妥帖。

第 20 叶左面

20-2-01

[illegible]	[illegible]	[illegible]，	[illegible]	[illegible]	[illegible]	[illegible]	[illegible]，	[illegible]	[illegible]	[illegible]	[illegible]，	[illegible]	[illegible]？”
dzjwo^2	bjuu^1	bjịj^1	mji^1	sjịj^2	·jij^1	tshe^2	phji^1	kha^1	lhjịj^2	lhjo^1	tja^1	wa^2	nioow^1
人	钦	举，	不	贤	之	贱	使，	中	国	亡	者，	何	故？”
重贤人，使不贤贱之，中国亡者，何故？”													

20-2-02

[illegible]	[illegible]	[illegible]：	“[illegible]	[illegible]	[illegible]	[illegible]	[illegible]	[illegible]	[illegible]，	[illegible]	[illegible]	[illegible]	[illegible]，
goor^1	no^2	ŋwuu^1	tśjow^1	xwo^2	nji^2	mee^2	dzjwo^2	bjuu^1	bjịj^1	zjịj^1	śjwo^1	mjɨ^1	njwi^2
夫	子	曰：	“中	行	人	贤	人	钦	举，	时	用	不	能，
孔子曰：“中行人钦重贤人，时不能用，													

20-2-03

[illegible]	[illegible]，	[illegible]	[illegible]	[illegible]	[illegible]	[illegible]	[illegible]。	[illegible]	[illegible]	[illegible]	[illegible]	[illegible]	[illegible]
mji^1	sjịj^2	tshe^2	phji^1	zjịj^1	khwạ^1	mjɨ^1	njwi^2	mee^2	tja^1	·jij^1	·jij^1	mji^1	śjwo^1
不	贤，	贱	使	时	贬	不	能。	贤	者	自	之	不	用
不贤，使贱时不能贬。贤者自知不用													

20-2-04

[illegible]，	[illegible]	[illegible]	[illegible]；	[illegible]	[illegible]	[illegible]	[illegible]	[illegible]	[illegible]	[illegible]	[illegible]，	[illegible]	[illegible]
nwə^1	nioow^1	njɨɨ^2	śjwo^1	mji^1	sjịj^2	tja^1	·jij^1	·jij^1	tshe^2	phji^1	nwə^1	nioow^1	ljwịj^1
知，	故	怨	生；	不	贤	者	自	之	贱	使	知，	故	仇
之，故生怨；不贤者自知使贱之，故生													

20-2-05

[illegible]。	[illegible]	[illegible]	[illegible]	[illegible]	[illegible]	[illegible]①，	[illegible]	[illegible]	[illegible]	[illegible]	[illegible]	[illegible]，	[illegible]
śjwo^1	lhjịj^2	·u^2	njɨɨ^2	ljwịj^1	lọ^2	dźjiij^1	lhjịj^2	dźjwɨ^1	djɨr^2	bju^1	gja^1	lju^2	ku^1
生。	国	内	怨	仇	双	在，	国	邻	外	因	兵	攻，	则
仇。国内仇怨并存，外因邻国兵攻，则													

① [illegible]：本是“双在”之义，此处根据上下文意可译为“并存”。

20-2-06

𗢍	𗜓	𗔅	𗮼,	𗦳	𗹙	𗿒①	𗾫	𗇋? "	𗣼	𗤓②	𗹦	𗿦	𗟲
lhjij²	mji¹	lhjo¹	kiej²	tsji¹	rjir¹	tji²	ljo²	wjij²	tsə¹	tśja¹	śji¹	wee¹	ŋwuu¹
国	不	亡	欲,	亦	得	可	岂	有? "	子	折	前	生	曰:

欲不亡国，亦岂有可得？"子瞻生前曰：

20-2-07

"𗿳	𗔅	𗹦	𗼃	𗮺,	𗾫	𗪺	𘂆	𗄫,	𗿒	𗄈	𗊱	𘃡	𗋽
goor¹	gji²	zjiir¹	dzjwo²	tja¹	dzjo¹	məə¹	zjiir²	sju²	kji¹	djij²	gju²	thwuu¹	phji¹
"君	子	小	人	者,	譬	火	水	如,	必	定	具	同	使

"君子小人者，譬如水火，必定莫使投

---

① 𗿒：可。作助词，表示动作发生和进行的可能。此处根据上下文意可译为"可"。

② 𗤓：本标"折、者"音，族姓。此处根据上下文意可知，引文内容出之苏轼《富郑公神道碑》。"折"和"瞻"音近，因而译为"瞻"。子瞻，苏轼字。

第 21 叶右面

21-1-01

wier¹	mjij¹	tjij¹	ka¹	dzjij¹	śjwo¹	ku¹	zjiir¹	dzjwo²	kji¹	djij¹	buu²	lji¹	dzjọ¹
投	莫。	若	平	时	用，	则	小	人	必	定	胜	也。	譬

同具。若平时用，则小人必定胜也。譬

21-1-02

śja¹	śji²	naa²	tshe²	rjir²	·a¹	we²	tji¹	zjij¹	rjir²	nji²	śja¹	śji²	tsji¹
香	草	菜	臭	与	一	处	置	时	乃	至	香	草	亦

香草与臭菜置一处时，乃至香草亦

21-1-03

tshe²	we²	sju²	·ji¹	tśhjwo¹	mə¹	zji¹	tja¹	dzjij²	tśju¹	·jiw¹	njiij¹	mji¹	dźjij¹
臭	成	犹	谓。	故	天	子	者，	他	事	因	心	不	行

犹成臭谓。故天子者，随心不行他职，

21-1-04

lew¹	goor¹	gji¹	zjiir¹	dzjwo²	phjo²	kar²	ŋwu²	njij¹	khwạ¹	lew²	lji¹	thji²	tja¹
惟	君	子	小	人	区	分	以	近	远	应	也。	此	者，

惟君子小人应以区分远近也。此者，

21-1-05

mə¹	zji¹	·jij¹	tśju¹	ŋwu²	goor¹	gji²	zjiir¹	dzjwo²	rjir²	thwuu¹	dźjiij¹	ku¹	thja¹
天	子	之	事	也。	君	子	小	人	与	同	处	则	其

天子之职也。君子与小人同处，则其

---

① 縬絳：本为"因心"之义，此处根据上下文意可译为"随心"。

② 迩：此词有三种用法。(1)作动词，有"住、在、居、有、留"之义。(2)可作为存在动词使用，具有"住、在、居、有、留、以、处"等义。(3)"迩迩"二字重迭，具有指代词和名词性质。具有"所有、所居"等义。此处为存在动词使用，可译为"处"。

21-1-06

𗼷	𗦩	𗾈	𘄦	𗟲。	𗠶	𗡝	𘄦	𗗾,	𗾞	𗹦	𘃡	𗼨	𗤁
pju¹	kji¹	djij²	mji¹	ŋwer¹	goor¹	gji²	mji¹	buu²	ku¹	lju²	·wejr²	ŋwu²	·jij¹
势	必	定	不	等。	君	子	不	胜,	则	身	护	以	自

势必定不等。君子不胜，则以护身自

21-1-07

𗾈,	𗫳	𗥤	𗼨	𗐴	𗧓。	𗡝	𗥃	𘄦	𗗾,	𘃡	𘃡①	𗤁
lhjii¹	tśja¹	rejr²	ŋwu²	njïï²	mjij¹	zjiïr¹	dzjwo²	mji¹	buu²	ku¹	rjijr²	rjijr²	dźjwï¹
退,	道	乐	以	怨	无。	小	人	不	胜,	则	助	助	相

退，以乐道无怨。小人不胜，则合力相

---

① 𘃡𘃡：本为"助助"之义。"𘃡𘃡"二字重迭后，表示"合力"的意思。

第 21 叶左面

21-2-01

𗧁,	𗤁	𗣀	𗍳	𗢳,	𗤓	𗡪	𗀔	𗜓	𗬩,	𗏛	𗦜	𗧓	𗢷。
·ju²	ŋwu²	njaa²	nę¹	tshjiij¹	kji¹	djij²	buu¹	ɣa²	nji²	mja¹	nioow¹	njiij¹	djij²
寻,	是	非	宣	讲,	必	定	胜	于	至,	然	后	心	停。
寻, 宣讲是非, 必定至于胜, 然后心停。

21-2-02

𗾀	𗥃,	𗒹	𗣫	𗣮	𗦜	𗌧	𗤀,	𗌰	𗲠	𗤓①	𘂚	𗏹。"	𗫶
thji²	sju²	ku¹	ŋwər¹	khju¹	mji¹	ŋewr¹	gjii²	tsji¹	rjir¹	tji¹	mjij¹	lji¹	tśhjwo¹
此	如,	则	天	下	不	乱	求,	亦	得	可	不	也。"	故
如此, 则求天下不乱, 亦不可得也。故

21-2-03

𗋚	𗣀	𗢳:	"𗤭	𗤅	𘃡	𗈢	𗵮	𗑡,	𗙟	𗦜	𗪕	𗊱,	𗪕
ljiw¹	xjow²	tshjiij¹	mə¹	zji¹	mee²	bjij¹	śjij¹	tja¹	nwə¹	nioow¹	śjwo¹	lew²	śjwo¹
刘	向	说:	"天	子	贤	举	其	者,	知	后	用	应,	用
刘向说:"天子其举贤者, 知后应用, 用

21-2-04

𗦜	𗯶②	𗊱,	𗯶	𗦜	𘄒	𗊱,	𘄒	𗦜	𗍺	𗟻	𗴺	𗤓	𗦜
nioow¹	wạ²	lew²	wạ²	nioow¹	dźiej²	lew²	dźjej²	nioow¹	zjiir¹	dzjwo²	rjir¹	tśju¹	mji¹
后	保	应,	保	后	信	应,	信	后	小	人	与	事	不
后应保, 保后应信, 信后应使与小人

21-2-05

𗰖	𗽀	𗊱。	𗾀	𗵮	𗤖	𗴺	𗊱	𗑡,	𗭪	𗼃	𗍋	𗰔
gu²	phji¹	lew²	thji²	bjij¹	khwạ¹	dzjwo²	śjwo¹	śjij¹	tja¹	mjii²	·jij¹	ljij²	mər²
共	使	应。	此	举	贬	人	用	其	者,	治	之	大	本
不共事。此其举贬用人者, 是治之大

---

① 𗤓: 此字是"𗤒(可)"的误写。"𗤓", 有二种用法。(1)作副词, 有"不、莫、休、无、勿"之义, 表示禁止, 主要否定动作词。(2)还可以作否定前缀。此处"𗤓𘂚"连用, 只能译为"莫不、无不", 但于上下文意无法贯通。根据原引文苏轼《富郑公神道碑》是"求天下不乱, 不可得也。"因此笔者认为此处是将"𗤒(可)"笔误写成了"𗤓", 应译为"可"。

② 𗯶: 有"担保、当铺、检查"之义, 此处根据上下文意可译为"保"。

21-2-06

骸	劷。"
ŋwu²	·jɨ¹
是	谓。"
本谓。"	

21-2-07

		祸	鞍	衆
		不详	dzji²	tjij¹
		政	立	章
		立政章		

第 22 叶右面

22-1-01

燚	馲	纞	靗	溯	鼓	蔪	菏	蘵	纞	骏	骏	燕	刃
sə¹	biaa²	wẽ¹	kow¹	ŋwuu¹	mjii²	śjij¹	sji¹	tśja¹	tja¹	so¹	ma²	dju¹	lew¹
司	马	温	公	曰：	"治	成	用	道	者	三	种	有：	一

司马温公曰："治成用道者有三种：一

22-1-02

纞	鼎	瀰	钬	悢，	桶	纞	禐	释	辑	澈，	骏	纞	瓶
tja¹	dzji²	bju¹	dzjwo²	bjij¹	njɨ¹	tja¹	bjuu²	mjii¹	dźiej¹	śjwo¹	so¹	tja¹	dźjar²
者	官	依	人	举，	二	者	赏	赐	信	用，	三	者	罪

者依官举人，二者赏赐用信，三者治

22-1-03

祇	憉	麟	瓶	纞	餚	绛	鼓	龍	绽，	綝	龍	绽，	糀
dzjij²	mji¹	·jiij¹	dźjij¹	śjij¹	dźjaa¹	ku¹	mjii¹	wạ²	njwi²	du¹	wạ²	njwi²	rjir¹
治	不	赦。	行	其	准，	则	治	保	能，	安	保	能，	得

罪不赦。其行准，则能保治，能保安，能

22-1-04

龍	绽	骏。	憉	餚，	绛	觞	糀	纞，	骏	糀	纞，	祇	糀
wạ²	njwi²	lji¹	mji¹	dźjaa¹	ku¹	ŋewr¹	ɣa²	njɨ²	bjij¹	ɣa²	njɨ²	lhjo¹	ɣa²
保	能	也。	不	准，	则	乱	于	至，	危	于	至，	亡	于

保得也。不准，则至于乱，至于危，至于

22-1-05

纞	骏。"	"蒶	帰	溅	绳	鼎	嘉	死	钬	糀，	燚	纞	孫
njɨ²	lji¹	tjij¹	·u²	djir²	·jir²	dzji²	·jij¹	twụ¹	dzjwo²	rjir¹	mee²	njwi²	·jij¹
至	也。"	"若	内	外	百	官	自	各	人	得，	贤	能	之

亡也。""若内外百官各自得人，贤能举

22-1-06

悢，	憉	燚	孫	禘，	祷	觞	孫	綖，	阋	散	孫	殺，	绛
bjij¹	mji¹	mee²	·jij¹	tjij¹	tśjij¹	twụ¹	·jij¹	njij¹	dzjwi²	ljoor¹	·jij¹	khwạ¹	ku¹
举，	不	贤	之	除，	正	直	之	近，	佞	伪	之	贬，	则

之，不贤除之，正直近之，佞伪贬之，则

22-1-07

蕀	毵	魷	㤙	繼	脙。	霯	旹	繸	孩	祅	牥	㪔	貜,
ŋwər[1]	khju[1]	thjij[2]	mji[1]	du[1]	lji[1]	tjij[1]	dzji[2]	·jiij[1]	mjijr[2]	zjɨr[1]	dzjwo[2]	rejr[2]	zjij[2]
天	下	何	不	安	也。	若	官	持	者	小	人	多	众,

天下何不安也。若当官者小人众多,

第 22 叶左面

22-2-01

[illegible]	[illegible]	[illegible]	[illegible]，	[illegible]	[illegible]	[illegible]	[illegible]，	[illegible]	[illegible]	[illegible]	[illegible]，	[illegible]	[illegible]
mee^{2}	mjijr^{2}	·jij^{1}	tjij^{1}	mji^{1}	sjij^{2}	·jij^{1}	bjij^{1}	tśjij^{1}	twụ^{1}	·jij^{1}	khwạ^{1}	dzjwɨ^{1}	ljoor^{1}
贤	者	之	除，	不	贤	之	举，	正	直	之	贬，	佞	伪
贤者除之，不贤举之，正直贬之，佞伪													

22-2-02

[illegible]	[illegible]，	[illegible]	[illegible]	[illegible]	[illegible]	[illegible]	[illegible]	[illegible]。	[illegible]	[illegible]	[illegible]	[illegible]	[illegible]
·jij^{1}	njij^{1}	ku^{1}	ŋwər^{1}	khju^{1}	thjij^{2}	mji^{1}	ŋewr^{1}	ljɨ^{1}	iọ^{1}	bjuu^{2}	tja^{1}	dzej^{1}	de^{2}
之	近，	则	天	下	何	不	乱	也。	凡	赏	者	私	喜
近之，则天下何不乱也。凡赏者非以													

22-2-03

[illegible]	[illegible]	[illegible]，	[illegible]	[illegible]	[illegible]	[illegible]	[illegible]	[illegible]	[illegible]。	[illegible]	[illegible]	[illegible]	[illegible]
ŋwu^{2}	khjow^{1}	njaa^{2}	bjo^{2}	tja^{1}	dzej^{1}	tshjạ^{1}	ŋwu^{2}	dzjij^{2}	njaa^{2}	bjuu^{2}	khjow^{1}	zjij^{1}	djij^{2}
以	给	非，	罚	者	私	怒	以	判	非。	赏	与	时	必
私喜给，罚者非以私怒判。赏与时必													

22-2-04

[illegible]①	[illegible]	[illegible]	[illegible]，	[illegible]	[illegible]	[illegible]	[illegible]	[illegible]	[illegible]	[illegible]	[illegible]，	[illegible]	[illegible]
źia^{2}	phji^{1}	lew^{2}	dju^{1}	bjo^{2}	dzjij^{2}	zjij^{1}	djij^{2}	tśhjwɨj^{1}	phji^{1}	lew^{2}	dju^{1}	ku^{1}	ŋwər^{1}
努力	使	应	有，	罚	判	时	必	禁	使	应	有，	则	天
应使有勤，判罚时必应使有禁，则天													

22-2-05

[illegible]	[illegible]	[illegible]	[illegible]	[illegible]。	[illegible]	[illegible]	[illegible]	[illegible]	[illegible]	[illegible]	[illegible]	[illegible]②，	[illegible]
khju^{1}	thjij^{2}	mji^{1}	du^{1}	ljɨ^{1}	tjij^{1}	de^{2}	zjij^{1}	lwow^{1}	mjɨ^{1}	·jij^{1}	bjuu^{2}	khjow^{1}	tshjạ^{1}
下	何	不	安	也。	若	喜	时	妄	他	对	赏	给，	怒
下何不安也。若喜时妄对他给赏，怒													

① [illegible]：本为"努力"之义，但西夏文中"[illegible]"为"努力、敬"之义，且二字连用"[illegible][illegible]"，表示"努力、勤奋"之义。另，根据贾常业编著的《西夏文字典》中"[illegible]"的字形结构为"[illegible][illegible][illegible][illegible]（勤右努力右）"可知，此字含有"勤"的意思。因而综上因素及下句句式，此处将"[illegible]"译为"勤"。

② [illegible][illegible]：对译为"赏给"，意译为"给赏"。给赏：赏赐，奖赏。

22-2-06

𗤶	𗼃	𗼱	𗫂	𗋽	𗥃	𘝞	𗦻	𗤦	𗱈	𗰖	𗦻	𗤦
zjɨj¹	lwow¹	mjɨ¹	·jɨj¹	bjo²	dzjɨj²	·ioow¹	mjij¹	do²	bjuu²	njɨ²	dźjar²	mjij¹	do²
时	妄	他	对	罚	判	功	无	处	赏	至	罪	无	处

时妄对他判罚，无功处赏至，无罪处

22-2-07

𗋽	𗤶	𗂧	𗤔	𗥃	𗢭	𗤁	𗾟	𗤻	𘜶	𗳡	𗂧	𗆧	𗾟
bjo²	zjɨj¹	ku¹	ŋwər¹	khju¹	thjij²	mjɨ¹	ŋewr¹	ljɨ¹	thjɨ²	sju²	ku¹	du¹	ŋewr¹
罚	著	则	天	下	何	不	乱	也	此	如	则	安	乱

著罚，则天下何不乱也。如此，则其安

第 23 叶右面

23-1-01

𗧊	𗀔	𗴧	𘊝	𗟼	𗫂	𗼃	𗷾	𗥃	𗣼	𗣀	𘜶	𗧇	𘊝
śjij¹	tja¹	dzjij²	γa²	mji¹	·o¹	lew¹	mə¹	zjɨ¹	·jij¹	njiij¹	bju¹	mjii²	γa²
其	者	他	于	不	在	惟	天	子	之	心	随	治	于

乱者不在于他，惟在于天子之随心

23-1-02

𗫂	𗏁	𗟻	𗟡	𗥃	𗵒	𗥃	𗧇	𗤗①	𗧊	𘝞	𗀔	𗳒	𗙚
·o¹	lji¹	·ji¹	tshjiij¹	io¹	bji¹	·jij¹	mjii²	wji¹	śjij¹	tśja¹	tja¹	lji²	dzaa¹
在	也	复	说	夫	下	对	治	为	其	道	者	恩	过

治也。"复说："夫对下治理其道者，恩过

23-1-03

𗣼	𗼃	𗥰	𗼃	𗣼	𗥃	𗫭	𗟼	𗣐	𗕴	𗥝	𗥃	𗳒	𗣼
ku¹	khwej¹	zjij¹	khwej¹	ku¹	pju¹	ŋwu²	mji¹	zeew²	tji²	mjij¹	pju¹	dzaa¹	ku¹
则	骄	著	骄	则	威	以	不	压	处	无	威	过	则

则骄，著骄则无处不以威压。威过则

23-1-04

𗥚	𗀔	𗥚	𗣼	𗥾	𗳒	𗟼	𗧇	𗣐	𗕴	𗀔	𗦇	𗳒	𗥃
njii²	śjwo¹	njii²	ku¹	wier¹	lji²	mji¹	mjii²	tji²	mjij¹	śjij¹	dzjwo²	lji²	pju¹
怨	生	怨	则	惜	恩	不	施	处	无	圣	人	恩	威

生怨，怨则惜无处不恩施。圣人以恩

23-1-05

𗳒	𗦇	𗵒	𗩾	𗥃	𗧇	𗣐	𗧊	𗣐	𗼃	𗪊	𗥃	𗧊	𗣜
tśja¹	ŋwu²	bji¹	sjij²	·jij¹	mjii²	zeew²	śjij¹	dzjo¹	mə¹	lji²	·jij¹	dę¹	so²
道	以	臣	民	对	治	监	其	譬	天	地	之	阴	阳

威道对其臣民监治，譬天地之有阴阳

---

① 𗧇𗤗：对译为"治为"，意译为"治理"。

23－1－06

[illegible]	[illegible]，	[illegible]	[illegible]	[illegible]	[illegible]。	[illegible]	[illegible]	[illegible]，	[illegible]①	[illegible]	[illegible]	[illegible]	[illegible]
dju^{1}	ljɨ^{1}	dźjɨɨr^{1}	tjị^{2}	mjij^{1}	sju^{2}	iọ^{1}	ljị^{2}	tja^{1}	mjɨ^{1}	·jij^{1}	rjir^{2}	kjij^{1}	njij^{1}
有	也，	绝	可	不	犹。	夫	恩	者，	人	自	与	近	亲
阳也，犹不可绝。夫恩者，望人与己亲													

23－1－07

[illegible]，	[illegible]	[illegible]	[illegible]	[illegible]	[illegible]	[illegible]；	[illegible]	[illegible]，	[illegible]	[illegible]	[illegible]	[illegible]	[illegible]
gjii^{2}	kha^{1}	njɨɨ^{2}	śjwo^{1}	dzjɨj^{1}	tsjɨ^{1}	dju^{1}	pjụ^{1}	tja^{1}	mjɨ^{1}	·jij^{1}	·jij^{1}	djij^{2}	kjạ^{1}
望，	中	怨	生	时	亦	有；	威	者，	人	自	对	令	畏
近，中亦有生怨时；威者，望人对己令													

① [illegible]：有“他、彼、人”之义。[illegible]，这里是人称代词：“人”。人，指他人、别人。下句中的“[illegible]”也是这种用法。

第 23 叶左面

23-2-01

		①											
gjii²	kha¹	ku¹	śjwo¹	dzjɨj¹	tsji¹	dju¹	zjɨɨr¹	dzjwo²	·jij¹	tsjiir²	tja¹	lji²	dzaa¹
望	中	松	生	时	亦	有。	小	人	之	性	者，	恩	过

畏，中亦有生松时。小人之性者，恩过

23-2-02

					②								
ku¹	khwẹj¹	zjɨj¹	khwẹj¹	zjɨj¹	zeew²	ku¹	njɨɨ²	śjwo¹	lji¹	tjij¹	·jir¹	lu¹	bjuu²
则	骄，	著	骄	时	督，	则	怨	生	也。	若	禄	位	赏

则骄，著骄时督，则生怨也。若禄位赏

23-2-03

mjii¹	lwow¹	mji¹	do²	nji²	ku¹	thja¹	djij¹	thwuu¹	ŋewr²	zji²	tshjiij¹	ŋa²	thja¹
赐	安	他	于	至，	则	其	类	同	数	皆	说：	'我	彼

赐安至于他，则其数同类皆说：'我与

23-2-04

						③			④				
rjir²	rjijr²	thwuu¹	·ioow¹	tsji¹	ŋwer¹	kha¹	thja¹	rjir¹	kha¹	ŋa²	tjij¹	mji¹	rjir¹
与	才	同，	功	亦	等	中，	彼	得	中，	我	独	不	得

彼才同，功亦等同，彼得中，我独不得

23-2-05

											⑤		
tja¹	wa²	nioow¹	·ji¹	lew¹	lji²	dźjij¹	nioow¹	·ji¹	njɨɨ²	·jij¹	khju²	sji²	dja²
者，	何	故	谓？'	一	恩	行，	故	众	怨	之	请	用	所

者，何故谓？'一恩行，故招来所为众怨

---

① 松。松，此处为"精神懈怠"的意思。

② 本为"监督"之义。此处根据上下文意可译为"督"。督，监察、考核、审视的意思。

③ 对译为"等中"，意译为"等同"。

④ 得中。得中，指科举时代指考试被录取。此处为"得到、重用"的意思。

⑤ 本为"请用"之义。此处根据上下文意可译为"招来"。

23-2-06

緛。	新	羓	繈,	蔴	聏	蠏	羆	潲	敠。	敊	矻	散	糒,
we²	tśhjwo¹	lji²	tja¹	njɨi²	śjwo¹	dzjij¹	dju¹	śjij¹	ŋwu²	pjụ¹	ɣar¹	ljij²	dzaa¹
为。	故	恩	者,	怨	生	时	有	其	也。	威	极	太	过,

之。故恩者, 其有时生怨也。极威太过,

23-2-07

緈	敺	胹	詥①	叕	絹。	瑚	緻	繁	尕②	緈	慄	新	絹
ku¹	mjɨ¹	dzjɨj²	·o²	tjɨ²	mjij¹	·ioow¹	bjo²	sow¹	swej¹	ku¹	lwow¹	dźjar²	mjij¹
则	他	陷	容	可	不。	刑	罚	碎	碎,	则	妄	罪	不

则他不可容受。刑罚琐碎, 则不至于

---

① 胹詥: 本为"陷容、陷入"之义, 根据上下文意可译为"容受"。

② 繁尕: 对译为"碎碎", 意译为"碎粒"。此处根据上下文意可译为"琐碎"。

第 24 叶右面

24-1-01

ya²	nji²	thja¹	djij¹	thwuu¹	ŋewr²	zji²	tshjiij¹	thji¹	dźjar²	tja¹	dzjwo²	sjwɨ¹	mji¹
于	至,	其	类	同	数	皆	说:	'此	过	者,	人	谁	不

妄罪，其数同类皆说：'此过者，谁人不

24-1-02

tsjų¹	thja¹	dzjwo²	lhew²	lew²	mjij¹	ku¹	kų¹	ŋa²	tśhjaa¹	nji²	·jij¹	·jɨ¹	tśhji¹
触,	其	人	放	当	不,	则	后	我	于	至	将	谓。'	尔

犯，其人当不赦，则后将至于我谓。'尔

24-1-03

zjij¹	war¹	tha	ŋwu²	ŋewr¹	sjiij²	dzjwi¹	wji¹	mjijr²	tsji¹	ŋewr¹	mja¹	śjwo¹	·jɨ¹
时,	穷	迫	以	乱	思。	帝	为	者	亦	乱	恐	生	谓

时，穷迫以思乱。为帝者亦恐乱生谓，

24-1-04

nioow¹	njij²	zjiir¹	seew²	meej²	thji²	nioow¹	ɣu¹	bjų¹	pjų¹	ɣar¹	djij²	ŋwu²	tsji¹
故	慈	小	测	想。	此	故,	初	因	威	极	虽	也,	而

故小慈测想。此故，初因虽极威也，而

① 祇：本为"触、著、侵、扰、伤害"之义，此处根据上下文意可译为"犯"。

② 敊：本为"解、脱、放、解脱"之义，此处根据上下文意可译为"赦"。

③ 牐萧：本为"测想、占卜"之义，此处根据上下文意可译为"测想"。测想，推想、揣度念头或意念。

24-1-05

𗾍①	𘝼	𗰖	𗾺	𗼃	𗥃	𗥧	𗅆	𗰀	𗰖	𗟓	𗼓	𗼄	𗩳
nja¹	mjiij²	njoor²	ɣa²	nji²	lji¹	tśhjwo¹	pju¹	tja¹	njoor²	śjwo¹	dzjij¹	dju¹	śjij¹
于	尾	源	于	至	也	故	威	者	源	起	时	有	然

结尾至于源也。故威者起源时就有

24-1-06

𗄛。"	𗫂	𗧁	"𗉜	𗥫	𗣫	𗢳	𗩳	𗥃	𗥧	𗥫	𗼄	𗏹	𗅆
ŋwu²	·ji²	tśhjiij¹	mə¹	zji¹	njiij¹	mjii²	śjij¹	sọ¹	mə²	tshji¹	dju¹	lew¹	tja¹
也。"	复	说	"天	子	心	治	其	三	种	要	有:	一	者

也。"复说："天子其治心有三种要：一者

24-1-07

𗢍	𗣫	𗤓	𗅆	𗤴	𗣫	𗢳	𗅆	𗰀	𗣫	𗢍	𗅆	𗥃	𗼓
dźjwu²	·ji¹	njiɨ¹	tja¹	swew¹	·ji¹	sọ¹	tja¹	ɣa¹	·ji¹	dźjwu¹	tja¹	lji¹	dzjij¹
仁	谓，	二	者	明	谓，	三	者	武	谓。	仁	者，	一	时

谓仁，二者谓明，三者谓武。仁者，并非

---

① 𗾍：此词有二种用法。（1）已、乃、而、更、于、所。（2）已行体趋向前缀，在动词前用此前缀，表示向下、消极的事物已经发生。《音同》中对"𗾍"的注解为"语助"，表明它有以下四种语法功能：a.表示向下的方向，动词前用此前缀。b.动作本身并无明显向下的趋向，但前置"𗾍"后，则使动作有了向下的趋向。c.表示消极的事物已经发生，动词前用此前缀。d.有的句子已不大容易体味到"向下"或"衰落"的趋向，但动词前仍用此前缀。因而，此处"𗾍𘝼"可译为"结尾"。

第 24 叶左面

24-2-01

𗥤	𗦇	𗫨	𗣼	𗼀	𗤶	𗀔	𘔼	𘈖	𗢠	𗭴	𗣯	𘝓	𗈦
zjɨɨr¹	njij²	·jij¹	·ji¹	lji¹	njaa²	不详	mjii²	djo²	dzjɨɨ²	dzjiij²	wjɨ¹	gu¹	śjwo¹
小	慈	之	谓	并	非	政	治	修	化	教	变	兴	生

一时小慈之谓，修政治，变教化，兴生

24-2-02

𗡪	𗏁	𘔼	𘄴	𗥤	𗤶	𗣼	𗵈	𗪊	𗫨	𗭴	𗈦	𗙫	𗑣
khji²	war²	mjii²	wji²	·jir²	mə²	·jur²	khjij¹	tja¹	dzjwɨ¹	·jij¹	dźjwu²	ŋwu²	swew¹
万	物	治	为	百	姓	育	养	者	帝	之	仁	也	明

万物为治，养育百姓者，帝之仁也。明

24-2-03

𗫨	𗥤	𗥦	𘖏	𗰷	𗫨	𗣼	𗼀	𗤶	𗵊	𗰡	𗤉	𘉖	𗢵
tja¹	zjɨɨr¹	sjij²	kaar¹	dzu¹	·jij¹	·ji¹	lji¹	njaa²	tśja¹	wo²	nwə¹	sjij¹	du¹
者	小	智	察	爱	之	谓	并	非	道	义	知	识	安

者，并非小智爱察之谓，知道义，识安

24-2-04

𗼺	𗤁	𗐛	𗤳	𗒹	𗷎	𗈦	𗤶	𗱸	𗀔	𗫨	𗪊	𗭴	𗑣
ŋewr¹	tsjij²	źjir¹	wẹ¹	phjo²	kar²	ŋwu²	njaa²	dźju¹	phji¹	tja¹	dzjwɨ¹	·jij¹	swew¹
乱	晓	慧	愚	区	分	是	非	明	使	者	帝	之	明

乱，晓慧愚，使区分是非明者，帝之明

24-2-05

𗈦	𗒜	𗫨	𗋽	𗎮	𘈖	𗢰	𗣼	𗼀	𗤶	𗼚	𗵊	𗤷
ŋwu²	ɣa¹	tja¹	bja¹	·jijr¹	kjir¹	lji²	·jij¹	·ji¹	lji¹	njaa²	lew¹	tśja¹	bju¹
也	武	者	粗	刚	勇	健	之	谓	并	非	惟	道	依

也。武者，并非粗刚勇健之谓，惟道依

24-2-06

𗦴	𗍫	𗸐	𗷝	𗼓	𗫡	𘉋	𗢰	𗵈	𗱸	𗝒	𗫨	𗥃	𗓓
dza²	phja¹	zjij¹	mji¹	·jiw²	dzew¹	ljoor¹	ŋwu²	lhạ¹	phji¹	mji¹	njwi²	dzjwi¹	ŋwuu¹
策	断	时	不	疑	诈	伪	以	迷	使	不	能	谗	言

策，断时不疑，不能使以伪诈迷，不能

24-2-07

𗋽	𗤓	𗤶	𗤼	𗙵	𗥃,	𗣼	𗀕	𗣼	𗥃。"	𗂅	𗴺	𗋽	𗋽
ŋwu²	lhej²	ljij¹	mjɨ¹	njwi²	tja¹	dzjwɨ¹	·jij¹	ɣa¹	ŋwu²	dzju¹	tshji¹	wji²	njij²
以	易	变	不	能	者,	帝	之	武	也。"	昔	齐	威	王

以谗言变易者，帝之武也。"昔齐威王

第 25 叶右面

25-1-01

綴①	死	城	内	大	夫	孫②	人	令	以	训	话	册	綴
tsji²	bee²	we²	·u²	thej²	xu¹	·jij¹	khju²	phji¹	ŋwu²	dzju¹	daˇ²	nji²	tsji²
即	墨	城	内	大	夫	人	请	令	以	训	话	"汝	即

以令召即墨城内大夫们训话："汝生

25-1-02

死	城	乃	居	于	生	谤	话	者	日	日③	乃	来
bee²	we²	·jij¹	dźjiij¹	ɣa²	śjwo¹	pjo¹	da²	tshjiij¹	mjijr¹	njii²	njii²	rjir²	ljij²
墨	城	乃	居	于	生	谤	言	说	者	日	日	乃	来

乃居于即墨城，说谤言者乃每日来，

25-1-03

我	人	使	视	往	令	野	田	开	拓	庶	民	富	足
mjo²	dzjwo²	phjii¹	·juu¹	śji¹	phji¹	gjij²	lji²	phie²	khwej¹	sjij²	·ju²	lo	lhə²
我	人	使	视	往	令	野	田	开	拓	庶	民	富	足

我令使人往视，开拓田野，庶民富足，

25-1-04

官	事	争	战	无	东	方	安	居	此	者	汝	我	对
kow²	da²	dzeej¹	ɣwej¹	mjij¹	njoor²	rjijr²	du¹	źiejr²	thji²	tja²	nji²	mjo²	·jij¹
官	事	争	战	无	东	方	安	居	此	者	汝	我	对

官无争战事，东方安居。此者，汝对我

25-1-05

左	右	于	不	避	后	祐	者	不	求	故	也	谓	此
źji¹	tśier¹	ɣa²	mji¹	gji²	nioow¹	·wu²	mjijr²	mji¹	kju¹	nioow¹	ŋwu²	·ji¹	thja¹
左	右	于	不	避	后	祐	者	不	求	故	也	谓	此

于左右不避，不求后祐者故也谓。"因

---

① 綴：此词有二种用法。（1）潮湿。（2）标"济、跡、即、只、质、止"音。此处根据上下文意可译为"即"。

② 孫：此词有"之、人、对、的、与、于"等义。此处是"人"的意思，根据上下文意可译为"们"。

③ 紉紉：对译为"日日"，意译为"每日"。

25－1－06

[illegible]，	[illegible]	[illegible]	[illegible]	[illegible]①	[illegible]	[illegible]。	[illegible]②	[illegible]	[illegible]	[illegible]	[illegible]	[illegible]	[illegible]
bju^{1}	khjɨ^{2}	ɣa^{1}	·jir^{1}	we^{2}	dja^{2}	mjii^{1}	·o^{1}	we^{2}	·u^{2}	thẹj^{2}	xu^{1}	·jij^{1}	khju^{2}
因，	万	户	禄	城	所	赐。	讹	城	内	大	夫	人	请
此，所赐万户食邑。令召讹城内大夫													

25－1－07

[illegible]	[illegible]	[illegible]：	“[illegible]	[illegible]	[illegible]	[illegible]	[illegible]	[illegible]	[illegible]，	[illegible]	[illegible]	[illegible]	[illegible]
phji^{1}	dzju^{1}	dạ^{2}	nji^{2}	·o^{1}	we^{2}	·jij^{1}	dźjiij^{1}	ɣa^{2}	śjwo^{1}	·jow^{2}	dạ^{2}	tshjiij^{1}	mjijr^{2}
令	训	话：	“汝	讹	城	乃	居	于	生，	誉	言	说	者
们训话：“汝乃生居于讹城，说誉言者													

① [illegible][illegible]：本为“禄城、禄州”之义，此处根据上下文意可译为“食邑”。

② [illegible]：族姓“讹”。

第 25 叶左面

25-2-01

𗏹	𗏹	𗂧	𗤁		𗼮	𘕕	𗟻	𗤻	𗠋	𘕒		𘉋	𗉵	𗤫	𗇋
njii²	njii²	rjir²	ljij²		mjo²	dzjwo²	phjii¹	·juu¹	śji¹	phji¹		gjij²	lji²	mji¹	phie²
日	日	乃	来	，	我	人	使	视	往	令	，	野	田	不	开

乃每日来，我令使人往视，不开拓田

25-2-02

𗦎		𗥑	𗥥	𗾔	𗸃		𗤄	𘎑	𘄡	𗤺	𗺧	𘊝	𗤁	𗤷
khwej¹	，	sjii²	·ju²	lu²	dźjwiw²		phjij¹	śji¹	tśhjiw¹	lhjij¹	gja¹	śjwo¹	lju²	ljij²	tśhjaa¹
拓	，	庶	民	贫	饿	。	原	先	赵	国	兵	起	攻	来	在

野，庶民贫饿。原先在赵国起兵来攻，

25-2-03

𗤛	𗤫	𗰜	𗤁		𗣆	𘎑	𗉵	𗅲	𗤁	𗤷	𗤛	𗤫	𗧒	𗏁
nji²	mji¹	gjuu²	ljij²		wji²	lhjij²	lji¹	źjii¹	ljij²	tśhjaa¹	nji²	mji¹	nwə¹	nja²
汝	不	救	来	。	卫	国	地	凌	来	在	，	汝	不	知	当

汝不来救。在卫国来凌地，汝当不知。

25-2-04

𘈩	𗤴	𗤛	𗼮	𗣼	𗋽	𗋿	𗤲	𗿢	𘂤	𗋐	𗫂	𗴿	𘉞
thji²	tja¹	nji²	mjo²	·jij¹	źji¹	tśier¹	do²	tji¹	gjii¹	na¹	ŋwu²	gjwi²	tji¹
此	者	，	汝	我	对	左	右	于	食	贿	暗	以	词	置

此者，汝对我左右处暗受贿，以置词

25-2-05

𗦾	𗁱		𗂧	𗉓	𗏁	𗌢	𗝢		𗏹	𗏹	𘎑	𘀳	𗥰	𗟻	𗣼
·jow²	mjijr²	，	rjir²	kju¹	nja²	sji¹	·ji¹		thja¹	njii²	njij²	·o¹	thej²	xu¹	·jij¹
誉	者	，	乃	求	被	用	谓	。"	此	日	，	先	讹	大	夫	对

誉者，乃求被用谓。"此日，先令对讹大

25-2-06

𗱕	𗂧	𘕒	𗠋	𗋽	𗋿	𗦾	𗁱	𗼖	𗉖	𗩱	𗩴	𗺓	𗅩
·ioow¹	ljii¹	lhjij²	phji¹	źji¹	tśier¹	·jow²	mjijr²	ɣa²	tsji¹	zji²	dźjar²	tjij¹	tśhji¹
刑	重	受	令	左	右	誉	者	于	亦	皆	罪	摊	尔

夫受重刑，亦于左右誉者皆摊罪。尔

25-2-07

𗰔,	𗟻	𗈁	𗥃	𗅁	𗍳	𗐴,	𗡪	𗴩	𗏹	𗢯	𗾔	𗽈,	𗥃	𗂧
dzjij¹	·ji¹	bji²	zji²	dja²	ŋewr¹	le²	dzej¹	dzew²	wji¹	mji¹	kjir²	zji²	tsji¹
时,	众	臣	皆	所	惧	恐,	私	诈	为	不	敢,	皆	亦

时，众臣皆所恐惧，不敢为私诈，皆亦

第 26 叶右面

26-1-01

祓	鏃	蚕	愢	蘱	絗 。	滪	隤	骹	絃 ,	蔽	潍	祗	饟
twụ¹	dźiej²	źjir¹	dźjar²	dja²	we²	tshji¹	lhjij²	ljij²	du¹	ŋwər¹	khju¹	zji¹	su¹
忠	信	实	诚	所	为 。	齐	国	大	安 ,	天	下	皆	胜

所为忠信诚实。齐国大安，天下皆胜

26-1-02

蘱①	剹 。	漩	禇	緻	絃 ,	剹	席	孫	覣	骹 ,	嫼	叕	纖
dja²	dzjwi¹	thji²	bjuu²	bjo²	tja¹	dzjwi²	njij¹	·jij¹	dạ²	ljij²	śji¹	kji¹	nji²
所	势 。	此	赏	罚	者 ,	君	王	之	事	大 ,	先	已	至

强势。此赏罚者，君王之大事，已至先

26-1-03

叕	骹 。	靳	毦	豣	絥	剹 :	"隃	纜	禇	愢	絥 ,	靳	纜
tji²	ŋwu²	tśhjwo¹	njwo²	dạ²	kha¹	tshjiij¹	·ioow¹	dźjij²	bjuu²	mji¹	khjow¹	dźjar²	dźjij²
处	也 。	故	古	语	中	说 :	"功	有	赏	不	给 ,	罪	有

处也。故古语中说："有功不给赏，有罪

26-1-04

愢	蕎	祇 ,	縝	麟	膡	羊	骹 ,	帉	毯	禒	愢	絃	絥 ,
mji¹	dzjwi²	dzjij²	ku¹	·jiw¹	śjwi¹	djij²	ŋwu²	tsji¹	mjii²	wji¹	mji¹	njwu²	kha¹
不	决	断 ,	则	尧	舜	虽	是 ,	亦	治	为	不	能	中 ,

不决断，则虽是尧舜，亦不能为治中，

26-1-05

愢	孩	鏃	潲	叕 ? "
nioow¹	dzjij²	dzjwo²	mo²	·ji¹
更	他	人	乎	谓 ? "

更他人乎谓？"

---

① 蘱：著者疑为此处的"蘱"是"蘱"的误写。蘱，此词有二种用法。（1）已、所、于。（2）已行体标趋向前缀，表示离开、失去。与特定的动词相结合，表示离开行为主体或说话者的方向，加在各种动词之前，具有"已、所、于……"等义。与后面的"剹"组成"蘱剹"，表示"所势"，也可译为"强势"，但总觉得有些牵强。"蘱"为"强、进"之义。"蘱剹"则为"强势"更恰当。

26-1-06

𗦻	𗢽	𗦧			𗩾
tśhja²	dźjɨ	śioo¹			dźjwa¹
德	行	集			终

德行集 终

26-1-07

𗃛	𗀾	𗼓	𗰜	𗾞，	𗥔	𗿳	𗖏	𗊂	𗤛	𗤧①	𗤁	𗰦②
tjij²	njar¹	gu¹	śjwo¹	mjijr²	mji²	ljij²	ɣiew¹	io¹	tsjir¹	śjij¹	rjijr²	ŋwuu¹
印	校	发	起	者，	番	大	学	院	择	清	儒	语

印校发起者，番大学院择清学士

---

① 𗤛𗤧：此处二字模糊不清。此二字为著者补识为"𗤛𗤧"，择清。𗤛，左边偏旁第一撇多了一横。𗤧，清。因为"清除（𗤧𗰜）"中，"𗰜"为"除、蠲、退、遣"之意，所以"𗤧"可译为"清"。史金波先生将此二字识为"择明"（史金波：《西夏文教程》，北京：社会科学文献出版社，2013 年，第 419 页）。

② 𗤁𗰦：对译为"儒语"，意译为"语儒、学士"。

第 26 叶左面

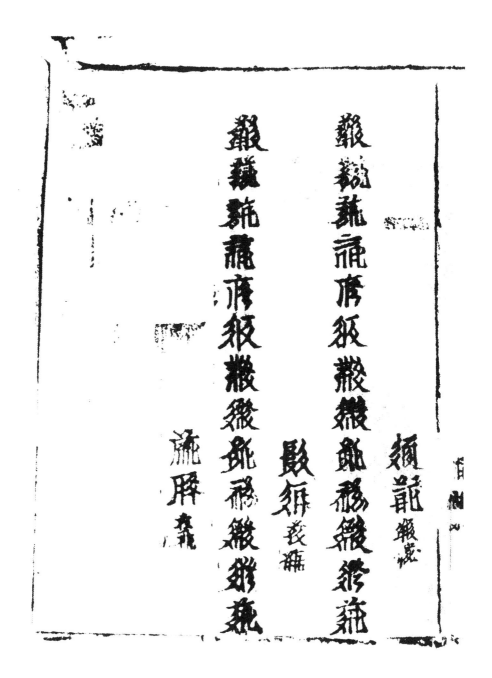

26-2-01

				□	□①	□	□②
				ŋwəə¹	dzow¹	dʑiej²	dʑja²
				咒	藏	信	明
讹藏信明							

26-2-02

□	□	□	□	□	□	□	□	□	□	□	□	□
tjij²	njar¹	gu¹	śjwo¹	mjijr²	mji²	ljij²	γiew¹	io̧¹	tśjij¹	γiew¹	rjijr²	ŋwuu¹
印	校	发	起	者，	番	大	学	院	正	学	儒	语
印校发起者，番大学院正学儒语												

26-2-03

				□	□③	□	□④
				bja²	du²	·jwir²	wa̧²
				跋	奴	文	保
跋奴文保							

26-2-04

□	□	□	□	□	□	□	□	□	□	□	□	□
tjij²	njar¹	gu¹	śjwo¹	mjijr²	mji²	ljij²	γiew¹	io̧¹	tśjij¹	γiew¹	rjijr²	ŋwuu¹
印	校	发	起	者，	番	大	学	院	正	学	儒	语
印校发起者，番大学院正学儒语												

---

① □□：讹藏，又作"讹斄"，番姓。"□"，义为"咒"，音为［讹］。"□"，［斄］［藏］，族姓。

② □□：信明，此处为意译名。"□"，义为"信、印"，音为［尼争］。"□"，义为"刚、利、明、快、锋、剑、兵器、锤"，音为［尼说］。

③ □□：跋杜，又作"跋奴"，番姓。"□"，［跋］族姓。"□"，［杜］［奴］，族姓。贾常业《西夏文字典》将"□□"，译为"末奴"，番姓。此处译为"跋奴"。

④ □□：文保，此处为意译名。"□"，义为"文、铭、法、书"，音为［蔚］［悦］［月］。"□"，义为"保、担保、当铺、检查"，音为［蛙］［斡］。

26-2-05

								𗼋	𗰖 ①	𗼷	𗾈 ②
								tsewr¹	njij¹	·jwir²	djij¹
								节	亲	文	高
节亲文高											

---

① 𗼋𗰖：节亲。"𗼋"，义为"节、辈、重、数"，音为［则］。"𗰖"，义为"亲、近；轻、直、迩"，音为［你］。《文海》解释："节者骨节也；又节亲父兄之谓"。"节亲"即"宗亲"。此表明文高为皇室之弟。

② 𗼷𗾈：文高，此处为意译名。"𗾈"，义为"高、高峰、顶峰"，音为［定］［宁］。

《德行集》译注浅析

德行集序

番大学教授曹道乐[1]译传

臣闻古书中说:"圣人之大宝者,位也[2]。"又曰:"天下者,神器也谓[3]。"此二种者,以有道持,则大安大盛也;以无道持,则大乱大衰也[4]。敬思。

大白高国[5]者,执掌西土二百余年[6],积善长生,成八代人[7]。

宗庙安牢及社稷坚固然,譬如大石高山,四方没有敢望者,民堪为敬爱者,何故谓?则积业积功,世世修德,以有道持故也。昔:

护城皇帝[8],四海雨淹[9],百姓杂乱[10],父母犹依次亡[11]。

皇帝[12]承袭天纲宝位,神灵密祐,日月重光,内外监治,大功告成[13],人神相依处得源头,护持相同。今:

圣上[14]贵寿壮盛[15],荫及边中民[16],诸儒等以扶老携幼,厚承先帝之仁恩。

皇帝于日察新德,皆亦举目以览,俱足倾耳以听。此时,上自谨养德,察今观昔,恩德妙光,并置七朝庙[17]内;无尽大功,令立万世沿袭等,实所应也。此刻言五[18]:圣诏已颁降,诏命微臣,纂集古语,选择德行以可观,愿准备一本谓。臣等儒职以保在侍奉中,是本国圣德乃长荫。伊尹莫能使汤王修正,则自市笞并犹生愧[19];贾谊汉文处因问能答,故帝犹以迁坐毡近坐[20]等。本察圣帝之前后兴衰,虽欲使知古今治乱源[21],然真无入门处,无道所用,今不可悟。因得敕诏，拜手稽首，欢喜不尽。聚集众儒，纂集要领，昔五帝、三王[22]德行华美，万世远照者，皆依于学古法，依正爱之需数故也。凡学法者，诵读、书写真文字，多求学直言，并应思考非者。腹正心直，自舍他取本源，以取要领释本。修身其本求知也，能修身，则知先人道中大者也。知无尽之恩莫胜过父母，然后能事亲也。于敬爱事亲毕，以教化至于百姓，然后能为帝也。为帝难者，在于听谏，欲受忠谏，则在于知人。知其人，则在于重用。重用之本，惟在于赏罚。赏罚必信，本心最中[23]，明亮公正，则立政其道全，天子之事毕也。此故，起于学师，至于立政，以分八章[24]而成。以引古代言行为本，名之《德行集》谓。谨以书写，敬献龙座。惟愿：

乞皇帝闲暇时随意披览，譬山丘积土以成高，如江河集水因成大等。若人故，不弃言，当有圣智之万中一益，则是惟臣等之福，不仅天下人亦为大福也。臣节亲渊记。

奉敕谨序。

浅析：

此序主要讲君主地位与如何统治天下的关系，以及编写此书的目的、意义、原则、过程，编者的初衷和对皇帝的殷切希望。序言开门见山地指出天子职位对统治天下的重要性，指出天下是神圣的，取得天子之位，如何得天下，如何守天下，如何失天下，完全在于天子对天下的认识、施政理念及措施方法，指明了天下的兴衰与天子如何运用治国法则息息相关。他认为西夏王朝之所以能够执掌西北河西地区二百余年，就是因为西夏八代君主积善爱民、积业建功、世世修德、有道以持。像他们这些老臣要以伊尹为榜样，以这种至诚之道辅佐皇帝，取得如皇天一样伟大的功业。以贾谊之典故，有意避开汉文帝询问贾谊内容之实，而是从侧面规劝西夏皇帝要像汉文帝那样勤学好问，依赖贤臣，得到有利于国家长治久安的策略，国家才能大治。同时表达了他们接到编著此书任务后的喜悦之情，以及编著此书的原则、方法及结构思路。并指出学习的途径：诵读，书写，求学直言，思考是非。通过学习达到内心正直，抛弃古法中那些不合时宜、偏驳的东西，吸取其精华，来领会体悟古法的本质。最后，表达了对西夏桓宗李纯祐的殷切希望，希望桓宗在闲暇之时反复阅览此书，不断积累治国安邦的谋略，使西夏国长治久安，为民造福。因为在中国两千多年的封建帝制统治时期，各王朝往往推行伦理道德作为治国的标准，专靠严刑峻法是不可能的，其秘诀就在于运用伦理道德的力量使卑下者服从尊上，而这一切都要朝廷以自身的行动为天下作出表率，尤其是君主更为重要。

"圣人之大宝，曰位。"此句源于《易经》，指出天子职位对天下的重要性。中国人讲的天道，其内涵是生生不已。这个思想不仅是儒家的，道家也是如此。天地的大德，使世间万物生生不息，繁衍无穷；圣人的大宝，乃是天地之间的天子职位。这里的"圣人"，也就是指"天子"。天子用什么来保住这最宝贵的职位呢？那就是实行仁道。怎样使人民归聚俯首，除了仁外，也不能忽视物质的条件，就是财。天子，天下之至尊。天子之位是天下权力之枢机，所以说"圣人之大宝，曰位"。只有圣人居其位，才能行使道德教化，实行仁道，泽被天下万民，使人民喜爱他，归顺他，其位自能守住。这就明确指出了天子职位的重要性，以及如何才能守住这个职位的关键所在。

"天下者，神器也谓"，是意引于《老子·无为》中的一句话，"天下神器，不可为也，不可执也。为者败之，执者失之"，来说明天下是神圣的东西。天子如果把天下当成自己的私有财产而随意处置，最终就会失去它。同样，天子凭借自己的主观意志去治理国家，最终也会失去它。天下是一个神器，它自然而生，自有其运转规律。天子要做的不是去通过自己的意志改变它们，而是要消除那些限制它的极端的、过度的措施和行为。如果依靠强制措施来治理天下、执掌天下，只能招致失败，最终失去天下。这里实际上强调的是道家"无为而治"的理念，天下、百姓这些都是很神圣的，即天子应以仁慈和有道的方式来治理天下，不可强行或用暴力的方式来控制，否则，最终也会失败。

"此二种者，以有道持，则大安大盛也；以无道持，则大乱大衰也"，这几句意引于《荀子·王霸》中，指明了天下的兴衰与天子运用治国的法则息息相关。在中国哲学中，"道"作为一个抽象的哲学概念，他常常将"有道"和"无道"对立统一。"有道"即"得道",泛指有德有才,或通达事理,或政治清明,或有德政等。"无道"即"失道",泛指社会政治纷乱,或社会黑暗或不行正道,或做坏事,或违反常理,或不近情理,或不行正道的坏人、暴君等。对天子来说,"得道"的具体实现方式就是"得民",或者说,以"道义"精神内涵来教化民众。荀子认为,国家政治是一个综合体,一方面在形式上表现为权力的聚合体,另一方面又必须承载"道义"的精神内涵,单纯的权力系统若失去内在"道义"的内涵与目的是无法维持社会安定的。所以,作者指出了"有道"与"无道"二种截然不同的结果,有道,国家则大安大盛;无道,则大乱大衰。

接下来指出,皇帝年轻有为,能秉承先帝美德,好学上进,亲政理国,更应该养德修业,创立万世之基业。编著者们作为新皇帝的老臣,就必然肩负起引导皇帝向汉文化思想中吸取治国理政思想的重任,因而"纂集古语,选择德行以可观"编著成这本《德行集》,作为年轻皇帝进德修业的教材,使西夏历代先王形成的圣德长存,造福子孙后代。

列举伊尹之典故,是表明他们这些老臣要以伊尹为榜样,以这种至诚之道辅佐皇帝,取得如皇天一样伟大的功业。因为伊尹作相,也是众官之长,负责教化百姓、整顿百官,对上致君尧舜,对下恩泽百姓,不使一个人流离失所,不使一个人得不到恩惠。如果不能使自己的君王像尧舜那样,就会感到内心无比羞耻,就像在集市上被人鞭打一样。在众目睽睽之下被人鞭打,可想而知羞愧之心无以言表。所以,"致君尧舜"是一般贤臣做官的标杆,也是他们行动的目的,使自己的君王成为尧舜一样的贤君,他们也能像成汤的相伊尹一样,取得同样的功业。

列举贾谊之典故,编者有意避开汉文帝询问贾谊内容之实,而是侧面规劝西夏皇帝要像汉文帝那样勤学好问,必须依赖贤臣,得到有利于国家长治久安的策略,国家才能大治。然后用"本察圣帝之前后兴衰……今不可悟"作为总结,强调作为君主治国安邦必须要勤学好问。只有向那些历代圣帝学习,分析探究他们治国安邦的经验教训,制定出适合本国实际的国策,才能使国家长治久安。现成的道路和制度是没有的,自己的冥思苦想也不可能得到安邦治国的妙策。

接着，用简洁的语言表达了他们这些老臣接到编著此书任务后的喜悦之情，以及编著此书的原则及方法。指出学习这些古法的方法和途径：诵读，书写，求学直言，思考是非。通过学习达到内心正直，抛弃古法中那些不合时宜、偏颇的东西，吸取其精华，来领会体悟古法的本质。然后阐述编著此书的结构思路：修身就要求知，修身是得道的前提，能修身才知道感恩，感恩先要事亲，能事亲才能教化百姓，然后才能为帝。作为帝王，要善于听取忠谏，要知人善用，要赏罚分明，且赏罚要公正、公平，这样帝王之道才能建成，而这一切都源于尊师求学。还说明了《德行集》命名的缘由是此书所选的内容，都是古代汉文化中有关道德行为的语句。

最后，再次表达编者对西夏桓宗李纯祐的殷切希望，希望桓宗在闲暇之时反复阅览此书，不断积累治国安邦的谋略，使西夏国长治久安，为民造福。

◆ **注解：**

[1]曹道乐：生平不详。据聂鸿音先生推测，他应该是仁宗时期的旧臣，又侍奉于桓宗时期。据《新集慈孝传》题记，曹道乐官职为"中兴府承旨番大学院教授"可知，"中兴府"在《天盛律令·司序行文门》中隶属次等司，仅低于"中书""枢密"二职，司内有承旨八人。"番汉大学院"独不在司品中。这两个职衔表明曹道乐是西夏王朝中颇有地位的文臣。（聂鸿音：《西夏文〈新集慈孝传〉研究》，银川：宁夏人民出版社，2009年，第8页。）

[2]圣人之大宝者，位也：此句源于《易·系辞下》，"天地之大德，曰生；圣人之大宝，曰位。何以守位，曰仁；何以聚人，曰财"。

译文：天地的大德，是生命；圣人最宝贵的事物，是帝位。怎么守住帝位，叫仁；怎么聚积人，叫财。

[3]天下者，神器也谓：此句源于《老子·无为》，"将欲取天下而为之，吾

见其不得已。天下神器，不可为也，不可执也。为者败之，执者失之。是以圣人无为，故无败；无执，故无失。夫物或行或随；或歔或吹；或强或羸；或挫或隳。是以圣人去甚，去奢，去泰"。

译文：想要治理天下却用强制的办法去做，我看他不能达到目的。天下是神圣的东西，不能凭自己的主观意愿采用强制的办法，不能加以把持。用强力施为的，一定会失败；用强力加以把持的一定会失去。由于圣人不妄为，所以不会失败；不把持，所以不会失去。世人秉性不一，有的前行，有的后随；有的气缓，有的气急；有的刚强，有的羸弱；有的安定，有的危险。因此，有道的人要去除那种极端的、奢侈的、过度的措施。

[4]此二种者……则大乱大衰也：这几句源于《荀子·王霸》，"国者，天下之利用也；人主者，天下之利执也。得道以持之，则大安也，大荣也，积美之源也；不得道以持之，则大危也，大累也，有之不如无之；及其綦也，索为匹夫不可得也，齐湣、宋献是也。故人主天下之利执也，然而不能自安也，安之者必将道也"。

译文：国家，是有利于天下的工具；君主，处于天下最有权势的地位。如果用正确的法则掌握国家跟君权，就会非常安定，非常荣耀，成为积聚一切美好功名的源泉；如果不用正确的法则掌握国家和君位，就会非常危险，存在很大的灾祸，有它还不如没有它好；这种情况发展到极点，即使君主想做一个平民百姓也是不可能的了，齐湣王、宋献公就是这样。所以，君主处于天下最有权势的地位，但是他并不能自行安定，如果要使天下安定，就必须掌握正确的治国法则。

[5]大白高国：西夏文献中用为西夏自称。大白高国，是西部由党项人建立的少数民族政权，其主要民族为党项族，开国皇帝为李元昊。总共存在了190多年的时间，同宋、辽、金三国先后对峙。"大白高国"是由西夏语翻译而来。西夏国名之繁多，为历代王朝所少见。诸如大夏、西夏、河西、邦泥定、大白高国、白高大夏国、番国、梅那国，夏台等，或自称，或他称，或音译，或意译，不一而足。对"大白高国"的解释可谓众说纷纭，较为合理的意见概

括为两大类：其一，认为党项人崇尚白色。王炯、彭向前依据"五德终始说"撰文认为，西夏自命"西朝"，在中国五行相配学说中，西方属金，金主白色，故以色尚称国，意在标榜继大唐王朝的土德之后取得金德为正统，显示与其他并立政权的对等性。（王炯、彭向前《"五德终始说"视野下的"大白高国"》）因此得国名"大白高国"。其二，认为是河流名。此河与党项族的起源密切相关。"白高河"即"白河上游"，"白河"通常传为"白水"，可能是今四川西北的"白水"。白水流域是汉代羌人的原居地，西夏人建国后，以"大白高国"命名，可能与西夏人追怀祖先的情结有关。

[6]二百余年：指西夏太祖李继迁出生时的北宋建隆四年（963年）至桓宗李纯佑在位时的西夏天庆年间（1194—1205年），计240年左右。西夏与吐蕃均以李继迁生年为西夏之始。

[7]八代：指西夏的前八个皇帝——太祖继迁、太宗德明、景宗元昊、毅宗谅祚、惠宗秉常、崇宗乾顺、仁宗仁孝、桓宗纯佑。

[8]护城皇帝：指西夏第五代皇帝仁宗李仁孝的尊号。西夏建国之初，西夏就效仿宋、辽帝王之制设立帝王尊号、谥号、庙号和墓号制度。西夏不仅皇帝有尊号，就连一些皇太后也有尊号。前期和中期皇帝和皇太后的尊号保存相对较多。西夏尊号有两种，一种是在皇帝或皇后生前就开始使用的，而另一种则是在皇帝或皇后死后由后继者追加的，相当于谥号。西夏皇帝和皇后的尊号记载从李继迁时就开始了，但李继迁和李德明的尊号或庙号一般都是由后人追封的。西夏时期的皇帝尊号既有新尊号代替旧尊号，也有新旧尊号同时使用。《宋史·夏国传下》："仁孝，崇宗长子也。绍兴九年（1139年）六月，崇宗殂，即位，年十六。绍熙四年（1193年）九月二十日，仁宗殂，年七十。在位五十五年，改元大庆四年、人庆五年、天盛二十一年、乾祐二十四年。谥号圣德皇帝，庙号仁宗，墓号寿陵。"李范文《西夏陵墓出土残碑粹编》中，寿陵碑额为"大白高国护城圣德至懿皇帝寿陵志文"。由此可知"护城皇帝"是仁宗李仁孝的尊号。

[9]四海雨淹：指仁宗治政期间，西夏国遭遇水灾。西夏割据西北内陆，

属于典型的温带大陆性气候，降水稀少，并且在时间、空间上分布很不均匀。在时间上降水集中在七八月份；从空间讲，降水量依次由东向西递减。目前所见西夏水涝灾害是以水灾为主的，只有零星的资料涉及。如 1111 年，秋八月，银川平原的夏州（兴州）大水，大风雨，河水暴涨，汉源渠溢，陷长堤入城，坏军营五所，仓库民舍千余。（《西夏书事》卷三十二）

　　[10]百姓杂乱：指仁宗李仁孝初立，夏国发生了众多的战乱和自然灾害。大庆元年（1140 年）六七月间，萧合达叛军进围西平府，攻克盐州（今宁夏盐池境），直逼贺兰山，兴州大震。八月，李仁孝命静州都统任得敬平叛，任得敬出师顺利，于十月间迅速平定夏州，进攻盐州，萧合达叛军败逃，北奔至黄河口不得渡，被任得敬军捕杀。大庆二年（1141 年）六月，李仁孝又诛杀了图谋叛投金朝的慕洧、慕溶兄弟。大庆三年（1142 年）九月，夏国发生严重的饥荒，粮价飞涨，一升米竟卖到百钱。大庆四年（1143 年）三月，都城兴庆府又发生强烈地震，余震"逾月不止，坏官私庐舍，城壁，人畜死者万数"。四月，夏州发生地裂，黑沙涌出，高达数丈。树木，民居被陷没。由于地震、饥荒造成的灾难，使党项内部民众难以生存，只有铤而走险，举行武装起义，反抗朝廷。在这一年的七月间，韦州的大斌，静州的埋庆，定州的笆浪、富儿等部族人民纷纷起义，多者万人，少者也有五六千人，他们攻劫州城，州县连连告急。李仁孝对面临的灾难和危机采取了有效的措施。逐渐平息了韦州、静州等地起义，唯定州笆浪、富儿二族部民，据险扼守，顽强抵抗达两个月之久。任得敬对蕃部寨民乘夜偷袭，终因寡不敌众，蕃部起义失败，首领哆讹被擒后惨遭杀害。

　　[11]父母犹依次亡：指仁宗的生父母先后去世。大德五年（1139 年）六月，崇宗李乾顺驾崩，李仁孝时年 16 岁，继立为帝，尊生母曹氏和嫡母任氏并立为太后。生母曹贤妃，汉人。仁孝即位后尊她为"国母"。按制度死后应谥为皇后，因史料缺乏而失其生卒年用谥号，故概写为"犹"。嫡母任皇后，汉人。元德八年（1126 年）立为皇后，仁孝即位后尊她为皇太后，乾祐元年（1170 年）病死。

[12]皇帝：这里指仁宗李仁孝。

[13]日月重光，内外兼治，大功告成：指仁宗李仁孝在位期间取得的重要大成就——建立了西夏的盛世。以儒治国，结好金国，以稳定外部环境；重用文化程度较高的党项和汉族大臣主持国政；设立各级学校，以推广教育；实行科举，以选拔人才；尊崇儒学，大修孔庙及尊奉孔子为文宣帝；建立翰林学士院，编纂历朝实录；重视礼乐，修乐书《新律》。修订法典，天盛年间，颁行法典《天盛年改新定律令》。尊尚佛教，供奉藏传佛教僧人为国师，并刻印佛经多种。惩办佞臣，乾祐元年（1170年），得金之助，处死权相任得敬，粉碎其分国阴谋。发展经济，反对奢侈，改革封建土地所有制关系，减免地租和赋税等等。总的来说，他统治期间为西夏的盛世，也是金国、南宋的盛世，三国之间战争甚少，因此仁孝能专心料理国家内政。各汗国羡慕西夏之强盛，纷纷朝贡。文化臻于鼎盛，为党项文化写下光辉灿烂的一页。

[14]圣上：指曹道乐编纂《德行集》时在位的西夏第六代皇帝桓宗李纯祐。李纯佑（1177—1206年），西夏第六位皇帝。仁宗李仁孝长子，生母章献钦慈皇后罗氏。乾祐二十四年（1193年）仁宗殂，纯佑即位，时年十七。次年（1194年）改元天庆。受金册封为夏国主。天庆十三年（1206年）正月二十日，为镇夷郡王李安全与母罗太后合谋所废。三月暴卒。在位十四年，死后谥昭简皇帝，庙号桓宗，墓号庄陵。下文凡是"皇帝""上圣""圣帝"皆指桓宗纯祐。

[15]贵寿壮盛：指桓宗李纯佑正值年青时期，富贵寿考，身体健壮。

[16]荫及边中民：皇帝恩泽到达全国各地。边中，西夏特有词语，指偏远地区和京畿地区。可能指李纯佑继位后，天庆四年（1197年）九月，向金请求复置保安、兰州二榷场。天庆七年（1200年），遣使于金朝为太后罗氏求医，金赐药物，且遣太医来治。天庆八年（1201年）十一月，遣使诘金人入夏界浚边界壕堑。天庆十二年（1205年）六月，修复蒙古兵侵河西所毁之瓜、沙诸州城堡，大赦境内，改兴庆府为中兴府。十一月，闻蒙古兵侵金，乘虚发兵攻蒙古，后不战而退等这些政绩。

[17]七朝庙：指桓宗李纯佑前：太祖继迁、太宗德明、景宗元昊、毅宗谅

祚、惠宗秉常、崇宗乾顺、仁宗仁孝七个西夏皇帝的宗庙。

[18]言五：指"圣诏已颁降，诏命微臣，纂集古语，选择德行以可观，愿准备一本谓"。写此书的原因、人员、方法、原则及结果五个方面。

[19]伊尹莫能使汤王修正，则自市笞并犹生愧：此句源于《尚书·说命下》，王曰："呜呼！说，四海之内，咸仰朕德，时乃风。股肱惟人，良臣惟圣。昔先正保衡作我先王，乃曰：'予弗克俾厥后惟尧舜，其心愧耻，若挞于市。'一夫不获，则曰：'时予之辜'。佑我烈祖，格于皇天。尔尚明保予，罔俾阿衡专美有商。惟后非贤不乂，惟贤非后不食。其尔克绍乃辟于先王，永绥民。"

译文：王说："啊！傅说，天下的人都很敬仰我的品德，而这都是源于你的教化。手足完整就是正常人，有良臣辅佐才能够成为圣君。从前先贤伊尹让我的先王兴起，他曾经这样说过：'我如果不能使我的君主成为尧、舜那样的圣君，我内心就会感到惭愧和羞耻，就如同有人拿着鞭子在闹市上抽打自己一样。'只要有一个人未得其所，他就会说：'这是我的罪过。'他辅佐我的烈祖成汤，他的功绩如天般伟大，没有谁可以超越。你要努力辅佐我，不要让伊尹在商国独享这一美誉。君主没有贤人辅佐，就不能将国家治理好；贤人没有圣君赏识，就不会得到器重。希望你能让你的君主继承先王的传统，让百姓安乐。"

[20]贾谊汉文处因问能答……故帝犹以迁坐毡近坐：这几句源于《史记·屈原贾生列传》，"后岁余，贾生征见。孝文帝方受益，坐宣室。上因感鬼神事，而问鬼神之本。贾生因具道所以然之状。至夜半，文帝前席。既罢，曰：'吾久不见贾生，自以为过之，今不及也。'居顷之，拜贾生为梁怀王太傅。梁怀王，文帝之少子，爱，而好书，故令贾生傅之。"

译文：又过了一年多，贾谊被征召到京城晋见皇帝。孝文帝刚接受了神的赐福，坐在宣室里。孝文帝有感于鬼神的事情，便询问贾谊鬼神的本原。贾谊就详细说明了鬼神成因的情状。一直谈到夜半，文帝不知不觉地在座席上向贾谊面前移动。谈完之后，文帝说："我好久不见贾生了，自以为超过了他，今天看来还是不如他。"过了不久，文帝任命贾谊为梁怀王太傅。梁怀王，是汉文帝的小儿子，受文帝宠爱，又喜欢读书，因此才让贾谊当他老师。

〔21〕治乱源：治理混乱的局面，使国家安定太平的本源。

〔22〕五帝、三王：泛指我国上古的帝王。五帝，黄帝、颛顼、帝喾、唐尧、虞舜。三王，夏禹、商汤、周文王。也作"三王五帝"。

〔23〕最中：正中间。即处于中间，不偏不斜。文中指处理事情公正。

〔24〕八章：指《德行集》编纂的勤学供师章、修身章、事亲章、为帝难章、听谏章、知人章、用人章、立政章八章正文。

德行集

勤学供师章

《前汉书》中说："古代帝王之太子者，初待者行为，抚宫门边，过时令下，过宗庙前时疾行。此者，使其知子之孝道也。昔周成王年幼时，召公为太保，周公为太傅，太公为太师。太保之职者，保帝之身体也。太傅之职者，助帝之义德也。太师之职者，导帝之指示也。此者，是三公之职[1]。太子在儿童时，三公行为，以教孝、仁、礼、义显明也。蠲除奸人，使不见恶行。故太子生前，纯见正事，纯闻正言，纯行正道，左右前后皆是正直人[2]。与正直人以同居，相互学习，则无处不正。譬生长齐国中，而齐言不可不晓也。与不正人相互学习，则无处成正。譬生长楚国中，而楚言不可不晓也[3]。孔子曰：'昔少成者，如能依本性，以习直者，而自然自悟也[4]。'及至太子长大为帝时，能与太保、太傅等之教训绝，亦使记善恶者、辩者留。饮食毕时，遣谏者、臣，举说善旗，立诽谤木，悬谏真鼓。大夫为国献谋，士人上传民言[5]，凡三代诸王长久乃顺，是有正人指示佑助者故[6]。"《书》中说："自能得师者为王，他自若不及谓，则亡也。爱问则广为，自意为则小为。[7]"此故，古代帝王皆勤学供师之为本也。

浅析：

此章主要讲如何勤学尊师的问题。论述了从师学习的重要性，以及学习环境、良好的学习习惯、勤学好问的态度对人成长的影响。

"古代帝王之太子者……三公之职。"这几句意引于《汉书·贾谊传·治安策》，开宗明义就讲作为储君的太子的教育问题。太子的教育问题在整个封建社会，都是非常受重视的大问题，他关乎储君将来是英明仁慈的君主，还是昏庸残暴的君主，这直接关系到未来的江山社稷。儒家常常把古代作为理想社会，所以会把很多想法附会于古代。古代的太子在孩童时就要用礼来引导他，由专门负责礼的官员穿好礼服，带着太子拜天祭地，行祭拜之礼，培养太子的恭敬、敬畏之心。路过宫门一定要下车，以示恭敬。路过宗庙，也要恭敬地小步快行，使太子从小知孝道，以孝事亲。古人的这种以礼事亲、以礼待人的德行就是体现在生活的点点滴滴，一言一行，一举一动。太子稍长，请国中最有德行、最有学问的人来担任太师，传授知识，启迪智慧，讲经论道，教圣贤之道，给他以各种训诲和教育引导。让太保保护太子的身体，让他饮食起居都符合自然规律，讲究养生之道。还要让他的言行中规中矩有威仪。让太傅教导他的德行，培养他高尚的道德品质。所以太子从婴孩时，对他的教导就已经开始进行了。

"太子在儿童时……左右前后皆是正直人。"这是意引于《汉书·贾谊传·治安策》中的语句，讲的是环境及言传身教对太子的成长具有非常重要的作用。当太子有了理解能力，比较懂事了，三公就要跟他讲明孝、仁、礼、义的这些道理，甚至在生活当中每一句训言以他们自己的实际行动去示范，然后去引导他，使他心服口服，进而协助太子践行并落实，真正做到言传身教。因而，通过这一系列的生长环境熏陶，其目的就是要把太子教好。这种教育方法，圣贤之人都有。

"与正直人以同居……而楚言不可不晓也。"这几句意引于《汉书·贾谊传·治安策》，继续强调环境对人成长的影响。这段以不同地域的人语言不同为喻，提醒人们，孩子成长要有一个非常好的环境。孩子周围人物的衣着打扮、言谈举止，特别容易影响到孩子们的言行。所以，应该与那些品行高尚、敦厚忠信的益友交往，而不能与那些趋炎附势、阳奉阴违的小人交往，与品德高尚的人交往就会养成良好的德行，与品行不端的人交往就会沾染上坏习气。如果能够营造出一个适合孩子健康成长的环境，对于塑造孩子健康的心理品质，培养孩子良好的个性，养成良好的行为习惯，一定能起到很好的效果。俗话说："近朱者赤，近墨者黑。""孟母三迁"等故事告诉我们孩子成长环境的重要性。历代思想家都、教育家，无不重视环境对人的影响。

"孔子曰：'昔少成者……而自然自悟也。'"这几句意引于《汉书·贾谊传·治安策》，说明儿童早期教育并养成良好习惯的重要性。这句话的意思是儿童时期所养成的习惯，会变成一种合乎他天性的能力，牢牢地刻在他的骨子里，会影响其终生。可见，拥有良好的行为习惯对孩子的成长来说有着至关重要的作用，这能帮助他在日后获得成功或胜利，使他终身受益。

"及至太子长大为帝时……士人上传民言。"这几句意引于《汉书·贾谊传·治安策》，这就明确指出早期教育了太子，后期更重要的是三公及太子左右的亲随能够继续辅助、监督落实，能够使他养成习惯。因为所有的教诲成为习惯了，他才能得益。假如只是学了很多道理，没有内化成为行为习惯，仍然没有益处。可内化不是一朝一夕就能够做得到，他得有人不断地陪伴他去落实。那这个时候，三公及左右亲随就要承担起辅助、监督他的职责。一个习惯要完全落实，那得要不断熏陶，时时有善意的提醒，就会落实得更好。迫使太子在日积月累、潜移默化中养成良好的品行，学到无尽的治国理政的智慧。其后就引用夏、商、周三个王朝之所以能长期维持统治的典型事例，来证明创设这样的教育以辅导太子的制度的好处。

"自能得师者为王……自意为则小为。"这几句来自《尚书·仲虺之诰》，他阐明了一个道理，学不可已，知无止境。能够自己求得老师的人，谦虚好问，博学多闻，广识自得，而且求贤若渴，虚心纳谏，用人之智，聚人之力，就可以称王。反之，自大自满，刚愎自用，自恃己知，认为别人都不如自己的人，就会灭亡。所以，太子应当多学习别人的长处，不断地增长自己的学问，用知识武装自己的头脑。

◆ **注解：**

[1]古代帝王之太子者……是三公之职：这几句源于《汉书·贾谊传·治安策》，"古之王者，太子乃生，固举以礼，使士负之，有司齐肃端冕，见之南郊，见于天也。过阙则下，过庙则趋，孝子之道也。故自为赤子而教固已行矣。昔者成王幼在襁褓之中，召公为太保，周公为太傅，太公为太师。保，保其身体；傅，传之德义；师，道之教训。此三公之职也"。

译文：古代英明的君主，在太子诞生时，就举行礼仪，让官员背着，主管该事的官员衣冠整齐庄重肃穆地到南郊相见，这是见天。沿途经过宫门一定下车，经过宗庙一定恭敬地小步快走，这是行孝子之道。所以，太子从婴儿的时候起，就承受了道德礼义。过去成王还在襁褓中的时候，就有召公做他的太保，周公做他的太傅，太公做他的太师。太保的职责是保护太子身体平安，太傅的职责是辅导太子德义，太师的职责是教育训练太子智慧，这是三公的职责。

[2]太子在儿童时……左右前后皆是正直人：这几句源于《汉书·贾谊传·治安策》，"故乃孩提有识，三公、三少固明孝仁礼义以道习之。逐去邪人，不使见恶行。于是皆选天下之端士、孝、悌、博闻有道术者以卫翼之，使与太子居处出入。故太子乃生而见正事，闻正言，行正道，左右前后皆正人也"。

译文：所以太子在幼年时期便获得了关于仁义道德的知识，三公、三少固然明白用孝、仁、礼、义辅导训练太子。赶走邪恶小人，不让太子见到罪恶的行为。天子审慎地选取天下为人正直、孝顺父母、保护弟弟、博学多识而又通晓治国之术的人拱卫、辅佐太子，使他们与太子朝夕相处。所以，太子从诞生之时开始，所见到的都是正经的事，所听到的都是正派的语言，所实行的都是正确的原则，左右前后都是正直的人。

[3]与正直人以同居……而楚言不可不晓也：这几句源于《汉书·贾谊传·治安策》，"夫习与正人居之，不能毋正，犹生长于齐不能不齐言也；习与不正人居之，不能毋不正，犹生长于楚之地不能不楚言也。故择其所耆，必先受业，乃得尝之；择其所乐，必先有习，乃得为之"。

译文：一直与正直的人相处，他的思想和行为不可能不正直，就好似生长在齐国的人不能不说齐国话一样；一直与不正直的人相处，就会变成为不正直的人，就像生长在楚国的人不能不说楚国话一样。所以选择太子喜欢吃的东西，一定先为他传授学业，然后才给他吃；选择太子快乐玩的东西，一定先要他完成练习任务，然后才让他玩。

[4]孔子曰……而自然自悟也：这几句源于《汉书·贾谊传·治安策》，"孔子曰：'少成若天性，习惯如自然'"。

译文：孔子说："从小养成的，就像天赋秉性一样，经常学习而掌握的，就像天生本能一样。"

[5]及至太子长大为帝时……士人上传民言：此句源于《汉书·贾谊传·治安策》，"及太子既冠成人，免于保傅之严，则有记过之史，彻膳之宰，进善之旌，诽谤之木，敢谏之鼓。瞽史诵诗，工诵箴谏，大夫进谋，士传民语。习与智长，故切而不愧；化与心成，故中道若性"。

译文：等到太子成年举行了冠礼，免除了太保太傅的严格管束，便又有负责记过的史官，有负责进食的宰夫，负责进善言的人站在旌旗下面提醒，负责劝谏戒恶的人把他的恶行记录在木板上，那些敢谏的人还可以击鼓戒备。盲人史官背诵古诗相劝，乐工弹奏奉劝的曲调，大夫进献计策，士人传达人民的言论。习惯与智慧一同增长，所以行为切合规矩没有羞愧的事情；教化与心思一同成熟，所以所作所为都符合道德，像是天生养成的本性一样。

[6]凡三代诸王长久则顺，是有正人指示佑助者故：这几句源于《汉书·贾谊传·治安策》，"夫三代之所以长久者，以其辅翼太子有此具也"。

译文：夏、商、周三个王朝之所以能长期维持统治，其原因就在于它们创设了教育、辅导太子的这套制度。

　　［7］自能得师者为王……自意为则小为：这几句源于《尚书·仲虺之诰》，"德日新，万邦惟怀；志自满，九族乃离。王懋昭大德，建中于民，以义制事，以礼制心，垂裕后昆。予闻曰：能自得师者王，谓人莫己若者亡。好问则裕，自用则小"。

　　译文：对于德行，要勤修不怠，天天更新，这样，无数的诸侯便会钦佩你的德行；思想上自满了，同族的人也会离开你。王啊！要努力将你高尚的大德昭示出来，在民众中间建立起中和之道，用义来决定事情是否可行。用礼来约束思想，你留给后代的东西是丰厚的。我听说：能够自己找到老师的人可以称王，说别人不如自己的人会灭亡。谦虚好问的人就会越来越丰富，自以为是的人就会越来越渺小。

修身章

古代欲明德天下时，先治国也。欲治国时，先治家也。欲治家时，先修身也。欲修身时，先为正心也。故正心然后修身，修身然后治家，治家然后治国，治国然后能治天下也[1]。或人问治国，答曰："闻修身者，不然，未尝闻治国者谓"。君者，身也，身正则影正。君者，盘也，盘圆则水圆。君者，具也，具方则水方。君者，源也，源清则流清，源浊则流浊[2]。善者，行之本也。人之需其善者，譬头上需冠，脚上需靴，犹无一时离开也。若在明显处时修善，在隐匿处时作恶者，非修善者也。此故，君子彼不见处亦戒慎，彼不闻处亦恐惧。天虽高而其听最下，日虽远而其照最近，神虽密而其察最明。若人虽不知亦鬼神知也，鬼神虽不知亦自心知也。故自身常于善，居则内无忧虑，外无畏惧，独居时不愧于自形，独睡时不愧于衣被。处在上时与神灵通，下时重人礼中，为真德者。人神皆至处，吉庆自然来也[3]。此者，君子居暗室内，亦不为伪，独自谨慎其行也[4]。昔孔子往观周国，以去，进入太祖后稷之宗庙内，右台阶前立一金人，口上置三把锁，脊背上铭文有言："古代慎言者也，应慎也。勿言多，言多则毁；勿多事，多事则害多。勿谓何罪，其罪将增；勿谓何害，其害将增。君子知天下可上为其难，故求下为。众人知可先为其难，故求后为谓。"孔子读完铭文，以后视对弟子曰："小子应记，身应如此，行则岂有口罪也谓[5]？"凡知足则不侵，知停则不殆，处在长久[6]。故慢者不可使增，欲者不可放逸，志者不可恃满，乐者不可使过[7]。此者，是修身其真要也。

浅析：

此章主要讲人如何修身的问题。修身的目的是要提高自身的道德修养和素质，其途径就是加强自身修养，行善慎独，谨言慎行，抵制世俗的诱惑，时刻保持清明和清醒，绝不放纵自己。

"古代欲明德天下时……治国然后能治天下也。"这几句意引于《礼记·大学》，强调人必须从自身做起，努力提高自身的道德修养和素质，途径在于先提升自身的学识修养，进而影响他人乃至社会。这里讲了《大学》"八目"中的"五目"。"八目"（格物、致知、诚意、正心、修身、齐家、治国、平天下）是《大学》的核心思想，因为《大学》后面的章节都是在阐释如何通过这"八目"的修行，而达到"三纲"的最高境界。"三纲"（明明德、亲民、止于至善）。"明明德"指君子的修养，是一切行为的根基；"亲民"是儒家对社会的责任与担当；"止于至善"是最终要达到的理想境界。"八目"是实现"三纲"的途径，其中，以"修身"为核心，"格物、致知、诚意、正心"是"修身"的具体方式，"齐家、治国、平天下"是"修身"的自然结果和延伸。家是国家组织中最小的一个单元。没有家，人将漂泊无依，国家将变得不稳定，故有"家和万事兴"之说。因此，儒家把"齐家"看成是一个人成年所必须经历的过程，是走向社会的第一步。人既是个体的，也是社会的，他要参与一个群体，这个群体首先就是家，然后是国。提高自身修养才能治理好家庭，家庭治理好了才能治理好国家，国家治理好了才能平天下。因此，《大学》是儒家政治思想的最深刻体现：为政的根本在于为人，而为人的根本在于修德，道德是政治运作的基础，而道德的完善与扩充，最终要落实到人的自我修养上。

"或人问治国……源浊则流浊。"这几句源于《荀子·君道篇第十二》，此段以比喻的手法阐述了治理国家最重要的是君主自身修养。常言道，上行下效。对于身居高位的君主来说，个人喜好并不仅仅限于私人领域，相反，很容易产生涯漪效应，引起其身边人的效仿。君主看似微不足道的爱好，对某件事物的细微态度变化，会对国家与社会产生巨大的影响。所以历代圣贤之君，都明白这样的道理，所以能够谨慎地控制自己的欲望，表现君子的德行，传播正能量，以达到引领垂范的作用。荀子重君道、君德的"修身"（重德）与"为民"（重民）思想，是荀子设计的规范和引导君主的政治理念。它直接源于孔子"修己以安百姓"的德化之思想，体现了荀子政治哲学及道德理想。

"善者，行之本也……吉庆自然来也。"这几句意引于刘勰《新论·慎独》，此段以比喻的论证方法阐述了行善与慎独对君子的重要作用。作者认为，善心是一个人一切行动的根本，一刻也不能脱离，脱离了善心的行动不是真善。而真正的善心是大隐的善心，代表一颗慈善的心，善良的心，也可以代表传播善良的心，做慈善的心，善行天下的心，传播正能量的心。它不仅强调个人行为的善，还讲究普善，同时将善的行为从具体的事提升到了一种能量，将善和佛家的普度众生相结合，大爱天下，善及万世。由此论及慎独。慎独，说的是人在闲居独处时所作所为也要循礼遵道，也要为善。即使个人独处于别人看不见，听不到，发现不了的幽隐之地、细微之处也要谨慎戒惧，严于自律，管好自己，不做非礼非法的不道德的事。自古以来，慎独，作为君子修身的一种道德自律要求，一种无监督情况下的自我约束，经常被人们所推崇。然后以天高日远神灵幽密，却又能听得低、照得近、察得明，来佐证上述观点。接着，引用欧阳詹《暗室箴》中"不欺暗室"的典故，再次强调君子暗室不欺心，独处守法度。要时刻谨记道德修养底线，严于自律，为自己的人生负责。因此，身常处善，则无忧无畏，问心无愧，上通神明，下固人伦，品德广布于天地，美好吉祥就自然到达极致。

"昔孔子往观周国……行则岂有口罪也谓。"这几句意引于《孔子家语·观周》，其目的是教导人们谨言慎行，低调内敛，只有这样，才能太平久安。此段以孔子进入周太祖后稷的庙内，看到三重封嘴的铜人，告诫人们要懂得慎言笃行。慎言就是修己，以清心少言为要，涉世以慎言为先。言语表现了一个人的内在品德修养，谨慎言语才是修养德行的所在。在外，言语方面需自我克制，在内，也要培养一颗谦恭谨慎的心。故朱子家训中有"处世戒多言，言多必失"。祸从口出，言谈是非，好言人短，常会为自己引来不必要的麻烦。甚至有人因一句话说得不当，就造成无法弥补的灾祸，败家丧身。由此可见，我们在与人交往中，要有"如临深渊，如履薄冰"的谨言态度，因为言行修养对个人修身立德有重要影响。对于言行修养的重视，贯穿儒家修身养性的全过程，"一言可以兴邦，一言可以丧邦"，为官从政者的言行为对百姓具有示范引领作用，这就更加要求为官从政者谨言慎行，修身立德。

"凡知足则不侵……处在长久。"这几句源于老子《老子·立戒》，这是老子一种充满智慧的观点，它强调了内心的平静和稳定，鼓励人们抵制世俗的诱惑，保持清明和清醒，从而走出一条通向真正幸福的道路。他教导我们应当明白自己的需求，不断追求自己想要的东西。如果一个人能够知足常乐，不贪心，不嫉妒，能够控制自己的欲望，不让自己沉迷于过度的追求，就不会遭受耻辱。如果一个人能够知道什么时候应该停止，什么时候应该行动，就可以避免失败和危险。"知足"要成为一种内心的态度，一种抵制世俗诱惑的能力，它能够让人保持平静和清明。"知止"即为适度停止，指的是在追求过程中应当保持适度。适度的追求可以帮助我们满足自己的欲望，让我们的行为更加合理，也可以帮助我们更好地保护自己的身体和精神健康。因此，能够"知足"和"知止"，可以让人长久保持内心的平静和稳定，不会被外在的名利诱惑，要淡泊名利，宁静致远，不过分地追求享乐，被欲望所胁迫，要从容看待世间繁华或跌宕起伏，加以自我克制，不能逾越礼数和常理，这样就能够更好地掌控自己的生活，从而更好地实现自己的人生价值。

"故慢者不可使增……乐者不可使过。"这几句源于《礼记·曲礼》，它教育人们要时刻注意自身修养，倘若放纵自己，甚至骄傲、狂妄，必将导致学业的停滞甚至罢废，事业也必然遭到失败。"傲慢、欲望、志气、享乐"这四者都来源于人的私欲，要控制在可控范围内。傲慢之心不可滋生增长，不切实际的欲望不可纵容膨胀，追真求善的志气不可自满自足，贪图享乐的行为不可放纵无极。只有收起傲慢之心，去除后天人为的过度欲望和享乐，保持我们的那些善良本性，人生才能向好的方向发展。当然，人不可能没有欲求，但对自己的欲求要加以节制，绝不能萌生强烈贪欲，久而久之，欲求将日益膨胀，最终会滑向罪恶的深渊。另外，人需要立志，为实现自己的理想或目标而坚持不懈地奋斗。志与欲不同，高远的志会为宏伟目标而奋进不息，但一旦"志满"就会不能与时俱进，傲、欲、乐之类就会乘虚而入。欲是人的一种本能，适度的欲望会改善我们的生活现状，满足我们对财富和物质享受，促进我们对宏伟目标的实现。反之，若欲望变成贪欲，就会"心为物役""心为欲役"，那样人就容易被物质和欲望所蒙蔽双眼和内心，就会"玩物丧志"。因此，圣人时刻注重修正自身，端正己心，完善自己的人格，修养自己的君子之德。

◆ **注解：**

[1]古代欲明德天下时……治国然后能治天下也：这几句源于《礼记·大学》，"古之欲明明德于天下者，先治其国。欲治其国者，先齐其家。欲齐其家者，先修其身。欲修其身者，先正其心。欲正其心者，先诚其意。欲诚其意者，先致其知。致知在格物，物格而后知至，知至而后意诚，意诚而后心正，心正而后身修，身修而后家齐，家齐而后国治，国治而后天下平。"

译文：古代那些要想在天下弘扬光明正大品德的人，先要治理好自己的国家。要想治理好自己的国家，先要管理好自己的家庭和家族。要想管理好自己的家庭和家族，先要修养自身的品性。要想修养自身的品性，先要端正自己的心思。要想端正自己的心思，先要使自己的意念真诚。要想使自己的意念真诚，先要使自己获得知识。获得知识的途径在于认知研究万事万物，通过对万事万物的认识研究，才能获得知识；获得知识后，意念才能真诚；意念真诚后，心思才能端正；心思端正后，才能修养品性；品性修养后，才能管理好家庭和家族；管理好家庭和家族后，才能治理好国家；治理好国家后，天下才能太平。

[2]或人问治国……源浊则流浊：这几句源于《荀子·君道篇第十二》，"请

问为国？曰：'闻修身，未尝闻为国也。'君者，仪也，民者，景也，仪正而景正。君者，盘也，民者，水也，盘圆而水圆。君者，盂也，盂方而水方。君射则臣决。楚庄王好细腰，故朝有饿人。故曰：'闻修身，未尝闻为国也。'君者，民之源也，源清则流清，源浊则流浊。"

译文：请问怎样治理国家？回答说："我只听说君主要修养自己的品德，不曾听说过怎样去治理国家。"君主，就像测定时刻的标杆；民众，就像这标杆的影子；标杆正直，那么影子也正直。君主，就像盘子；民众，就像盘里的水；盘子是圆形的，那么盘里的水也是圆形。君主，就像盂；民众就像盂中的水；盂是方形的，那么盂中的水也成方形。君主射箭，那么臣子就会套上板指。楚灵王喜欢细腰的人，所以朝廷上有饿得面黄肌瘦的臣子。所以说："我只听说君主要修养身心，不曾听说过怎样治理国家。"君主，就像人民的源头；源头清澈，那么下边的流水也清澈；源头混浊，那么下边的流水也混浊。

[3]善者，行之本也……吉庆自然来也：这几句源于刘勰《新论·慎独》，"善者，行之总，不可斯须离，可离非善也。人之须善，犹首之须冠，足之待履。首不加冠，是越类也；行不蹑履，是夷民也。今处显而修善，在隐而为非，是清旦冠履而昏夜倮跣也。荃荪孤植，不以岩隐而歇其芳；石泉潜流，不以润幽而不清。人在暗密，岂以隐翳而迥操？是以戒慎目所不睹，恐惧耳所不闻。居室如见宾，入虚如有人。故蘧瑗不以昏行变节，颜回不以夜浴改容。勾践拘于石室，君臣之礼不替；冀缺耕于坰野，夫妇之敬不亏。斯皆慎乎隐微，枕善而居，不以视之不见而移其心，听之不闻而变其情也。谓天盖高而听甚卑，谓日盖远而照甚近，谓神盖幽而察甚明。《诗》云：'相在尔室，尚不愧于屋漏。无日不显，莫予云靓。'暗昧之事，未有幽而不显，昏惑之行，无有隐而不彰。修操于明，行悖于幽，以人不知。若人不知，则鬼神知之。鬼神不知，则己知之。而云不知，是盗钟掩耳之智也。孔徒晨起，为善孜孜，东平居室，以善为乐。故身恒居善，则内无忧虑，外无畏惧，独立不惭影，独寝不愧衾。上可以接神明，下可以固人伦，德被幽明，庆祥臻矣。"

译文：善，是士大夫立身行道的总纲，不可须臾离身，倘若可以离身，那么就不是善。人必须有善，如同头必须有冠，脚上要穿鞋一样。头上不戴冠，就等于是断发文身的越人一类；脚上不穿鞋，就是蛮夷之民啊。今有人处在公共场合遵循行善，而在隐秘之处却为非作歹，这是清晨戴帽穿鞋而夜里裸露着身子光着脚啊。香草独自生长，不以山岩遮蔽而停止它的芬芳；石中泉水潜流，不以山涧幽密而不清澈。人在暗密之中时，怎能因隐秘不明而更改情操？所以要小心戒备别人所看不到的时候，恐惧于别人所没有听闻的时候。自己在家也如同见宾客，进入虚掩的庭门如同有人在。因此，蘧伯玉不以天色昏暗而改变行车的礼节，颜渊不以夜里洗澡而改变端正的容貌。勾践被囚禁在石室之中，跟随他的人不改变君臣的礼仪；冀缺在野外耕田，夫妇相敬的礼数也不亏减。这都是慎于隐秘和细微，枕着善而居处，不以别人看不见而转移心志，不以别人不知道而改变情操啊。说天是何等高却听得很低，说日是何等远却照得很近，说神是何等幽秘却察得很明。《诗经》说："你俭省一下，在屋内时应该不愧于屋中的鬼神。不要说自己在屋中言行不显露于外，没有人会看见。"暗中隐藏的事，没有幽暗却不显露的；昏暗迷惑的行为，没有隐藏却不彰显的。修养操守在明处，行相反于暗处，以为别人不知。若是人不知，那么鬼神知道。鬼神不知，那么还有自己知道。说不知，这是盗钟掩耳那种智商啊。孔教门徒早晨起来，就勤勉不懈地做善事；后汉东平王刘仓在家中，以行善为乐。因此人常处于善，那么内无忧虑，外无畏惧。独自站立不惭于身影，独自睡觉不愧于衾被。对上天可以接应神明，对下可以固化人伦，德行广布幽明二界，美好广大的祥和达到极致了。

[4]此者，君子居暗室内……独自谨慎其行也：这几句源于欧阳詹《暗室箴》，"夫行以检身，非以为人。无淫无佚，其处宜一。孜孜硕人，冥冥暗室。罔纵尔神，罔轻尔质。远兹小恶，念彼元吉。勿谓旁帷上盖，天监无外。勿谓后掩前扃，神在无形。天不长慝，神实正直。神怒天诛，未始有极。"

译文：行动要约束自己，不是为了让别人知道。不要嗜欲过度，不要放荡，无论在什么地方都一样。勤奋努力的有盛德之人，处于昏暗的暗室，也不做坏事。不要放纵你的精神，不要轻视你的天性禀赋。远离这种小恶，思念那种大福。不要说旁边有帷幕，上面有房盖，天对人的监察没有例外。不要说后边有遮掩，前边又关了门，神的存在是无影无形的。天不助长邪恶，神是正直的。神的愤怒，天的诛有罪，是没有尽头的。

此句也有可能是"君子慎独""不欺暗室"二个典故的串联表述。"君子慎独"语最早出自《礼记·中庸》："道也者，不可须臾离也；可离，非道也。是故君子戒慎乎其所不睹，恐惧乎其所不闻。莫见乎隐，莫显乎微。故君子慎其独也。"

译文：驾驭本性的道，是不可以片刻离开的；如果可以离开，那就不是道了。所以，君子就是在没有人看见的地方也是谨慎小心的，在没有人听见的地方也是有所戒惧的。要知道，最隐秘的地方，也是最容易发现的，最微细的看不见的事物，也是最容易显露的。因此，君子要特别谨慎一个人独居的时候。

"不欺暗室"最早出自刘向《列女传·卫灵夫人》："卫灵公与夫人夜坐，闻车声辚辚，至阙而止，过阙复有声。公问夫人曰：'知此为谁？'夫人曰：'此必蘧伯玉也。'公曰：'何以知之？'夫人曰：'妾闻：礼下公门式路马，所以广敬也。夫忠臣与孝子，不为昭昭信节，不为冥冥堕行。蘧伯玉，卫之贤大夫也。仁而有智，敬于事上。此其人必不暗昧废礼，是以知之。'公使视之，果伯玉也。"

译文：卫灵公与夫人夜坐，听到车马轰鸣声，至朝廷宫门前而消失，过往后又有了声响。卫灵公问夫人说："知道这是谁？"夫人说："这一定是蘧伯玉。"卫灵公说："你怎么知道的？"夫人说："我听说：对礼下尊崇的诸公路过宫门式之路，被人尊敬的仪仗应该轻车简行。那些忠臣和孝子，不失为信节，不因为夜晚黑暗就不按规矩执行。蘧伯玉，卫国的贤大夫啊。仁慈而有智慧，我觉得在这件事上，这样的人一定不因愚昧而不顾礼节，因此推测知道是他。"卫灵公派人追问查看，果然是蘧伯玉。

[5]昔孔子往观周国……行则岂有口罪也谓：这几句源于《孔子家语·观周》，"孔子观周，遂入太祖后稷之庙。庙堂右阶之前，有金人焉，三缄其口，而铭其背曰：'古之慎言人也。戒之哉！无多言，多言多败；无多事，多事多

患。安乐必戒，无所行悔。勿谓何伤，其祸将长；勿谓何害，其祸将大。勿谓不闻，神将伺人。滔滔不灭，炎炎若何？涓涓不壅，终为江河。绵绵不绝，或成网罗；毫末不札，将寻斧柯。诚能慎之，福之根也。口是何？伤祸之门也。强梁者不得其死，好胜者必遇其敌。盗憎主人，民怨其上。君子知天下之不可上也，故下之；知众人之不可先也，故后之。温恭慎德，使人慕之。执雌持下，人莫逾之。人皆趋彼，我独守此。人皆或之，我独不徙。内藏我智，不示人技。我虽尊高，人弗我害。谁能于此？江海虽左，长于百川，以其卑也。天道无亲，而能下人。戒之哉！'孔子既读斯文也，顾谓弟子曰：'小人识之。此言实而中，情而信。《诗》曰：战战兢兢，如临深渊，如履薄冰。行身如此，岂以口过患哉？'"

译文：孔子在周国观览，于是前往进入周太祖后稷的祠庙瞻仰。庙堂右边台阶前，有铜铸的人像，嘴被封了三层，还在像的背后刻着铭文："这是古代说话谨慎的人。警戒啊！不要多言，多言多败；不要多事，多事多患。安乐时一定要警戒，不要做懊悔的事。不要以为话多不会有什么伤害，祸害是长远的；不要以为话多没什么害处，祸害将是很大的。不要认为别人听不到，神在监视着你。初起的火苗不扑灭，变成熊熊大火怎么办？涓涓细流不堵塞，终将聚集为江河。长长的线不弄断，将有可能结成罗网；细小的枝条不剪掉，将来就要用斧砍。如果真能谨慎，是福的根源。口能造成什么伤害？口是伤害、祸患的大门。强横的人不得好死，争强好胜的人必定会遇到对手。盗贼憎恨物主，民众怨恨长官。君子知道天下的事不可事事争上，所以宁愿居下；知道不可居于众人之先，所以宁愿在后。温和谦恭谨慎修德，会使人仰慕。守住柔弱保持卑下，没人能够超越。人人都奔向那里，我单独守在这里。人人都在变动，我单独不移。智慧藏在心里，不向别人炫耀技艺。我虽然尊贵高尚，人们也不会害我。有谁能做到这样呢？江海虽然处于下游，却能容纳百川，因为它地势低下。上天不会亲近人，却能使人处在它的下面。要以此为戒啊！"孔子读完这篇铭文，回头对弟子说："你们要记住啊！这些话实在而中肯，合情而可信。《诗经》说：'战战兢兢，如临深渊，如履薄冰。'立身行事能够这样，哪还能因言语惹祸呢？"

[6]凡知足则不侵……处在长久：这几句源于老子《老子·立戒》，"知足不辱，知止不殆，可以长久。"

译文：所以，懂得满足就不会受到屈辱，懂得适可而止就不会遇到危险，这样才可以长久地平安。

[7]故慢者不可使增……乐者不可使过：这几句源于《礼记·曲礼》，"敖不可长，欲不可从，志不可满，乐不可极。"

译文：傲慢之心不可产生，欲望不可放纵无拘，志气不可自满，享乐不可无度。

事亲章

父母者，于子如天地也。无天不生，无地岂成[1]。故行爱时惟亲处始，行敬时惟尊处始。此道者，先始于家邦，终至于四海[2]。大孝者，一世对父母爱，父母爱时，以不忘喜；父母厌时，以不怨苦者[3]，吾见于我大舜[4]。昔周文王为太子时，日数三遍乃往朝拜于父王季。初鸡鸣时以起，立父之寝处房门后，对内臣侍者问话："今日所相安泰谓？"侍者言："安泰谓。"时喜。至正午及天晚，亦如前敬问。若不安谓，时有忧色，行时不能正步，乃至胜为能饮食，然后方除忧也。袭武王父道以行，其上无所增[5]。故君子事亲然，居时敬然至，养时乐然至，病时忧然至，死时哀然至，祭时惧然至[6]。夫为人之子者，堕失事亲道中，则他虽有百种善德，亦不能救其罪也。

浅析：

此章主要讲人如何事亲的问题。父母对子女来说犹如天地，要尽心尽力地去孝敬，家庭是践行孝道、修养道德品行最好的场所，在事亲过程中还要明白孝道的深刻内涵，并以古代圣贤孝亲为典范，阐述了孝子事亲的具体内容和行为。

"父母者……无地岂成。"这句意引于杨雄《法言·孝至卷第十三》，他强调父母是一生中最重要的人，也是人们一生要尽心尽力去孝敬的人。人的父母，犹如子女的天地。人没有天，如何能禀气而生来到这个世界？人没有地，如何能孕育成形，从哇哇啼哭的婴儿长大成人？是父母给了我们生命，抚养我们长大成人，因而我们要尽全力来孝敬父母。儒家十分重视孝道，认为所有的道德中，孝是最根本的，是最高的品德，人一切美好的品质都从孝敬父母开始。一个"孝"字就包括了人所有的善行，即使是圣人也是如此。

"故行爱时……至于四海。"这几句意引于《尚书·伊训》，他强调家庭是践行孝道、修养道德品行最好的场所。人的善恶由来，关键在于最初的行为习惯养成，所以希望君主慎于起始。树立仁爱之心从父母开始，树立恭敬之心从兄长开始，树立爱敬之风从家族和邦国开始，那么家族和邦国就被教化，最终推广及四海使天下和谐。也就是说爱国要从爱亲人做起，爱国与爱亲人是一致的。因为爱的本质就是无私付出，爱就是要"勿以善小而不为，勿以恶小而为之"，爱就是要"立爱惟亲"，就是要爱亲人，爱身边的人。试想，一个连亲人都不爱的人，能谈得上爱人民、爱祖国吗？爱国是基于人性深处关于善良、真诚、无私、利他、勤勉等美好情感的整体汇聚和释放。但是"立爱惟亲"，不能"溺爱惟亲"，对待亲人要健康地、积极地爱，要处理好亲情与原则的关系，否则，就会造成害亲害己，那就更谈不上爱国了。

"大孝者……以不怨苦者。"这几句意引于《礼记·祭义》，他着重阐述大孝的内涵。孝道是一种道德规范，又是中国传统的美德，是人伦道德的基础，是一切道德的根本。被奉为修身、处世、齐家、治国、平天下之宝。人一切美好的品质都从孝敬父母开始。因此，历代统治阶级特别重视对于孝文化的提倡。在《礼记·祭义》中将孝道分为三个层次：小孝是用劳力侍亲而忘记自己的辛劳，中孝是用功德将所有事情都要处理妥当让父母安心，大孝是对父母的供养，广泛全面地给予，永不匮乏。这是一种理解。另一种理解是：小孝是平民百姓的孝，即体现在平民百姓对父母的爱，爱父母而忘记了辛劳。中孝是卿大夫的孝，即卿大夫作为管理层，他们的行为要以仁为准则，处理问题要追求妥当。大孝是天子的孝，即天子给天下的老百姓都安排好，广泛地给予恩惠，能够使他们安心地生产生活。把天下所有物产都处理明白，完备好国家长治久安的所有事物，这才体现了天子的孝。这里主要讲《礼记·祭义》将孝道分为三个层次中的大孝，以什么样的态度对待父母。大孝除了对父母的供养是广泛全面地提供各种生活物品，更强调儿女在父母身边奉养父母时，应该竭尽和悦的心去服侍父母，让父母感觉到心身愉悦。对父母行孝是无条件可讲的，是尽人伦，是做人的根本。绝对不是与父母交易，父母对我好，我就对父母好，反之就对父母不好。儿女在行孝时，纵使被父母亲憎恶、不被理解或者是父母情绪比较大，还能反省自己有哪里做得不对，对父母的决定没有丝毫的不服和埋怨，依然能尽心孝敬，那才算是贤德孝子。

"吾见于我大舜。"这句意引于杨雄《法言·孝至卷第十三》，说真正的孝子就要像圣人舜一样。能够小心谨慎地服侍父母，却总是担心自己有什么地方做得不够好，让父母不满意，这就是孝子舜的伟大人格。人们总是希望能够永远陪伴在父母身边，让自己尽一点孝心，报答养育之恩，但这却是不可能实现的愿望，父母总会先我们而去。所以，孝顺的儿女们总是会珍惜陪伴父母的每一天，使父母顺心、快乐。

"昔周文王……其上无所增。"这几句意引于《礼记·文王世子》，以周文王"问安视膳"（也叫"寝门视膳"）的典故，来明证周文王是有记载的中华民族最早的孝亲典范，也是周文化礼仪天下的根源。孝敬父母，晨省昏定关心父母的饮食起居，本来是儿女分内的事。像周文王孝顺父母的事，现代人虽然未必能完全做得到，但对我们还是有一定示范和教育作用的。

"故君子事亲……祭时惧然至。"这几句意引于《孝经·纪孝行》，重点阐述的是孝子事亲的具体内容和行为。儒家十分重视孝道，就孝道的具体贯彻，提出了"居敬、养乐、病忧、丧哀、祭严"五方面的要求：孝子侍奉双亲，日常家居，要充分表达出对父母的恭敬；给父母供奉饮食，要表达出照顾父母的喜悦；父母生病时，要充分表达出对父母健康的忧虑和关切；父母去世了，要充分表达出悲伤哀痛；祭祀先人的时候，要充分表达出敬仰肃穆，这五个方面都能做得完备周到了，才算得上能侍奉双亲尽孝道。究其本质，就是一个"诚"字。就是说在现实生活中，对父母的一切行为应该是完全真诚，没有丝毫保留的、不掺杂虚伪的真情流露，而不是徒有形式和外表，装样子给别人看。

最后，著者做出总结，以"事亲之道"作为"百种善德"之首。说作为人之子，若在侍奉双亲尽孝道中堕落、失败，即使他有百种善举美德，也不能挽救他不孝的罪过。古人云："百善孝为先"。"百"者，多也，"善"者，好也。意思是在有很多好事要做的情况下，孝敬父母应该放在首位。"百善孝为先"，是中华民族文化中的一个非常重要的思想。深入地理解这一思想的内涵，在今天仍然有着重要的指导意义。

◆ **注解：**

[1]父母者……无地岂成：这几句源于杨雄《法言·孝至卷第十三》，"父母，子之天地与？无天何生？无地何形？天地裕于万物乎？万物裕于天地乎？裕父母之裕，不裕矣。"

译文：父母，犹如子女的天地啊？人没有天如何能禀气而生？没有地如何能孕育成形？究竟是万物取足于天地，还是天地取足于万物？那些赡养父母者自以为做得足够好的，实际上就是做得不够好。

[2]故行爱时……至于四海：这几句源于《尚书·伊训》，"今王嗣厥德，罔不在初，立爱惟亲，立敬惟长，始天家邦，终于四海。"

译文：现在我王继行成汤的美德，不可不考虑开头！行爱于亲人，行敬于长上，从家和国开始，最终推广到天下。

[3]大孝者……以不怨苦者：这几句源于《礼记·祭义》，"孝有三：小孝用力，中孝用劳，大孝不匮。思慈爱忘劳，可谓用力矣；尊仁安义，可谓用劳矣；博施备物，可谓不匮矣。父母爱之，嘉而弗忘；父母恶之，惧而无怨；父母有过，谏而不逆；父母既没，必求仁者之粟以祀之。此之谓礼终。"

译文：孝道有三个层次：小孝是用劳力侍亲而忘记自己的辛劳，中孝是用功德将所有事情都要处理妥当让你心安，大孝是对父母的供养，广泛地给予，什么都提供，永不匮乏。想到父母慈爱的养育之恩，而竭力供养父母，忘记了自己的劳累辛苦，这是尽体力行孝；遵循仁义，安守道义，这是用功德行孝；以仁爱广施德教，使四海之内丰衣足食，人民都能够礼敬、祭祀父母，这称为不匮。父母喜爱我们的时候，做子女的一定要高兴欢喜而不忘亲恩；父母厌恶、嫌弃我们，做子女的应该深加戒惧反省而毫无怨言；父母纵有过失，只婉言相劝而不忤逆指责；父母过世之后，要以正当所得的收入来祭祀他们。这才是有始有终的奉行孝道。

[4]吾见于我大舜：这句源于杨雄《法言·孝至卷第十三》，"事父母自知不足者，其舜乎？不可得而久者，事亲之谓也。孝子爱日。"

译文：侍奉父母自以为做得不够好的，应该是舜了吧？人不能长久地、没有时间限制地要做的事情，就是奉养双亲了。孝子要珍惜父母健在的时光，用心尽孝。

[5]昔周文王……其上无所增：这几句源于《礼记·文王世子》，"文王之为世子，朝于王季，日三。鸡初鸣而衣服，至于寝门外，回内竖之御者曰：'今日安否？何如？'内竖曰：'安'，文王乃喜。及日中又至，亦如之。及莫又至，亦如之。其有不安节，则内竖以告文王，文王色忧，行不能正履。王季复膳，然后亦复初。食上，必在视寒暖之节；食下，问所膳。命膳宰曰：'未有原？'应曰：'诺。'然后退。武王帅而行之，不敢有加焉。"

译文：文王当太子的时候，到他父亲王季那里去请安，每天三次。第一次是鸡叫头遍就穿好衣服，来到父王的寝门外，问值班的侍奉小臣："今天父王身体是否安好？"侍奉小臣回答："一切安好。"听到这样的回答，文王就满脸喜色。到了中午他又来到父王的寝门外，请安的仪节都和第一次一样。到了傍晚他再次来到父王的寝门外，请安的仪节都和前两次一样。如果王季身体欠安，侍奉小臣就会向文王报告，文王听说之后，就满脸忧色，连走路都不能正常迈步。王季的饮食恢复如初，然后文王的神态才能恢复正常。每顿饭端上来的时候，文王一定要亲自察看饭菜的冷热；每顿饭撤下去的时候，文王一定要问吃了多少。同时交代掌厨的官员："吃剩的饭菜不要再端上去。"听到对方回答"是"，文王才放心地离开。武王做太子时，就以文王做太子时的行为为榜样，不敢有一点走样。

[6]故君子事亲……祭时惧然至：这几句源于《孝经·纪孝行》，"子曰：'孝子之事亲也，居则致其敬，养则致其乐，病则致其忧，丧则致其哀，祭则致其严。五者备矣，然后能事亲。'事亲者，居上不骄，为下不乱，在丑不争。居上而骄，则亡。为下而乱，则刑。在丑而争，则兵。三者不除，虽日用三牲之养，犹为不孝也。"

译文：孔子说："孝子侍奉双亲，日常家居，要充分地表达出对父母的恭敬；供奉饮食，要充分地表达出照顾父母的快乐；父母生病时，要充分地表达出对父母健康的忧虑关切；父母去世时，要充分地表达出悲伤哀痛；祭祀的时候，要充分地表达出敬仰肃穆。这五个方面都能做齐全了，才能算是侍奉双亲尽孝道。侍奉双亲，身居高位，不骄傲恣肆；为人臣下，不犯上作乱；地位卑贱，不相互争斗。身居高位而骄傲恣肆，就会灭亡。为人臣下而犯上作乱，就会受到刑戮。地位卑贱而争斗不休，就会动用兵器，相互残杀。如果这三种行为不能去除，虽然天天用备有牛、羊、猪三牲的美味佳肴奉养双亲，那也不能算是行孝啊！"

为帝难章

　　明主爱简要，俗主爱琐碎。爱简要，则百事成也；爱琐碎，则百事毁也[1]。《书》中说："民可近，不可轻。民者为邦之本，本固则邦宁。我想治众民其难，则譬如以朽索驭六马。居人之上者，何云不慎也[2]？"君者，与舟同；民者，与水同。水以能载舟，并亦能反也[3]。汤武得天下者，并非取为，以修道行义，建立天下之利者，清除天下之害者，故为天下之归处也。桀纣亡天下者，并非所弃。变易禹汤之德，使礼义之本乱，积灾增恶，故为天下之所弃。为天下归处，故谓王；为天下所弃，故谓亡也[4]。鲁哀公问于孔子言："凡家国得失福祸者，皆因天命是真，非因人为也谓？"孔子答曰："得失福祸，皆在于己，天地不能以祸害也。昔殷纣时，于小而所生一大鸟。占吉凶者曰：'小而生大，则国家必定昌谓'。尔时，殷纣不修国政，不除弊恶，不救内臣行为，外军以发来伐，殷国以亡。此者，其为福变祸也。又于殷王太戊时，桑谷树者，应是生野外，中二双生长阶前。占吉凶者曰：'桑谷者，不应生阶前，恐亡国兆也谓。'太戊恐惧，自责慎行，思先王之政，修养民其道，故三年之后，远方十六国来投诚。此者，其为祸变福也[5]。"孔子乃往鲁桓公之宗庙内，见一敧器，虚则累，中则正，满则反。后视对弟子谓曰："教注水且看谓。"水已令注，中时正，满时反。孔子叹曰："凡物有满时不反者乎谓？"子路问曰："其持满有道否？"子曰："聪明圣智者，应持以愚；功至天下者，应持以让；

勇力特出者，应持以怯；富有四海者，应持以谦。此者，其持满道也谓[6]。"
国乱则无乐君，国安则无忧民。百种乐者，出于国安；忧患事者，因生国乱。
要使以取乐松治国者，非知乐者也。故明主者，应必先治国，后百种乐者自然
全也。俗君者，必使要取乐以对治国松，故忧患不尽。将求乐时与忧遇，将求
安时与乱遇也[7]。夫圣人不恃自见故为明，不算自是故为达，不重自能故有功。
惟不争，故天下无与其能争者[8]。此故，古代为帝者，得则算民之功；失则由
己伏罪；正则算民之功，斜则由己伏罪[9]。此者，为帝其难也。

浅析：

　　此章主要讲君主如何正确治国理政的问题。首先阐述了英明君主和愚昧君
主治国的区别。强调了古代将民本思想作为治国理政的根本，是中国古代圣贤
的远见卓识及深沉真挚的政治意识。将君主与百姓的关系比作舟与水的关系，
既贴切至极，又体现了古人的超前智慧。然后，以汤武得天下与桀纣失天下的
实例来证明遵行道义、奉行礼义的重要性。以孔子就哀公提问的故事，阐述了
一个重要论断"存亡福祸，皆己而已"，反对"天命说"。从古代圣人用欹器之
理，来告诫君主，过犹不及，要保持中庸之道。接着阐明了国治与君乐之间的
关系：治国为本，君乐为末，国治则君乐。最后，强调作为君主，要以古代圣
人为榜样，坚守本性，保持心性纯净真实，能够忘我无私，能够去除我执，不
与天下争。将国家安定作为治国最根本的任务，也是最大的民生福祉。并指出
作为君主治理天下要勇于担当，树立正确的价值观，成为天下百姓的表率。

　　"明主爱简要……则百事毁也"，这几句意引于《荀子•王霸》，主要阐述
了英明君主和愚昧君主治国的区别。英明的君主善于抓住要领，而愚昧的君主
喜欢什么都管。君主善抓要领，那么各种事情由下面专业的人来做，就会做得
更完美，就能充分调动和发挥下层管理者集体的智慧和能力，各事就会办得周
详。君主喜欢什么都管，那么下层管理者将只能听其差遣，应付了事，就会形
成庸政懒政之风气、不敢积极作为，集体的智慧和力量将无法施展，各种事情

就会逐渐荒废。因此，作为君主必须要弄清君与臣的责任和义务，必须明白何为主、何为次，何为本、何为末。犹如战场上的帅与将，帅不能带头去冲锋陷阵，帅是制定战略战术，统领全局的，冲锋陷阵杀敌是兵将的事。正如《大学》所谓"知所先后，则近道矣"。君主只要把握好治国的主要纲领，其他细枝末节则可放手。

"《书》中说：民可近……何云不慎也。"这几句意引于《尚书·五子之歌》，他强调将民众看作治国理政的根本，是中国古代圣贤的远见卓识及深沉真挚的政治意识。毋庸置疑，民众是构成国家最基本的要素，倘若没有民众，就不可能有国家的存在。就好像要想马车平稳行驶，必须有善驾的人，执政也是如此。一心为百姓给实惠、办实事，就会受到百姓的爱戴和拥护，江山自然就牢固。否则，失去民心就会失去江山。这体现了我国早期的民本思想，是我国古代长期政治实践总结出来的理论精华，"敬民"则是历代政治家执政的基本理念。这一理念在悠长的中国历史中不断被圣贤和大儒强调与升华。中国共产党的"人民至上"的理念与中华民族的"民本"思想早已融为一体，是同马克思主义基本原理有机结合。

"君者……亦能反也。"这几句意引于《荀子·王制》，这是我国古代民本思想的重要观点，他将君王与百姓的关系比作舟与水的关系，真是贴切至极。这无疑是荀子超前智慧的体现。荀子认为百姓的力量是非常强大的，人民群众才是历史的创造者。君主要想治理好国家，就必须依靠百姓的力量，得到百姓的爱戴和拥护，江山自然就牢固。若做出任何违背百姓的事情，就会失去民心，被百姓抛弃，被历史抛弃。君主心中要常有百姓，百姓才是立国之本。所以，老百姓是天，老百姓是地。忘记了人民，脱离了人民，我们就会成为无源之水、无本之木，就会一事无成。

"汤武得天下者……故谓亡也。"这几句意引于《荀子·正论》，以汤武得天下与桀纣失天下的实例来阐明遵行道义、奉行礼义的重要性。荀子认为，商汤和周武王不是用武力夺取天下，而是遵从治国大道，施行道义，奉行礼义，兴办天下人的共同福利，除去天下共同的祸患，因而天下人都归顺他们。夏桀和商纣并不是丢掉了天下，而是违背了夏禹、商汤的德行，扰乱了礼义的名分，干出了禽兽般的行为，无恶不作，不断行凶，罪行累累，所以天下人都背离了他们。天下人都来归顺，就可以称王，天下都背弃就会灭亡。天下百姓是恒定长存的国家之根本，君主是否拥有天下，是以是否拥有民心为根本。能够拥有民心，受到百姓支持，就是天下的君主；若是不得民心，即使坐在君位上，实际上没有真正得到天下，甚至可能灭亡。所以居于上位的君主，要想自己的天下安定，就没有比遵行道义、爱护人民更好的了；要想建立功业与名望，就没有比奉行礼义，为天下人谋幸福更好的了。

"鲁哀公问于孔子言……其为祸变福也。"这几句源于《孔子家语·五仪解》，此段以孔子就哀公的提问阐述了一个重要论断"存亡福祸，皆己而已"，反对"天命说"。孔子引用了以往纣王与太戊的历史事实来举例告诉哀公："侧身修养，思先王之政，明养民之道"，可以使"儆戒灾妖不胜善政，寤梦不胜善行"。孔子的"祸兮福之所倚，福兮祸之所伏。"讲的是祸福相依，可以互相转化。懂得这个道理，便不易被外界动摇。因为一切皆有原因，不在外因，而在自己。因此，当一个国家长久太平，富庶强大，内外大治之时，更应该勤政爱民，谨慎图强，否则，就会引来祸端。遇到逆境、挫折，也不必灰心失意，能谨慎修道、广行善政，仍然可以转祸为福，遇难成祥。天降的灾害、地生的妖异也不能胜过清明的政治，说明国家的存亡祸福与国君自身的作为密切相关。所以为政者须思善政，靠人之作用达到"至治之极"，其实质就是强调人的主观能动性，阐明为政的核心在"人"。能明白这个道理，就是治国的最高境界，只有圣明的君主才能达到这个境界。

"孔子乃往鲁桓公之宗庙内……其持满道也谓。"这几句意引于《孔子家语·三恕》：此典故是古代圣人用敧器来告诫君主，过犹不及，要保持中庸之道。"敧器"也叫"宥坐之器"，古代国君将其置于王座的右侧，用来提醒自己。其形似盛水的罐子，底部厚而尖，有双耳可穿绳悬挂。平时里面没有水的时候，敧器向后倾斜，向里面慢慢加水，它会逐渐向前，直至适中时保持平衡。如果继续加水，它将向前倾倒，里面的水也会流出来。敧器直观地告诉我们，当它空时倾斜，也就是腹内空空，是不能直立于地。如同人如果没有学问、智慧、能力等，就不能做好任何工作。所以人要勤勉好学，有真才实学，才能自立于世。当它适中时便端正，是因为它内部方方面面达到一个和谐自然的状态，保持其平静而长期稳定。所以为人处世皆需有度，过犹不及，保持中庸之道，才能长久处于不败之地。当它过满时便前倾，是因为它内部水的重量远远超过了它自身的承载能力，加之内部充满，无法调节内部各方面的平衡，只能倾倒。所以做人不可过分突显、暴露或张扬，更不能过于自满，自以为是。若此，便容易招来妒忌、诽谤、陷害等不祥之事，祸患也常起于此。怎样才能保持长久不覆呢？孔子强调"损之又损之"，谦虚了再谦虚，方为持满之道。聪明睿智，功名利禄，固然是人们所需要的，但如果不懂得自损之道，聪明者恃才傲物，富贵者盛气凌人，掌权者以势压人，都会为自己埋下祸根。积累到一定程度，就如装满水的欹器，自身难保。所以，我们要时时以宥坐之器自我勉励，好学、有度、谦恭，以智慧、德能服务社会，以谦虚、厚德、仁心来载福，时时保持一颗恭谨慎重的心，莫让危害起于细微。

"国乱则无乐君……将求安时与乱遇也。"这几句意引于《荀子·王霸》，阐明了国治与君乐之间的关系，提出了一个重要的观点：治国为本，君乐为末，国治则君乐。国家安定是一个国家最根本的基础，也是最大的民生福祉。君主个体的忧乐，本质上与国家的治乱是一致的。世间所有的快乐，都产生于国家的安定；所有的忧虑祸患，都产生于国家的混乱。君主掌握着国家之重器，又有举国上下所有的财富供其享用，难免追逐声色，沉溺享乐。而荀子告诫，国治为本、君乐为末。所有这些声色享乐必须建立在国家安定、治理清明的基础之上。否则，覆巢之下安有完卵，乱国之中又有谁可得乐？因此，治国为本，君乐为末。有了本，不愁末；追逐末，往往就会丧失本。很多君主本末倒置，急于追求享乐而疏于治理国家。最终导致国家政治混乱，出现危难，甚至导致灭亡。如果国家处于危难之中，是没有君主能够享乐的；国家很安定，就没有忧愁的百姓。如果政治混乱，国家就会处于危险之中；而政治清明，国家就会安全稳定。如果政治不清明，君主只顾着享乐，没有将精力用在国家的治理之中，会让国家更加混乱。所以，君主必须"后天下之乐而乐"。这"后"不仅是时间上的"后"，更是逻辑和因果上的"后"。天下百姓都无忧无虑，安居乐业，君主自然能安享其乐。若天下百姓痛苦不堪，流离失所，君主又何乐之有。

"夫圣人不恃自见故为明……故天下无与其能争者。"这几句意引于《老子·益谦》，是说圣人以坚守本性，保持心性纯净真实，能够忘我无私，能够去除我执，不与天下争，因此反能得到显明、腾达、功劳等善报。圣人做任何事，始终执守着心性单一的主轴，体会心性纯净的实相。对身内只求一个虚空，只用一个无为，对外界的任何感受，都没有好恶，只保持看清它的实相。守持自己的精气魂神，使精不外泄，神不外驰。在身外作为时，不肆欲妄行，保持本性的纯真。在修道方法上，专一精深，他们深谙方法越多，迷惑越大，足以乱性。守着这一个方法，就可以使本性得到长养。这里说的"不争"，是说圣人不与大道相争，不与本性相争，顺从大道自然之理，顺从本性的自然天性，随顺气机生灭的自然规律，与各种感受共处。不与大道、本性、气机相争，则本性保持其本然，就不会改变其运作规则。如此，你与心性就能够两得自在，大道最完美的造化就已经具足于你的一身。而世人总是不由自主地被外界感受操控，任胸中的贪、嗔、痴、慢、疑等某一股气助长着自以为是的知见、自骄、自贪，常存好胜之心，关注外在，不关注本性，使自己的本性受到伤害。因此圣人教导人们，谦下顺道，贵在不争，唯道是从，抱一守中，常存不盈不满之意，去掉对本性的干涉、控制，不与气机相争，心意真实无妄，使本性得以圆满。故不与天下争，又何争之有？

"此故，古代为帝者……斜则由己伏罪。"这几句意引于《庄子·杂篇·则阳》，其目的是指出作为君主治理天下要勇于担当，树立正确的价值观，成为天下百姓的表率。庄子借柏矩之言：古代那些为人君的，把成功归功于百姓，把失败归咎于自身，把正确归因于百姓，把错误归因于自身。所以一旦有刑法运用不当的时候，返回到自身，自己责备自己。一个健全的社会，一定有一个敢于担当、时刻为百姓着想谋利的君主。他决不能靠不切实际的理论构想来愚弄百姓，更不能把金钱作为唯一的人生价值判断，他如果不能把百姓的利益放在首位，而是靠隐匿真相，好大喜功；靠着故弄玄虚，愚弄百姓；靠以利益为导向，把钱财作为整个天下唯一追求的目标，那么百姓自然会失去人之所以为人的自然本性，为了谋利，日复一日地忙忙碌碌。精神被束缚，人性被扭曲，人格魅力被破坏。人的多元性、丰富性、创造性彻底泯灭，个体的人又如何实现个体作为人的生命价值？个体又如何达到自适其适、安于生活、实现个体作为人的生命价值？所以庄子认为，民间的疾苦多是百姓虚伪狡诈、盗窃欺骗的原因，而根本原因是君主治理天下不担当，胡乱作为出的问题。

最后，著者指出作为帝王不仅治国难，而且修身养性、成为像古代圣贤一样的君王更难。

◆ **注解：**

[1]明主爱简要……则百事毁也：这几句源于《荀子·王霸》，"故明主好要，而暗主好详；主好要则百事详，主好详则百事荒。君者，论一相，陈一法，明一指，以兼覆之，兼照之，以观其盛者也。"

译文：所以，英明的君主善于抓住要领，而愚昧的君主喜欢什么都管。君主善抓要领，那么各种事情就能办得周详，君主喜欢什么都管，那么各种事情就会荒废。君主，选好一个宰相，公布一个统一的法令制度，明确一个主要原则，用此来统帅一切，洞察一切，并以此来考察它的成就。

[2]《书》中说，民可近……何云不慎也：这几句源于《尚书·五子之歌》，"其一曰：'皇祖有训：民可近，不可下，民惟邦本，本固邦宁。予视天下愚夫愚妇一能胜予，一人三失，怨岂在明，不见是图。予临兆民，懍乎若朽索之驭六马，为人上者，奈何不敬？'"

译文：第一首说："夏的开国君主夏禹有如下训诫：百姓只可亲近，不可贬低，百姓为国之根本，根本巩固，国家才能安定。我看天下百姓，那些愚昧无知的丈夫和妇人，一人之力便可以胜过我。一个人犯了三次错误，仍不觉悟，百姓的怨恨，难道要在明显地表现出来时才觉察到吗？应当在还未明显表现出来的时候，就想办法补救。我们统治亿万臣民，要心怀畏惧像用腐朽的绳索去驾驭六匹马那样，做百姓的君主，怎么可以不恭敬呢？"

[3] 君者……亦能反也：这几句源于《荀子·王制》，"传曰：'君者，舟也，庶人者，水也；水则载舟，水则覆舟。'此之谓也。故君人者，欲安，则莫若平政爱民矣；欲荣，则莫若隆礼敬士矣；欲立功名，则莫若尚贤使能矣。是人君之大节也。"

译文：古书上说："君主，好比是船；百姓，好比是水。水能载船，水也能翻船。"说的就是这个道理。所以统治人民的君主，要想安定，就没有比调整好政策、爱护人民更好的了；要想荣耀，就没有比尊崇礼义、敬重文人更好的了；更想建立功名，就没有比推崇品德高尚的人、使用有才能的人更好的了。这些是当君主的关键。

[4] 汤武得天下者……故谓亡也：这几句源于《荀子·正论》，"汤武非取天下也。修其道，行其义，兴天下之同利，除天下之同害，而天下归之也。桀纣非去天下也。反禹汤之德，乱礼义之分，禽兽之行，积其凶，全其恶，而天下去之也。天下归之之谓王，天下去之之谓亡。故桀纣无天下，汤武不弑君，由此效之也。汤武者，民之父母也；桀纣者、民之怨贼也。"

译文：商汤、周武王并不是夺取天下，而是遵循那正确的正道，奉行那合宜的礼义，兴办天下人的共同福利，除去天下人的共同祸害，因而天下人归顺他们。夏桀、商纣并不是丢了天下，而是违背了夏禹、商汤的德行，扰乱了礼义的名分，干出了禽兽般的行为，不断行凶，无恶不作，因而天下人抛弃了他们。天下人归顺他就叫做称王，天下人抛弃他就叫做灭亡。所以，夏桀、商纣王并没有拥有天下，而商汤、周武王并没有杀掉君主，从这个角度就能证明它。商汤、周武王，是人民的父母；夏桀、商纣王，是人民的仇敌。

[5] 鲁哀公问于孔子言……其为祸变福也：这几句源于《孔子家语·五仪解》，"哀公问于孔子曰：'夫国家之存亡祸福，信有天命，非唯人也？'孔子对曰：'存亡祸福，皆己而已，天灾地妖，不能加也。'公曰：'善。吾子之言，

岂有其事乎？'孔子曰：'昔者殷王帝辛之世，有雀生大鸟于城隅焉。占之，曰："凡以小生大，则国家必王，而名必昌。"于是帝辛介雀之德，不修国政，亢暴无极，朝臣莫救，外寇乃至，殷国以亡。此即以己逆天时，诡福反为祸者也。又其先世殷王太戊之时，道缺法圮，以致夭蘖。桑谷于朝，七日大拱。占之者曰："桑谷野木，而不合生朝。意者国亡乎？"太戊恐骇，侧身修行，思先王之政，明养民之道。三年之后，远方慕义重译，至者十有六国。此即以己逆天时，得祸为福者也。'故天灾地妖，所以儆人主者也；寤梦征怪，所以儆人臣者也；儆戒灾妖不胜善政，寤梦不胜善行。能知此者，至治之极也，唯明王达此。公曰：'寡人不鄙固此，亦不得闻君子之教也。'"

　　译文：哀公问孔子说："国家的存亡祸福，确实是由天命注定的，不是只凭人力能左右的？"孔子回答说："国家的存亡祸福，都是由人自己决定的，天灾地祸，都不能改变国家命运。"哀公说："好！您说的话，有什么根据吗？"孔子说："从前，殷纣王时代，在国都的城墙边，有一只小鸟生出一只大鸟，占卜者说：'凡是以小生大，国家必将成为霸主，声名必将大振。'于是，商纣王凭借小鸟生大鸟的好兆头，不好好治理国家，残暴至极，朝中大臣也无法挽救，外敌攻入，殷国因此灭亡。这就是以自己的肆意妄为违背天时，奇异的福兆反而变成灾祸的事例。纣王的先祖殷王太戊时代，社会道德败坏，国家法纪紊乱，以致出现反常的树木。朝堂上长出桑谷，七天就长得两手合抱之粗。占卜者说：'桑谷野木，不应共同生长在朝堂上，难道国家要灭亡吗？'太戊非常恐惧，小心地修习自己的德行，学习先王治国的方法，探究养民的措施。三年之后，远方的国家思慕殷国的道义，偏远之国的使者经过多重翻译来朝见的，有十六国之多。这就是以自己的谨身修治改变天时，祸兆反变为福的事例。"所以说，天灾地祸，是上天来警告国君的；梦见怪异，是上天来警告臣子的。灾祸胜不过良好的政治，梦兆也胜不过善良的行为。能明白这个道理，就是治国的最高境界，只有贤明的国君才能做到。"鲁哀公说："我如果不是如此浅陋，也就不能听到您这样的教诲了。"

　　[6]孔子乃往鲁桓公之宗庙内……其持满道也谓：这几句源于《孔子家

语·三恕》，"孔子观于鲁桓公之庙，有欹器焉。夫子问于守庙者曰：'此谓何器？'对曰：'此盖为宥坐之器。'孔子曰：'吾闻宥坐之器，虚则欹，中则正，满则覆。明君以为至诚，故常置之于座侧。'顾谓弟子曰：'试注水焉。'乃注之。水中则正，满则覆。夫子喟然叹曰：'呜呼！夫物恶有满而不覆哉？'子路进曰：'敢问持满有道乎？'子曰：'聪明睿智，守之以愚；功被天下，守之以让；勇力振世，守之以怯；富有四海，守之以谦。此所谓损之又损之之道也。'"

译文：孔子到鲁桓公的庙堂上参观，看到一只倾斜易覆的器皿。孔子向守庙的人问道："这是什么器皿？"守庙的人回答说："这是国君放在座右以示警诫的器皿。"孔子说："我曾听说过这样的器皿，空了它便倾斜，适中时它就端正，满了就会倾覆。英明的君主以此来作为最好的鉴戒，所以常常将它放置于座位的右边来警惕自己。"孔子回过头来对子弟们说："放水进去试试看。"于是，一位弟子把水灌了进去，恰到好处时，它便端正，然而继续加水，水满了它就倾覆。孔子看了看，长叹道："唉！一切事物哪有灌满了而不翻倒的道理呢？"子路疑惑，进一步向夫子问道："敢问夫子，要保持满而不覆的状态，有什么办法吗？"孔子答道："聪明睿智，却能自安于愚；功盖天下、却能谦让自持；勇力足以震撼世界，却能守之以怯懦；拥有四海的财富，却能谦逊自守。这是所说的谦抑再加谦抑的方法啊！"

[7]国乱则无乐君……将求安时与乱遇也：这几句源于《荀子·王霸》，"国危则无乐君，国安则无忧民。乱则国危，治则国安。今君人者，急逐乐而缓治国，岂不过甚矣哉！譬之是由好声色而恬无耳目也，岂不哀哉！夫人之情，目欲綦色，耳欲綦声，口欲綦味，鼻欲綦臭，心欲綦佚。此五綦者，人情之所必不免也。养五綦者有具，无其具，则五綦者不可得而致也。万乘之国，可谓广大富厚矣，加有治辨强固之道焉，若是则恬愉无患难矣，然后养五綦之具具也。故百乐者，生于治国者也；忧患者，生于乱国者也。急逐乐而缓治国者，非知乐者也。故明君者，必将先治其国，然后百乐得其中。暗君者，必将急逐乐而缓治国，故忧患不可胜校也，必至于身死国亡然后止也，岂不哀哉！将以

为乐，乃得忧焉；将以为安，乃得危焉；将以为福，乃得死亡焉，岂不哀哉！于乎！君人者，亦可以察若言矣。故治国有道，人主有职。"

译文：国家危险君主就不能安乐，国家安定百姓就没有忧愁。政事混乱，国家就危险，政治稳定，国家就安定。现在的君主，一味追逐享乐而荒于治理国家，这难道不是错得太厉害了吗？这就好像是喜欢音乐美色，而不在乎自己没有耳朵和眼睛，难道不是很可悲吗！从人的性情来说，眼睛想看最好美丽的颜色，耳朵想听最美妙的音乐，嘴巴想尝最美好的味道，鼻子想闻最香的气味，心里想得到最大的安逸。这五种的欲望，是人的本性，是不可避免的。但要满足这五种的欲望却是有条件的，如果不能满足这些条件，就不能得到和实现这五种欲望。万乘大国，可以说是土地广阔，资源丰富，还有使国家得到治理、国富民强的方法，如果这样就可安逸快乐而没有祸患了，那么满足这五种的欲望的条件也就具备了。所以，各种快乐的事情，产生于治理得好的国家；许多的忧虑祸患，产生于社会混乱的国家。所以，一味地急于追逐享乐而荒于治理国家的君主，他不是真正懂得享乐的人。所以，英明的君主，一定要先治理好自己的国家，然后就可以获得许多快乐了。昏庸的君主，必然急于追逐享乐而疏于治理国家，那么他就会忧患缠身，一直到身死国亡才可罢休，这不是非常可悲吗！本来要得到快乐，却招来了祸患；本来要得到安定，却招致了危险；本来要得到幸福，却招致了灭亡；这难道不可悲吗！哎呀！统治人民的国君，也该仔细体察一下这些话了！所以治理国家有一定的法则，君主也有他的职责。

[8]夫圣人不恃自见故为明……故天下无与其能争者：这几句源于《老子·益谦》，"曲则全，枉则直，洼则盈，敝则新，少则得，多则惑。是以圣人抱一，为天下式。不自见故明，不自是故彰，不自伐故有功，不自矜故长。夫唯不争，故天下莫能与之争。古之所谓'曲则全'者，岂虚言哉！诚全而归之。"

译文：委曲便会保全，屈枉便会直伸，低洼便会充盈，陈旧便会更新，少取便会获得，贪多便会迷惑。所以，圣人坚守这一原则，作为天下事理的范式。不自我表扬，反能显明；不自以为是，反能是非彰明；不自己夸耀，反能得有功劳；不自我矜持，所以才能长久。正因为不与人争，所以，遍天下没有人能与他争。古时所谓"委曲便会保全"的话，怎么会是空话呢？它是实实在在能够达到的。

[9]此故，古代为帝者……斜则由己伏罪：这几句源于《庄子·杂篇·则阳》，"柏矩学于老聃，曰：'请之天下游。'老聃曰：'已矣！天下犹是也。'又请之，老聃曰：'汝将何始？'曰：'始于齐。'至齐，见辜人焉，推而强之，解朝服而幕之，号天而哭之，曰：'子乎！子乎！天下有大灾，子独先离之。'曰'莫为盗，莫为杀人'。荣辱立然后睹所病，货财聚然后睹所争。今立人之所病，聚人之所争，穷困人之身，使无休时。欲无至此得乎？古之君人者，以得为在民，以失为在己；以正为在民，以枉为在己。故一形有失其形者，退而自责。今则不然，匿为物而愚不识，大为难而罪不敢，重为任而罚不胜，远其涂而诛不至。民知力竭，则以伪继之。日出多伪，士民安取不伪。夫力不足则伪，知不足则欺，财不足则盗。盗窃之行，于谁责而可乎？"

译文：柏矩在老子门下求学，说："请求老师同意我到天下去游历。"老子说："算了吧！天下也不过如此。"柏矩再次请求，老子说："你游天下把什么地方当作第一站？"柏矩说："从齐国开始起步。"到了齐国，看见一具受刑后被丢在街上的死尸，柏矩把那具已经僵化的尸体放倒，脱下自己身上的官服盖到尸体上，哭得惊天动地。他边哭边说道："先生呀！先生呀！天下有了大灾难，你却先遭遇上了。"人们都说"不要做强盗，不要去杀人"。光荣和耻辱的观念产生了，人们就跟着能看到由此产生的种种弊端；货财积聚起来了，人们就跟着能看到由此引起的争夺掠取了。现在却要树立引发弊端的观念，积聚引起争夺的财物，困扰人们的身心无休无止，想不出现这种状况可能吗？古代做一国百姓的君王，把获得的功绩记在百姓头上，把过失的罪责记到自己名下，把正确的归功于百姓，把错误的归咎于自身。所以一旦刑罚有所不当，就退而自责。现在却不这样，把真相掩藏起来，愚弄那些不懂的人；扩大困难，而去处罚那些胆小畏难的人；把任务加重，而处罚那些不胜任的人；把目的地定得很远，而诛杀那些走不到的人。百姓知道自己力量用尽也达不到，为逃避处罚就造假来对付。世道的虚假一天比一天多，百姓怎能不弄虚作假。力气不够就作假，智慧不够就欺骗，物质不够就偷盗。盗窃行为，该责备谁呀？

听谏章

良药饮时苦中对病帮，直言不睦耳中对行利。汤武因爱忠言而昌，桀纣因爱顺合而亡。凡君无谏臣，父无谏子，兄无谏弟，士无谏友，则与害不遇者，未曾有过。故君失则臣救，父失则子救，兄失则弟救，士失则友救。此故，国家危亡无瑞兆，家处杂乱无凶兆。父子兄弟无违背，眷属和睦，续不断也[1]。昔卫灵公，蘧伯玉贤也，中不用。弥子瑕不贤，中所用。史鱼直谏，亦不听。染病将死时，于子遗言嘱托："吾乃为卫王之臣，虽举蘧伯玉，莫能退弥子瑕等者，吾依臣道莫能使王改正故也。生时莫能使王正，则死后不应使全丧礼，故吾死时，尸置阶前亦足也谓。"其子听从。灵公来吊，公惊愕而问，子乃以父遗言说。公以显变色："此者，寡人之过也谓。"尔时，其尸置于正堂。令对蘧伯玉起用，对弥子瑕贬退。孔子闻后曰："古代谏人者，死则停止，如史鱼以尸谏，因己令王之觉悟者，未曾有过谓[2]。"昔唐太宗时正观年间，执事随受贿者增，故太宗暗暗使左右人以察受贿。教给一执事者接受一匹绢，帝欲行杀其，尚书裴矩谏言："局分收贿，虽然依罪实应杀，然今帝以使人教授贿乃至，收者有时则杀。此者，人以导使其堕罪中也。孔子说：'以道导，令以礼齐谓。'与汝恐失谓。"太宗大喜，令召文武百官之告言："裴矩能因本职力久谏，不为我面，若诸事皆如此，则有何不治而后当谓？"司马温公论曰："古人有言：君明则臣忠谓。裴矩于隋是奸，于中唐为忠，其本性并非变化。君厌闻己过，则忠变为奸；君爱闻忠言，则奸变为忠。此故，君者体也；臣者，影也。体动则引后影者[3]，明也谓。"故《书》中说："木者，因墨弦为直；君者，以听谏为圣谓者[4]。"此言当信也。

浅析：

此章主要讲如何纳谏的问题。指出君主纳谏，首先从态度上要能够谦虚纳谏，能听得进别人劝告。其次是明确明君和贤臣的责任和义务，身为国君，要亲贤臣、远小人，谦虚纳谏，为民谋福祉；作为贤臣，要为国为民尽忠职守，勇于担当，勤勉工作，克己为民，还要将劝谏君王当成自己的本分。再次指出只有君主愿意听真话、能够听真话，大臣才敢于讲真话，愿意讲真话，乐于讲真话。最后委婉地对君主进行劝学，要像贤明的君主那样，经常主动地求取谏言、了解民情，认识自己施政的得失，才能制定正确的决策。

"良药饮时苦中对病帮……续不断也。"这几句意引于《孔子家语·六本》，此段明确告诉人们，历史上的明君，多是能谦虚纳谏，能听得进别人劝告的人。他们都明白一个道理"良药苦口利于病，忠言逆耳利于行"。然后以历史为证，列举了商汤与伊尹、周武王与姜子牙等君贤臣明的事例。汤王、武王的臣子都敢对他们直言进谏。他们又能广纳良言，制定出非常好的国策，来利益老百姓，所以国家就昌盛起来了。相反，夏桀与商纣，暴虐无道，穷奢极欲、放纵习气。身边臣子不敢劝谏，即使进言他都不能接受，甚至可能招来杀身之祸。因而身边多是逢迎拍马、阿谀奉承的小人，最后导致国家灭亡。进一步指出了广听纳谏的重要作用，真正好的君臣，父子，兄弟，朋友不仅为人正直、诚实、见多识广，还要能相互提携，相互取长补短，相互提醒互纠错误，能够拉得下脸面，对错误的地方，敢于直接指出，耐心劝谏，共同提高进步，而不是阿谀奉承，一味拣好听的话蒙蔽视听。老子早就说过，"信言不美，美言不信"。尖锐批评，逆耳之言，越是有含金量的话，可能越难以被接受。能听进去需要胸襟，能讲出来需要胆量。所以要远离巧言令色，阿谀奉承的小人，珍惜身边给你忠告、善意批评的人。

"昔卫灵公……未曾有过谓。"这几句意引于《孔子家语·困誓》，此段列举以正直忠诚著称的史鱼尸谏感化卫灵公的事迹，来阐明一个道理：身为臣子，为国为民要尽忠职守，劝谏君主是为臣的本分。身为国君，要亲贤臣、远小人，谦虚纳谏，为民谋福祉。在历史的长河中，古圣先贤们或直道而行，或隐居避世，或随遇而安，三种处世方式不分伯仲，他们可根据自身的性格特点及世态来选择不同的处世方法。史鱼生前时刻想着国家社稷，希望卫灵公能亲贤臣、远小人，故无私无畏屡次进谏，但卫灵公始终不肯接纳。一般而言，对于君王尽忠，到死了便也结束了，可史鱼在去世后，却仍用自己的尸体对卫灵公进行尸谏，这份对君王、对国家的赤诚忠心，怎不叫人感动呢？最终，卫灵公被他的这种忠心感动，心生惭愧，马上改过，从而维护了整个国家的前途命运。从史鱼的尸谏行为可知，一个人留给他人和世间的是德行。无数古代圣贤正是以其至德之行永垂不朽，激励后世子孙起而效法，代代承传。同时卫灵公知错能改，维护了整个国家的前途命运。

"昔唐太宗时正观年间……体动则引后影者。"这几句意引于《资治通鉴·唐纪八》，这个故事告诉我们，人们只有在那些愿意听真话、能够听真话的人面前，才敢于讲真话，愿意讲真话，乐于讲真话。封建社会往往是君主一言堂的社会，臣子需要始终保持与皇帝一致，因为稍有不慎就可能走向断头台。于是，为了取悦皇帝，大臣们通过虚假的赞誉，满足皇帝想要提升自己在大臣心中的威望、地位等欲望，进而稳固或者提升自己在皇帝的心中的地位。所以，一群佞臣的背后，一定有一个昏庸的皇帝。中国历史上最不缺的就是贪官，历朝历代，贪污腐败的官员都会被记录在史册中。唐太宗李世民继任皇帝后，对此也很痛恨，便要严加整治，于是就进行了一次钓鱼执法来试探一下实际情况。裴矩不齿唐太宗这种以不义陷人于不义，以非法陷人于非法的行为。他深知唐太宗为一代开明贤君，他不仅时常自省其身，躬身求过，而且善于纳谏，广开言路。所以才有了裴矩的直言上谏，据理力争。当裴矩向李世民提出批评时，唐太宗觉得通过批评，让自己避免犯错误，能够更加正确地执政以满足百姓的共同利益。所以他在五品以上的官员面前表扬裴矩，鼓励大家多提出批评。批评越多，犯错的机会就越少，执政的能力就越高，百姓的共同利益就越能够得到更好的满足，他自己在百姓心目中的地位也就越高。同样是裴矩，在隋炀帝杨广面前只能逢迎取悦，而在唐太宗李世民面前却敢直言相谏。司马光认为原因不在于裴矩，而在于皇帝。说真话的"指挥棒"往往就掌握在君主手中。君主要有接受批评的雅量和胸怀，君王只有敢于听真话、鼓励讲真话，抱着"有则改之，无则加勉"的诚恳态度，方能让讲真话诤言蔚然成风。

"故《书》中说木者……以听谏为圣谓者。"这几句意引于《尚书·说命上》，这几句是委婉地对君主进行劝学，要向贤明的君主那样，经常主动地求取谏言、了解民情，认识自己施政的得失，才能制定正确的决策。在古代对于君主而言，能知道自己的过失不是一件容易的事，因为君主手握国家的一切大权，自然有很多大臣为了争宠、争夺权力来谄媚巴结，君主每天听的都是阿谀奉承、赞誉肯定的话。而一旦这种话听得多了，就会洋洋自得，自以为圣明。若有人指出君主的不足和过失时，就很难接受。贤明的君主明白这一点，不仅要让百姓说话，表达他们的意愿，而且还要经常主动地求取谏言、了解民情，通过这些方式认识自己施政的得失。所以，明智的君主，不但主动求取谏言，而且喜欢接受犯颜直谏的话，那么臣子就会主动地对君主不合时宜、有偏颇的决定和施政策略进谏，对君主正确的政策法令坚决执行。

最后，作者肯定"木材依靠准绳才能正直，君主依靠劝谏才能圣明"，这话确实正确。

◆ **注解：**

[1]良药饮时苦中对病帮……续不断也：这几句源于《孔子家语·六本》，"孔子曰：'良药苦于口而利于病，忠言逆于耳而利于行。汤武以谔谔而昌，桀纣以唯唯而亡。君无争臣，父无争子，兄无争弟，士无争友，无其过者，未之有也。故曰："君失之，臣得之；父失之，子得之；兄失之，弟得之；己失

之，友得之。"是以国无危亡之兆，家无悖乱之恶，父子兄弟无失，而交友无绝也。'"

译文：孔子说："良药苦口利于病，忠言逆耳利于行。商汤和周武王因为能听取进谏的直言而使国家昌盛，夏桀和商纣因为只听随声附和的话而国破身亡。国君没有直言敢谏的大臣，父亲没有直言敢谏的儿子，兄长没有直言敢劝的弟弟，士人没有直言敢劝的朋友，要想不犯错误是不可能的。所以说：'国君有失误，臣子来补救；父亲有失误，儿子来补救；哥哥有失误，弟弟来补救；自己有失误，朋友来补救。'这样，国家就没有灭亡的危险，家庭就没有悖逆的坏事，父子兄弟之间不会失和，朋友也不会断绝来往。"

[2]昔卫灵公……未曾有过谓：这几句源于《孔子家语·困誓》，"他日，灵公又与夫子语，见飞雁过而仰视之，色不悦。孔子乃逝。卫蘧伯玉贤，而灵公不用，弥子瑕不肖，反任之。史鱼骤谏而不从。史鱼病将卒，命其子曰：'吾在卫朝，不能进蘧伯玉，退弥子瑕，是吾为臣不能正君也！生而不能正君，则死无以成礼。我死，汝置尸牖下，于我毕矣。'其子从之。灵公吊焉，怪而问焉，其子以其父言告公。公愕然失容，曰：'是寡人之过也。'于是命之殡于客位，进蘧伯玉而用之，退弥子瑕而远之。孔子闻之，曰：'古之列谏之者，死期已矣，未有若史鱼，死而尸谏。忠感其君者也，不可为直乎。'"

译文：有一天，卫灵公又与孔子谈话，见大雁飞过就仰头观看，脸上有不悦之色。于是孔子就离开了卫国。卫国的蘧伯玉是位贤人，而卫灵公不任用他；弥子瑕不贤，反而得到任用。史鱼多次进谏而卫灵公不听。史鱼得病将死，嘱咐其子说："我在卫国为官，不能使蘧伯玉受到任用，也不能使弥子瑕被罢免，这是我作为臣子不能匡正君主啊！我活着的时候不能匡正君主，那么我死了以后也难以礼安葬。我死以后，你把我的尸首放在窗下，让我完成我的心愿。"其子听从了父亲的嘱托。卫灵公前来吊唁，感到很奇怪，就询问怎么回事，其子把他父亲的话告诉了卫灵公。卫灵公惊讶得变了脸色，说："这是我的过错啊！"于是下令将史鱼的尸体停放到正堂，招进蘧伯玉而任用他，斥退弥子瑕而疏远他。夫子听到这件事说："古代特别敢于进谏的人，到死的时候也就为止了，没有像史鱼这样死了以后还要以尸体劝谏的。他的忠诚感动了君主，这样的人能说是不正直的吗？"

[3]昔唐太宗时正观年间……体动则引后影者：这几句源于《资治通鉴·唐纪八》，上患吏多受赇，密使左右试赂之。有司门令史受绢一匹，上欲杀之。民部尚书裴矩谏曰："为吏受赂，罪诚当死。但陛下使人遗之而受，乃陷人于法也。恐非所谓'道之以德，齐之以礼'。"上悦，召文武五品已上告之曰："裴矩能当官力争，不为面从。倘每事皆然，何忧不治？"臣光曰："古人有言：'君明臣直。'裴矩佞于隋而忠于唐，非其性之有变也。君恶闻其过，则忠化为佞；君乐闻直言，则佞化为忠。是知君者，表也；臣者，景也。表动则景随矣。"

译文：太宗担心官吏中多有接受贿赂的，便秘密地安排身边的人去试探他们。有一个刑部的司门令史收受绢帛一匹，太宗知道后想要杀掉他。民部尚书裴矩劝谏道："当官的接受贿赂，按罪的确应当处死。但是陛下派人送礼上门，让其接受，这是有意引人触犯法律，恐怕不符合孔子所谓'用道德加以诱导，以礼教来同化民心'的古训。"太宗听了很高兴，召集五品以上的文武官员，对他们说："裴矩能够做到在位敢于力争，并不一味地顺从朕，假如每件事情都能这样做，哪里用得着担心国家治理不好呢？"臣子司马光说："古人说过：'君主贤明则臣下敢于直言。'裴矩在隋朝是位佞臣而在唐朝则是忠臣，不是他的品性有了变化。君主厌恶听到自己的过错，那么大臣的忠诚便转化为谄媚；君主喜爱听到正直的言论，那么谄媚会转化成忠诚。由此可知，君主如同测影的表，大臣似影子，表一动则影子随之而动。"

按：另在《旧唐书》卷六十三《裴矩传》中也有此事的记载，但记载文字却有不同：太宗初即位，务止奸吏，或闻诸曹案典，多有受赂者，乃遣人以财物试之。有司门令史受馈绢一匹，太宗怒，将杀之，矩进谏曰："此人受赂，诚合重诛。但陛下以物试之，即行极法，所谓陷人以罪，恐非导德齐礼之义。"太宗纳其言，因召百僚谓曰："裴矩遂能廷折，不肯面从。每事如此天下何忧不治！"贞观元年卒，赠绛州刺史，谥曰敬。臣光曰："古人有言：君明臣直。裴矩佞隋而忠于唐，非其性之有变也。君愿闻其过，则忠化为佞；君乐为直言则佞化为忠。是知君者表也。臣者景也，表动则景随矣。"

笔者认为《旧唐书·裴矩传》可能是后人的伪作。其原因为：《旧唐书》是属于史类文学作品，成书于后晋开运二年（945年），共200卷，包括《本纪》20卷、《志》30卷、《列传》150卷。作品原名《唐书》，宋祁、欧阳修等所编著《新唐书》问世后，才改称《旧唐书》。《旧唐书》的修撰离唐朝灭亡时间不远，资料来源比较丰富。署名后晋刘昫等撰，刘昫（887—946年），字耀远，涿州归义（今属河北雄县）人，五代时期历史学家，后晋政治家。后唐庄宗时任太常博士、翰林学士。实为后晋赵莹主持编修。赵莹（885—951），字玄辉，华阴（今陕西华阴）人，五代时期政治家、史学家。后梁进士，后担任后晋的宰相，奉命组织编撰唐朝历史。他们二人属同一时代的人。而《资治通鉴》，由北宋司马光主编的一部多卷本编年体史书，全书294卷，300多万字，另有《考异》《目录》各三十卷。司马光曾患历代史籍浩繁，学者难以遍览，因欲撮取其要，撰纪传体史。初成《通志》8卷，起战国至秦二世，表进于朝，引起宋英宗的重视。治平三年（1066），诏置书局于崇文院，继续编纂。宋神宗即位，赐书名为《资治通鉴》，并序以奖之。元丰七年（1084年）书成，历时19年完成。司马光（1019—1086年），字君实，号迂叟，陕州夏县涑水乡（今山西省夏县）人，世称涑水先生。北宋政治家、史学家、文学家，自称西晋安平献王司马孚之后代。死后追赠太师、温国公，谥号文正。从这些史料来看《旧唐书》完成比《资治通鉴》早近140年，且《旧唐书》的二位主编刘昫、赵莹死后60多年后司马光才出生，应该说《旧唐书·裴矩传》为最早的文本，但在文本中的"臣光曰"就不可能出现，"臣光"应该就是司马光。由此笔者疑为《旧唐书》中，《裴矩传》可能是后人的伪作。

[4]故《书》中说木者……以听谏为圣谓者：这几句源于《尚书·说命上》，说复于王曰："惟木从绳则正，后从谏则圣。后克圣，臣不命其承，畴敢不祇若王之休命？"

译文：傅说回复武丁说："木材依靠准绳才能正直，君主依靠劝谏才能圣明。君主若圣明，大臣自动不令而行，谁敢不恭敬这样的圣王的天命呢？"

知人章

《资治通鉴》中说："有才有德者，异也，世俗间莫能区分，故俱等算贤。此者，取人其不准也。凡思聪刚毅者谓才，正直中和者谓德。此故，德如胜于才，则谓君子；才如胜于德，则谓小人；德才全备，则谓圣人；德才皆无，则谓愚人。夫其取人之术，不得圣人及君子，则如得小人而不如得愚人，何故谓？则君子恃才以为善，小人恃才以为恶。恃才以为善，则善他处乃无不至；恃才以为恶，则恶他处乃无不至。愚者欲不为善，亦不能令以谋成，以力行遣不任。譬小狗欲啮人，亦犹有制处。小人者，以智能使成奸，以勇亦能生乱。此者，如虎有翼，此其为害最中深也。夫德者人之应畏也，才者人之应爱也。爱者易近，畏者易离。故察人者，则乃以迷于多才舍之德也。古代乱国臣及败家子等，有奇才德不足，以至于乱败之多也。故治家国者，乃有德之先算，能使知有才之后，则复取人。不准，故岂来害也[1]？"古代君子察人时，远使以察忠，近使以察敬，多使以察能，骤问以察智，急聚以察信，寄物以察仁，告危以察贞，醉酒时察性，杂居以察色，其九种察至，故不贤人者，在明处也[2]。夫察形许不如论心，论心许不如择行。形象虽丑，心行善，则不害为君子；形象虽美，心行恶，则不害为小人[3]。此者，其知人术也，其治国中原始真首要也。

浅析：

　　此章主要讲知人、识人的问题。论述了如何区别"德"与"才""君子"与"小人"，以及用"君子"与"小人"后可能出现的两种不同的后果，进而提出了九种通过外在为人处世行为的观察知人的方法，驳斥了相面之说，强调知人、用人要以德取人，不以貌取人。

　　"有才有德者……故岂来害也。"这几句源于《资治通鉴·周纪一》，主要阐述了何谓"德""才""君子""小人"，以及在选人和用人时，就德与才孰重孰轻的问题。纵观历代在选人和用人问题上，德与才的甄别、用人的导向和标准是关键，往往受制于决策者的鉴别能力、时代局限、人性的复杂和外界干扰。人才的精准选择向来就是一个很困难的事情，司马光强调德胜于才。从君主稳固政权、增强国力来说，强调德胜于才是向社会树立一个良性的用人标准。对待有德才弱的人，倘可以创造机会去学习、培养、锻造他们的才能，培养的成本低，方法多，也可以用团队来补位。对待有才无德之人，首先决策者要掂量自己的驾驭能力，如果你能够完全驾驭他，任其人所长防其人之短，那么就可以大胆起用。反之，一旦德行坍塌，就有可能造成"小人聚，贤者离"的局面，可能会给团队或者给自己带来隐患与坏处，甚至是毁灭性的灾难。然而，从人才识别和度量来看，"才"是最易被量化的，而"德"则很难去分辨。纵观中国的人才选拔制度变迁，除了对"德"举孝廉为官外，在实际的操作中，为稳妥起见，用人者往往是用"才胜德"来选人。如：从察举制，到九品中正制，到科举制，再到当今的高考制。无不是更侧重"才"方面的量化考核。司马光"德胜才"的观点在当今仍具有很强的现实意义。但是我们更应该用发展眼光来看待人才。从现代人力资源角度看，人也是作为生产力的重要因素而存在的，所谓的"以岗定人"说的就是这个道理。所处的时代、环境和阶段不同，人才的选用思路要不同。自古以来，国泰民安之时，宜采用"德胜才"的选人策略。在社会动荡危乱、积贫积弱之时，往往采用"才胜德"的选人策略。选贤任能，既要考虑自身的实际需求，又要善于用发展的眼光来看待人才问题。

职位越高的人，越要考察德行。才有余而德不足的人一旦产生歹心，往往是亡国败家的祸根，给社会造成的灾难会更大。德才兼备纵然好，但如何在不完美中选到合适的人，则是一门大学问。

"古代君子察人时……在明处也。"这几句意引于《庄子·杂篇·列御寇》，主要阐述了如何通过外在的为人处世行为观察，了解一个人本性的九种方法。孔子在论述九法之前就先述说了人心深似海，难测难度，比山川都险恶。透过一个人的外在表面现象，很难判断他的内在本性。因为有些人在社会、职场等活动中，总是把自己藏得很深，不轻易表达自己的内在情感、思想，这就往往表里不一。因此，要透过外在表现猜度人心，这是非常困难的，最善变的，莫过于人心。只有透过人包装很厚的外在言行，从他们为人处世的实际行动中，才能探知内在埋藏很深的本性。于是孔子提出了君主九种察人的方法：一是把他派到偏远的地方，以此观察他做事是否尽心竭力。身居偏僻之地，没有上司的约束和督促，一个真正做事的人不管外在条件如何，不管有没有人看到，内心坦荡，守其本分，就会尽职尽责，认真做事。二是让他在自己身边做事，观察他是否守礼。一个人越是靠近领导，就越接近特权，往往就为虎作伥，为所欲为。心中敬其事，自然不会左右逢迎，滥用权力。三是遇到复杂的状况，派他去解决，以此察看他是否有解决问题的能力。越是状况复杂，越是考验人的分析、判断和解决问题的能力，如何分清轻重缓急，如何抓大放小，如何分析决断，如何有条不紊地解决问题，这样才能看清一个人是否有能力。四是遇到突发事件询问他的看法，以此判断他有没有智慧和应急处决能力。突发事件的发生，往往考验一个人的智慧，人们总说急中生智，智是平时的积累，也是偶发事件时的从容应对。五是把急迫的事交给他，定好期限让他去做，以此考察他是不是言而有信。能不能按时完成交给的事，体现出他应急解决问题的能力和办事效率，也能体现他对上司的忠诚与否。六是把财物大权交给他，以此察看他是不是心存仁德。一个人越是靠近钱财，越容易激起他的贪欲。一个人心存仁德，就不会把钱财放在心上，就会本着服务于社会和人民去工作，绝不假公济私、贪赃枉法。七是把危险的处境告诉他，以此察看他是否能保持自己的节操。这是考察一个人有没有临危不惧、处险不乱，无论何种处境，能不能坚守自己的信仰。八是让他喝醉酒，以此察看他有没有放纵自己。喝醉酒的人，人心放松，不顾自己的形象，本性显现，好与不好自然暴露出来。九是让他处在男男女女之间，以此察看他的本色。和男男女女杂处，面对美女坐怀，能否克制冲动、坚守底线，筑起道德与情欲的坚固壁垒，展现出人性中最纯粹、最闪耀的底色，以及内心所秉持的准则。面对自己情感的对手，男人往往为了吸引女人的注意，证明自己比他人优秀，相互比攀，这种状况下最容易看清人的本性。通过以上九种方式观察人的特征，一个人的德才自然显露无遗，德才不好的人自然就会被淘汰。尤其在物欲横流、追求利益的时代。在知人用人方面更要谨慎，很多人的道德底线较低，一味地追求金钱，追求享乐，人前一套人后一套，表面光鲜，背后的私生活却糜烂不堪。所以，如果在这样的社会能够谨守道德底线，能够树立正确的人生观和价值观，确立正确的立身处世之道，永远不在道德上犯错，做任何的事情都能无愧于自己的内心，无愧于所遇到的人或事，那么也算得上是德才兼备的人。

"夫察形许不如论心……则不害为小人。"这几句意引于《荀子·非相》，这是荀子对于相面之说的驳斥。荀子认为，观察人的相貌来判断一个人的吉凶、善恶，古代没有人做这种事，有学识的人也不把这当回事。面相与人的凶吉、善恶并无相干，关键在于人的思想以及处事之道。倘若人的思想和立身处世之道是正确的、善的，那么形体相貌即使丑陋也不会妨碍他成为君子；反之，即使形体相貌好看，但思想与立身处世方法错谬、丑恶，也不能避免他成为小人。诚然，在现实社会中人都习惯以貌取人。然而人的相貌是先天的，个人无法选择，倘若凶吉、善恶是按照面相而定，那么对人就无公平可言。但是，谁都知晓人的思想和立身处世之道是后天的，是人可以自主选择的，也是可以教化的。只要内在的生命是纯真圣洁的，行为是正直善良的，那么外在的相貌丑陋又何妨呢？反之，倘若外表俊美，但内心却污秽肮脏，行为也诡诈恶毒，又有何益呢？所以，作者强调知人的重点是察人的思想品德和实际为人处世的行动，而不是形体相貌。

最后，作者指出要以德取人，不以貌取人，经多方考察，便可知人，这是治国安邦最古老最重要的知人之术。

◆ 注解：

[1]有才有德者……故岂来害也：这几句源于《资治通鉴·周纪一》，"臣光曰：智伯之亡也，才胜德也。夫才与德异，而世俗莫之能辨，通谓之贤，此其所以失人也。夫聪察强毅之谓才，正直中和之谓德。才者，德之资也；德者，才之帅也。云梦之竹，天下之劲也，然而不矫揉，不羽括，则不能以入坚。堂溪之金，天下之利也，然而不镕范，不砥砺，则不能以击强。是故才德全尽谓之圣人，才德兼亡谓之愚人，德胜才谓之君子，才胜德谓之小人。凡取人之术，苟不得圣人、君子而与之，与其得小人，不若得愚人。何则？君子挟才以为善，小人挟才以为恶。挟才以为善者，善无不至矣；挟才以为恶者，恶亦无不至矣。愚者虽欲为不善，智不能周，力不能胜，譬如乳狗搏人，人得而制之。小人智足以遂其奸，勇足以决其暴，是虎而翼者也，其为害岂不多哉？夫德者人之所严，而才者人之所爱。爱者易亲，严者易疏，是以察者多蔽于才而遗于德。自古昔以来，国之乱臣，家之败子，才有余而德不足，以至于颠覆者，多矣，岂特智伯哉？故为国为家者，苟能审于才德之分，而知所先后，又何失人之足患哉？"

译文：臣司马光说：智伯的灭亡，是因为才能超过了道德。才能与道德不同，而世俗的人们不能分辨他们，笼统地称为贤，这是他们错用人才的原因。聪明、明察、刚强、果决被称为才，正直、公道、平和待人被称为德。才能，是道德的辅助；道德，是才能的统帅。云梦的竹子，是天下最强劲的，然而不矫正，不在箭的末端加羽毛，就不能作为利箭穿透坚硬的东西。棠溪的金属，是天下最锋利的，然而不熔炼浇铸，不用磨石打磨，就不能作为兵器击穿强韧的东西。因此，才能和道德都达到极限的称为圣人，才能和道德都没有的称为愚人，道德超过才能的称为君子，才能胜过道德的称为小人。选取人才，如果不能得到圣人、君子来委任，与其得到小人，不如得到愚人。为什么呢？君子持有才能来做好事，小人持有才能来做坏事。持有才能来做好事，好事没有做不到的；持有才能来做坏事，坏事也没有做不到的。愚人即便想做不好的事，智慧不能够周全，力量不能够胜任，就像小狗咬人，人能够制服它。小人的智慧足以完成他的邪恶，勇力足以发泄他的暴虐，就像是老虎又多了双翼啊，他们做的坏事难道不会更多吗！有道德的人是人们所畏惧的，而有才能的人是人们所喜爱的。人们喜爱的人容易亲近，人们畏惧的人容易疏远，因此考察的人经常被才能蒙蔽而将道德忽视。自古以来，国家的乱臣，家族的败类，才能有余而道德不足，以至于覆亡的有很多啊，难道仅仅是智伯吗？因此治理国家、家族的人，如果能知道才能和道德的区别，并且知道两者的先后，错用人才又怎么会值得忧患呢？

[2]古代君子察人时……在明处也：这几句源于《庄子·杂篇·列御寇》，孔子曰："凡人心险于山川，难于知天。天犹有春秋冬夏旦暮之期，人者厚貌深情。故有貌愿而益，有长若不肖，有慎狷而达，有坚而缦，有缓而悍。故其就义若渴者，其去义若热。故君子远使之而观其忠，近使之而观其敬，烦使之而观其能，猝然问焉而观其知，急与之期而观其信，委之以财而观其仁，告之以危而观其节，醉之以酒而观其侧，杂之以处而观其色。九征至，不肖人得矣。"

译文：孔子说："人心比山川还要险恶，了解人心比了解天理还要难。自然界尚有春夏秋冬和早晚变化的周期，可是人外表淳厚，情感深藏。有的人貌似老实却内心骄慢，有的人貌似长者却心术不正，有的人外表急躁却通达事理，有的人外表坚韧而内心涣散，有的人表面舒缓却内心强悍。所以有的人追求仁义犹如口渴思水般迫切，但抛弃仁义时也像逃离火烧般急切。因此君子，要让他去远处任职来观察他是否忠诚，让他就近办事而观察他是否恭敬，给他纷乱的事务观察他是否有能力，突然提问他以观察他是否有智慧，给他期限紧迫的任务来观察他是否守信，把财物托付给他以观察他的仁德，把危难告诉他来观察他是否有节操，用醉酒的方式观察他的仪态，用男女杂处的办法观察他对待女色的态度。上述九种证验，就可以挑拣出内外不符的人了。"

[3]夫察形许不如论心……则不害为小人：这几句源于《荀子·非相》，相人，古之人无有也，学者不道也。古者有姑布子卿，今之世梁有唐举，相人之形状颜色，而知其吉凶妖祥，世俗称之。古之人无有也，学者不道也。故相形不如论心，论心不如择术；形不胜心，心不胜术；术正而心顺之，则形相虽恶而心术善，无害为君子也。形相虽善而心术恶，无害为小人也。君子之谓吉，小人之谓凶。故长短小大，善恶形相，非吉凶也。古之人无有也，学者不道也。

译文：观人相貌来推断人的吉凶祸福，古代的人没有这种事，有学识的人也不屑谈论这种事。古时有个人叫姑布子卿，当今之世，梁国有个人叫唐举，看人的形体容貌就知吉凶祸福，世俗之人称赞他们。古代的人没有这种事，有学识的人也不屑谈论这种事。所以，观察人的相貌不如考察他的思想，考察他的思想不如鉴别他立身处世的方法。相貌不如思想重要，思想不如立身处世方法重要。立身处世方法正确而思想又顺应了它，那么形体相貌丑陋而思想和立身处世方法是好的，不会妨碍他成为君子；形体相貌即使好看而思想与立身处世方法丑恶，不能掩盖他成为小人。君子可以说是吉，小人可以说是凶。所以高矮、大小、美丑等形体相貌上的特点，并不是吉凶的标志。古代的人没有这种事，有学识的人也不屑谈论这种事。

用人章

巧匠削木于无为，斧行处有为[1]。君王治事于无为，举贤于有为。故天子之职者，在于用一大臣，己能则臣能，如此，则为王[2]。古代君子依礼举人，依礼贬人。今时君子，举人如使坐于膝，贬人同陷深渊中[3]，此者，取人其不准也。子路对孔子问话："贤君治国时，何必为先？"孔子说："在于钦重贤人使不贤贱之。"子路曰："晋国六卿中，中行人钦重贤人，使不贤贱之，中国亡者，何故？"孔子曰："中行人钦重贤人，时不能用，不贤，使贱时不能贬。贤者自知不用之，故生怨；不贤者自知使贱之，故生仇。国内仇怨并存，外因邻国兵攻，则欲不亡国，亦岂有可得[4]？"子瞻生前曰："君子小人者，譬如水火，必定莫使投同器。若平时用，则小人必定胜也。譬香草与臭菜置一处时，乃至香草亦犹成臭谓。故天子者，随心不行他职，惟君子小人应以区分远近也。此者，天子之职也。君子与小人同处，则其势必定不等。君子不胜，则以护身自退，以乐道无怨。小人不胜，则合力相寻，宣讲是非，必定至于胜，然后心停。如此，则求天下不乱，亦不可得也[5]。"故刘向说："天子其举贤者，知后应用，用后应保，保后应信，信后应使与小人不共事[6]。此其举贬用人者，是治之大本谓。"

浅析：

此章主要讲如何用人的问题。依"无为"和"有为"的辩证关系，物各有短长、人各有优劣之理，阐述了王者就是能选贤任能帮助自己处理政务，然后实现大治的人。强调君主要无为而治，礼贤下士、举贤任能，任用或贬退时都要以礼相待。治国理政的关键在于举贤任能，聚才备才，为官择人，以人兴国，以才治政。有贤德的人一定要重用，没有贤德之人一定要贬退。将准确辨别君子和小人为己任，进而任用与黜退他们。最后再次强调君主最重要的品质是辨识贤才，委以重任，并且充分地相信他们，肃清小人的干扰。

"巧匠削木于无为。斧行处有为。"这几句意引于刘向《说苑·杂言》，此句讲"无为"和"有为"的辩证关系。俗语说"尺有所短，寸有所长"，物各有短长。人也如此，彼此都有可取之处。这里讲的"无为"，并不是指不做任何事情，而是指以柔性、自然的方式与外界互动，顺应事物的本然规律，是强调君道要"无为"。为君者、上位者要以一种宽松、放下个人欲望和执着的态度对待臣子，懂得放手、放权的"无为"。主要把握治国策略，理政原则，任用百官，而非事必躬亲。要明白其中的道理，做该做的事情，把该做的事情做成，做到极致；不该做的事情就不要做，该谁做就让谁做，各就其位，各得其所，以制度机制建设保障带来社会秩序的稳定和和谐。这里讲的"有为"，是指主动、积极地干预和努力改变事物的状态。人们通过自身的意识和努力、意愿和行动来实现目标和改变现实。他强调臣道要"有为"，作为臣子不能拿己之短比别人之长，妄自菲薄；更不能拿己之长比别人之短，狂妄自大。要学会取长补短，从各方面来完善自己，发挥自己的擅长，挖掘自己的潜力，积极地去做那些对自己、对他人、对社会有益的事情。它要求臣子要有担当精神，需要主动出击，勇敢面对挑战，大胆地去追求自己的目标，为社会的发展贡献自己的力量，并且在行动中不违背自己的底线和原则。"无为"和"有为"的辩证关系强调适度原则，都需要根据具体情况来判断何时应该放手让事物自然发展（无为），何时应该由谁来采取行动（有为）。

"君王治事于无为……则为王。"这几句是刘向《说苑·君道》中"王者何以选贤？……设四佐以自辅"这一段的概括，阐述了什么是王者？王者就是能选贤任能帮助自己处理政务，然后实现大治的人。这里仍然强调的是君主要无为而治。无为而治不是什么事也不做，而是要选贤任能、依法赏罚——这才是"大道之行"的治世。君主就算像尧舜那么英明神武，如果没有人辅佐他，那么他的那些好的政策也没办法得以实现。所以，身居高位的明君都非常重视发掘人才，用来帮助自己处理政务，让人才主动地发挥自己的聪明才智，执行并落实好的治国策略，则国家可以大治。所以，治国需先用人，用合适的人才，且要人须尽其才，有忠心还需有才能，才能毕其事功。这就要求君主本身成为圣君贤王，在道德仁义等各方面，成为天下人的楷模。

"古代君子依礼举人……贬人同陷深渊中。"这几句意引于《礼记·檀弓下》，此段话通过古今君主对待大臣的不同态度，以此阐述明君主要礼贤下士、举贤任能，任用或贬退时都要以礼相待。古代君主，在用人时是以礼相待，不用时也是如此，因此才有为旧君反服之礼。现在的君主，用人时对其宠爱有加；不用时，就将其推入万丈深渊，置于死地。这样做臣子不率军讨伐就已经很好了，何谈为其反服呢？君臣关系，儒家一向主张君恩臣义，比如孔子曾经说过："君使臣以礼，臣事君以忠"。孟子说得更为直白："君之视臣如手足，则臣视君如腹心；君之视臣如犬马，则臣视君如国人；君之视臣如土芥，则臣视君如寇仇。""礼"是人与人之间交往时的言行规范，一是表示人与人之间的相互尊重，二是保持人与人之间适当的距离。作为君主用人时，若高高在上，不以礼待臣，不讲原则，感情用事，对臣子的爱憎态度，全凭自己的好恶来决定，爱之欲其生，恶之欲其死。那么，他手下也就不会有忠心耿耿的大臣，只有逢场作戏的演员，演好戏，谋私利。因此，君主有道，则上下和睦，国家兴盛；君主失道，则上下离乱，民不聊生。只有君主率先修道，践行仁义礼智道德内涵，则君主自身和整个国家才会有和谐、稳定以及不断提升的希望。

"子路对孔子问话……亦岂有可得。"这几句意引于《孔子家语·贤君》，主张君主治国理政务在举贤任能，聚才备才，为官择人，以人兴国，以才治政。有贤德的人一定要重用，没有贤德之人一定要罢免，这才是真正的尊贤举贤。《群书治要·典语》中说："敬一贤则众贤悦，诛一恶则众恶惧。"就是说尊敬一个贤德的人，会使很多有贤德的人都高兴；诛杀一个恶人，所有的恶人也都会感到畏惧。也就是说，治理国家要做到赏罚分明，是贤德之人就要赏，是不肖之人就要罚，不能是非不清、黑白不分。否则，贤者得不到激励和提拔，不肖者也得不到警戒或罢黜，那就等于贤能者和不肖者所受的待遇相差无几。这样，贤德之人因没有被重用而产生怨恨；不肖之人深知自己不会被亲近重用，还加以轻贱、鄙视，因而结下仇恨，就会伺机报复，后果将不堪设想。中行氏的事例，就充分说明中行氏虽能分辨贤与不肖，却不能善加运用，内忧外患，这样的国家很难兴盛，必然会导致败亡。最后使自身逃亡国外，有此结局实令人叹惋！

"君子小人者……亦不可得也。"这几句意引于苏轼《富郑公神道碑》，论述了君子与小人的本质区别，二者水火不相容。然后指出君主的职责就是辨别君子和小人，进而任用与黜退他们。在中国封建帝制时代，君子居于上者少，小人居于上者多。何故？君子务实，小人务虚，实者深沉于下，虚者漂浮于上。君子忙于军国大事，心系民生，忙于正事，或忙于学问，皆实实在在做事；小人忙于人事关系，忙于利己，觊觎高位，苦心钻营，以构陷清白良善为乐事，故小人居于上者多。君子之所以斗不过小人，是因为：君子坦荡荡，讲正理，讲道义，言行一致，襟怀坦荡，追求和谐，老实做事；小人长戚戚，说歪理，讲势利，阳奉阴违，鼠肚鸡肠，存心捣乱，弄虚作假。君子总在明处，唯理是求，顾全大局，严于律己，不记人过，顾及脸面，做事适可而止，温和如三春暖风；小人常在暗处，拉帮结派，只顾己私，暗算他人，与人交恶，不计影响，遇事揪住不放，阴险如冬日严霜。所以，若小人居至上，惺惺惜惺惺，小人用小人，适其羽翼丰满，志得意张，往往过河拆桥，助纣为虐。则君子失路，报国无门，空自叹息而已。各朝各代有正人君子受到迫害，都不奇怪，他们遇到的不是昏庸的君主，就是极端专制、不容有异议的执政者。由此富弼上言："天子没有什么职务内的事情，只有辨别君子和小人，进而任用与黜退他们，这就是天子的职务。君子和小人一起相处，君子的势力一定不会胜。君子不胜，就洁身而退，乐于正道无怨恨。小人不胜，就互相勾结，挑拨煽动散布谣言，千方百计一定要获胜才肯罢休。小人得志，一定会放肆毒害善良人，希望天下不乱，是不可能的。"

"天子其举贤者……信后应使与小人不共事。"这几句意引于刘向《说苑·尊贤》，强调君主最重要的品质是辨识贤才，委以重任，并且充分地相信他，黜退小人的干扰。作为君主要强国富民，成就帝业，首先在于用贤，任用贤才帮助自己治理国家。而用贤则有知、用、任、信、亲五项要领。不知道谁是贤人，就没有得力的助手来辅佐；知道了谁是贤人，却不起用他；起用了贤人，却不委以重任；对所用贤人委以重任，却不相信他；相信且委以重用贤人，却还让小人参与其间。这五点有机结合、彼此制约、环环相扣、缺一不可。君主在任何一个环节上做得不到位，就很难达到选贤任能的预期效果，进而妨碍君主的帝业。君主之所以要尊敬贤才、尊重下属，并信任他们，就是让他们充分发挥自己的聪明才智帮助自己治理国家。若君主多疑，事必躬亲，不想真正让臣子放手去做事，反而给予过多的干预，结果臣子就不再思考如何治国理政，而是思虑如何博得君主的欢心。他们不是琢磨事，而是在琢磨人。想方设法地投君主所好，谋求高官厚禄。或者，虽重用贤才，贤才竭心尽力制定的一些策略和办法往往是不同寻常，这是世俗之人不能理解、不能接受的。贤才常常会被小人所嫉妒，事情还没有施行，或者还没有做完，小人就来谗毁、诽谤，甚至暗地里用尽心机阻挠、破坏，导致君主对贤才有猜疑之心，最终被罢免。君主只有认识到贤才对于国家强盛的重要性，并为如何更好地实现人尽其才、才尽其用，表明自己的主张、远见，将贤才问题具体化、系统化，才能使君主帝业繁荣昌盛，永立不败之地。

最后指出，以此来举贤任能，或贬退小人，才是治国理政的根本。

◆ **注解：**

[1]巧匠削木于无为，斧行处有为：这几句源于刘向《说苑·杂言》，甘戊使于齐，渡大河。船人曰："河水间耳，君不能自渡，能为王者之说乎？"甘戊曰："不然，汝不知也。物各有短长，谨愿敦厚，可事主不施用兵；骐骥、騄駬，足及千里，置之宫室，使之捕鼠，曾不如小狸；干将为利，名闻天下，匠以治木，不如斤斧。今持楫而上下随流，吾不如子；说千乘之君，万乘之主，子亦不如戊矣。"

译文：甘戊出使齐国，要渡过一条大河。船夫说："河面很窄，你都不能靠自己的力量渡河，能够替国君去游说吗？"甘戊说："不是这样的，你不了解这其中的道理。事物各有长处和短处，恭谨而又忠厚老实的臣子，可以辅助君主，但是不能够带兵打仗；千里马可以日行千里，而把它们放在家里，让它们去捕老鼠，还不如小猫；干将这样锋利的宝剑，天下闻名，可是工匠用它来砍木头，还不如斧子。如今你用桨划船，顺着水势前进，我不如你；游说小国、大国的君主，你也比不上我了。"

[2]君王治事于无为……则为王：这几句是刘向《说苑·君道》下面一段的概括，汤问伊尹曰："三公、九卿、二十七大夫、八十一元士，知之有道乎？"伊尹对曰："昔者，尧见人而知，舜任人然后知，禹以成功举之。夫三君之举贤，皆异道而成功，然尚有失者，况无法度而任己，直意用人，必大失矣。故君使臣自贡其能，则万一之不失矣。王者何以选贤？夫王者得贤材以自辅，然后治也，虽有尧舜之明，而股肱不备，则主恩不流，化泽不行。故明君在上，慎于择士，务于求贤，设四佐以自辅。有英俊以治官，尊其爵，重其禄。贤者进以显荣，罢者退而劳力。是以主无遗忧，下无邪慝，百官能治，臣下乐职，恩流群生，润泽草木。昔者虞舜左禹右皋陶，不下堂而天下治，此使能之效也。"

译文：商汤问伊尹："有没有办法知道三公、九卿、二十七大夫、八十一元士等职位的合适人选？"伊尹回答说："从前，唐尧通过见面就能知道某人的才能，虞舜是任用一段时间后能知道某人的才能，大禹则是根据政绩结果选拔人。这三位君主采用不同的方式选拔人才都成功了，但依然有不足，更何况不依法度而单凭自己主观意愿去用人，一定会有重大失误的。因此，君主应该让他的下属自己贡献他们的才能，这样才不会有任何失误。做君主的为什么要选用德才兼备的人呢？因为君主只有得到贤能之士来辅佐自己，才能治理天下。不然的话，即使有尧、舜那样的英明，而没有像大腿和胳膊一样的重臣，那么君主的恩德也就不能传布，教化惠泽也就不能施行。所以英明的君主在位，应谨慎地挑选官吏，务必求得贤才，设置四位大臣来辅佐自己。让才智卓越的人来管理各种机构，要使他们的爵位尊荣，给他们的俸禄优厚；对德才兼备的人要任用并使他们显赫荣耀，对行为不端的人要黜退他们，让他们去从事劳作。这样，君主就不会留下忧患，臣民中就不会有奸邪，百官能理事，臣下乐于尽职，恩泽遍布众生，滋润草木。从前，虞舜左有大禹，右有皋陶，不下朝堂而天下治，这就是任用贤能的效果啊！"

[3] 古代君子依礼举人……贬人同陷深渊中：这几句源于《礼记·檀弓下》，穆公问于子思曰："为旧君反服，古与？"子思曰："古之君子，进人以礼，退人以礼，故有旧君反服之礼也；今之君子，进人若将加诸膝，退人若将坠诸渊，毋为戎首，不亦善乎！又何反服之礼之有？"

译文：鲁穆公向子思请教说："如果故国的君主去世了，大夫回国奔丧为旧主服齐衰三月，这是从古至今就有的礼仪吗？"子思说："古代君主，在用人时是以礼相待，不用时也是如此，因此才有为旧君反服之礼。现在的君主，用人时对其宠爱有加；不用时，就将其推入万丈深渊，置于险地。这样做臣子不率军讨伐就已经很好了，何谈为其反服呢？"

[4] 子路对孔子问话……亦岂有可得：这几句源于《孔子家语·贤君》，子路问于孔子曰："贤君治国，所先者何？"孔子曰："在于尊贤而贱不肖。"子路曰："由闻晋中行氏尊贤而贱不肖矣。其亡何也？"孔子曰："中行氏尊贤而不能用，贱不肖而不能去。贤者知其不用而怨之，不肖者知其必己贱而他之。怨他并存于国，邻敌构兵于郊，中行氏虽欲无亡，岂可得乎？"

译文：子路问孔子说："贤明的君主治理国家，首先要做的是什么呢？"

孔子说："在于尊重贤人而轻视不贤的人。"子路说："我听说晋国中行氏尊重贤人而轻视不贤的人，他为什么灭亡了呢？"孔子说："中行氏尊重贤人却不重用他们，看不起不贤的人却不能黜退他们。贤人知道自己不被任用而怨恨，不贤之人知道自己被看不起而仇恨。怨恨和仇恨的人同时存在于国内，邻国的军队又集聚于郊外，中行氏即使不想灭亡，能够做得到吗？"

[5]君子小人者……亦不可得也：这几句源于苏轼《富郑公神道碑》，公性至孝，恭俭好礼。与人言，虽幼贱必尽敬。气色穆然，终身不见喜愠。然以单车入不测之虏廷，诘其君臣，折其口而服其心，无一语少屈，所谓大勇者乎！其好善疾恶，盖出于天资。常言："君子小人如冰炭，决不可以同器。若兼收并用，则小人必胜。薰莸杂处，终必为臭。"其为宰相及判河阳，最后请老家居，凡上三章，皆言："天子无职事，惟辨君子小人而进退之，此天子之职也。君子与小人并处，其势必不胜。君子不胜，则奉身而退，乐道无门。小人不胜，则交结构扇，千歧万辙，必胜而后已。小人得胜，必遂肆毒于善良，无所不为。求天下不乱，不可得也。"

译文：富公本性为人非常孝顺，谦恭节俭喜好礼节。和人谈话，即使是对年纪小、地位低微的人也竭尽恭敬。他的精神和面色谦和恭敬，一生没有看到他将高兴和恼怒表现在脸上。 然而他凭轻车简从深入不可预料的敌国朝廷，责问敌国君臣，挫败他们的言辞，折服他们的内心，没有一句话稍微屈服，这就是所谓的大勇啊！他崇尚美善，憎恨丑恶，大概出于与生俱来的天赋。常言说："有道德修养的人和品行不好的人如同冰和炭火一样不相容，决不能放在同一个器具里。假如将君子和小人全都吸收并且任用，那么小人则一定取胜。又如香草和臭菜混杂在一起，最终香草一定也成为臭味。"富公先后担任宰相及河阳通判，最后年迈请求退休居家养老，总共向皇帝上奏折三篇。都说："天子没有什么职务内的事情，只有辨别君子和小人进而任用与黜退他们，这就是天子的职务。君子和小人一起相处，君子的势力一定不会胜。君子不胜，就洁身而退，乐于正道无怨恨。小人不胜，就互相勾结，挑拨煽动散布谣言，千方百计一定要获胜才肯罢休。小人得志，一定会放肆毒害善良人，希望天下不乱，是不可能的。"

[6]天子其举贤者……信后应使与小人不共事：这几句源于刘向《说苑·尊贤》，昔桓公问于管仲曰："吾欲使爵腐于酒，肉腐于俎，得无害于霸乎？"管仲对曰："此极非其善者；然亦无害于霸也。"桓公曰："何如而害霸？"管仲对曰："不知贤，害霸；知而不用，害霸；用而不任，害霸；任而不信，害霸；信而复使小人参之，害霸。"桓公："善。"

译文：过去，齐桓公对管仲说："我想使酒在酒器中变坏，肉在砧板上腐烂，这样做该不会妨害称霸吧？"管仲回答说："这样做不好，但也对治国也无害。"齐桓公问："那么什么会危害称霸呢？"管仲回答说："不能识别贤才，有损于霸业；知道是贤才而不能恰当地任用，有损于霸业；任用了又不肯信任，有损于霸业；信任而又让小人从中掺和，有损于霸业。"齐桓公说："好。"

立政章

司马温公曰："治成用道者有三种：一者依官举人，二者赏赐用信，三者治罪不赦[1]。""其行准，则能保治，能保安，能保得也。不准，则至于乱，至于危，至于亡也[2]。""若内外百官各自得人，贤能举之，不贤除之，正直近之，佞伪贬之，则天下何不安也。若当官者小人众多，贤者除之，不贤举之，正直贬之，佞伪近之，则天下何不乱也。凡赏者非以私喜给，罚者非以私怒判。赏与时必应使有勤，判罚时必应使有禁，则天下何不安也。若喜时妄对他给赏，怒时妄对他判罚，无功处赏至，无罪处著罚，则天下何不乱也。如此，则其安乱者不在于他，惟在于天子之随心治也[3]。"复说："夫对下治理其道者，恩过则骄，著骄则无处不以威压。威过则生怨，怨则惜无处不恩施。圣人以恩威道对其臣民监治，譬天地之有阴阳也，犹不可绝。夫恩者，望人与己亲近，中亦有生怨时；威者，望人对己令畏，中亦有生松时。小人之性者，恩过则骄，著骄时督，则生怨也。若禄位赏赐妄至于他，则其数同类皆说：'我与彼才同，功亦等同，彼得中，我独不得者，何故谓？'一恩行，故招来所为众怨之。故恩者，其有时生怨也。极威太过，则他不可容受。刑罚琐碎，则不至于妄罪，其数同类皆说：'此过者，谁人不犯，其人当不赦，则后将至于我谓。'尔时，穷迫以思乱。为帝者亦恐乱生谓，故小慈测想。此故，初因虽极威也，而结尾至于源也。故威者起源时就有也[4]。"又说："天子其治心有三种要：一者谓仁，二者谓明，三者谓武。仁者，并非一时小慈之谓，修政治，变教化，兴生万物为治，养育百姓者，帝之仁也。明者，并非小智爱察之谓，知道义，识安乱，晓慧愚，使区分是非明者，帝之明也。武者，并非粗刚勇健之谓，惟道依策，断时不疑，不能使以伪诈迷，不能以谗言变易者，帝之武也[5]。"昔齐威王以令召即墨城内大夫们训话："汝生乃居于即墨城，说谤言者乃每日来，我令使人往视，开拓田野，庶民富足，官无争战事，东方安居。此者，汝对我于左右不避，不求后祐者故也谓。"因此，所赐万户食邑。令召讹城内大夫们训话："汝乃生居于讹城，说誉言者乃每日来，我令使人往视，不开拓田野，庶民贫饿。原先在赵国起兵来攻，汝不来救。在卫国来凌地，汝当不知。此者，汝对我左右处暗受贿，以置词誉者，乃求被用谓。"此日，先令对讹大夫受重刑，亦于左右誉者皆摊罪。尔时，众臣皆所恐惧，不敢为私诈，皆亦所为忠信诚实。齐国大安，天下皆胜强势[6]。此赏罚者，君王之大事，已至先处也。故古语中说："有功不给赏，有罪不决断，则虽是尧舜，亦不能为治中，更他人乎谓[7]？"

德行集　终

印校发起者，番大学院择清学士
讹藏信明
印校发起者，番大学院正学学士
跋奴文保
印校发起者，番大学院正学学士
节亲文高

浅析：

此章主要讲君主如何治国理政的问题。指出了君主治国理政的关键就是用人。如何用人，用什么样的人，决定了一个政权的发展方向、发展潜力、未来的兴衰，也体现了执政者的胸怀和魄力。指出君主对用人"三大法宝"（依官举人、赏赐用信、治罪不赦）执行情况的不同，导致不同的结果。强调国家太平与危亡的关键，一是如何选拔使用人，二是奖赏与处罚要分明。同时要求君主在治理天下时要恩威并施，将激励与惩罚协调统一，坚持公平与公正，防止各级官员产生无为的攀比，影响社会风气与和谐。同时，君主要明确知晓加强自我的修心养性，增强内在素质及能力的三个方面——仁、明、武。以"烹阿""封即墨"的历史故事，揭示一条治国真理：只有求"真"打假，人民才能团结，生产才能发展，国家才能富强，民族才能振兴。最后再次强调"赏"和"罚"在治国理政中是导向，是风向标，具有极其重要的作用。

"治成用道者有三种……三者治罪不赦。"这几句意引于司马光《进修心治国之要札子状》，提出了君主的治理方式，其关键就是"用人"。人才的向背决定国家的兴衰。如何用人，用什么样的人，也就决定了一个政权的发展方向和发展潜力，以及它未来的兴衰，也体现了执政者的胸怀和魄力。在中国封建社会，要想把国家治理好，并没有其他复杂的方法，君主需要用心掌握这治国用人的"三大法宝"就可以了。首先是依官职选人用人。为政之要在于得人，得人之要在于度才而授任，量能而任职，各用其所长，使人尽其才，才尽其用，而不求全责备。其次是信赏，有能力的给他空间，做得好的要给予奖赏，有功则加赏，得过且过则鞭策。第三是必罚，在出现错误的时候立即进行制止，做得不好的要施加惩罚，无功则降黜，有罪则刑诛。赏罚制度是激发人才积极性、约束人才不当行为的最重要的手段。有功不赏，则必导致有功者心寒。而无功亦赏，也会导致有功者心理不平衡，挫伤积极性。同时，赏罚要做到公平公正，不能仅根据远近亲疏来论功行赏。行赏时不遗忘疏远的人，处罚时不宽恕亲近的人，封爵不允许无功者取得，刑责不因为是权贵而免除。

　　"其行准……至于亡也。"这几句意引于司马光《进修心治国之要札子状》，主要强调君主对治国用人"三大法宝"执行情况的不同，导致不同的结果。在选人用人上，"三大法宝"实行得妥当，那么就能保证你国家的治理，能保证你国家的安定，能保证你国家的长存；如果实行得不妥当，那么就导致国家的动荡不安，导致国家的危险境地，还可能导致国家的灭亡。权力的行使，道路的选择，都是由君主自己所主宰的。因此，能够胜任君主，在于君主极贤明，能够贤明在于极公正，这是因为贤明的君主善于用人。同时，君主在治国理政时还需要头脑清醒，做出重大决策需要慎重，日常生活中时刻保持警惕，居安思危，防患于未然。那么国家就会繁荣昌盛，永保太平。

　　"若内外百官各自得人……惟在天子之随心治也。"这几句意引于司马光《上皇太后疏》（嘉祐八年四月十三日），它强调国家太平与危亡的关键，一是朝廷内外各级官员如何选拔使用人，二是奖赏与处罚要分明。治国理政，人才为要。把人才的推荐、选拔、使用作为重中之重，得人才者兴，失人才者亡，人才是事业发展最宝贵的财富。招贤纳士各级官员态度要真诚，要任能选才，举亲不避贤，举贤不避亲，要做到公平公正，才能激发人才归附的巨大内驱力，才能激励广大人才为国贡献聪明才智。如果朝廷内外各级官员能够选贤任能，黜奸退庸，亲贤臣，远小人，各自选择好自己任用的人，那么天下就会安定。反之，天下就会处于危险境地。激励人才常用的手段就是赏罚。赏罚的目的是做给别人看的，以儆效尤，让非赏罚目标收敛，不敢违反制度，让各级官员不敢偷懒，积极进取。所以，赏罚必须分明，出自公心，要敬畏赏罚这个武器，不能私用。只有赏罚分明，团队才有凝聚力、竞争力和良好的工作氛围。只有出自公心，内心才不会有愧，才能服众。赏者真心，受者真情。赏罚严明，赢得民心。贤明的君主施行赏罚，一定会做到赏罚分明，公平公正，言出必行。不因喜爱而无原则地不加节制地奖赏，不因恼怒而就荒谬不合理地惩罚。奖赏一定要有使其勤勉努力，处罚一定要有使其克制警戒，那么天下就会安定太平。若奖赏给予没有功劳的人，惩罚给予没有罪过的人，那么天下官员就会出现躺平现象，得过且过，消极敷衍，社会秩序就会逐渐出现混乱。

因此，国家的太平与危亡、安定与动乱不在于其他原因，而在于君主如何治理罢了。

"夫对下治理其道者……故威者起源时就有也。"这几句意引于司马光《上皇太后疏》（嘉祐八年四月十三日），主要强调君主在治国理政时要恩威并施，将激励与惩罚协调统一，坚持公平与公正，防止各级官员产生无谓的攀比，影响社会风气与和谐，从而激起官场内部嫉妒、仇恨等一些人性中丑陋东西的泛滥。对国家政策方针执行力的高低，很大程度上取决于下级官员对上级乃至君主激励（施恩）的感知，以及在激励的过程中，坚持程序公正与结果公正相统一，保证在整个过程中法度一致。在激励内容上，坚持物质激励与精神激励相统一。在激励对象上，坚持全面激励与重点激励相结合。全面激励意味着组织成员利益均沾，重点激励则能够以点带面，起到示范、鞭策效应。激励通常是在一定约束（威严）条件下的激励，而约束往往又是建立在激励基础上的。恩惠，是想用财物使他人亲近自己，有时候反而使他产生怨恨；威严，是想用威势使他人敬畏自己，有时候反而产生怠慢。若君主施恩过分就会使受恩惠者产生骄横，产生骄横就不能不以威严来禁戢他的骄横；威严过分反过来导致产生怨恨，产生怨恨就不能不施舍他恩惠。若激励与惩罚不能协调统一，二者将形成恶性循环。施恩与威严并用的方法，是圣人管理天下统治大众的法宝，犹如天地间有阴阳，使万物损己致虚，反而能得到益处，不失中庸之道，才形成万物。但激励与惩罚稍有不公时，将会激起下属的攀比，特别是那些小人，盲目地、不切合实际地与周边的人攀比，从比较中寻求认同感、优越感、成就感、幸福感。从而是价值观扭曲，不珍惜拥有，不知足，只想获得更多，甚至产生自卑心理，出现一系列负面情绪，例如嫉妒、仇恨、感到社会不公。当这样的小人越来越多时，整个社会风气都会受到影响，社会成员会变得更加崇尚功利和市侩化。拜金主义、嫉妒、仇恨等一些人性中丑陋的、糟粕的东西就会沉渣泛起，影响社会的文明进步与和谐。因此，激励一定要给予有功劳的人，而惩罚一定要给予那些有罪过的人。只要做到激励与惩罚公平公正，即使激励非常丰厚而别人不敢嫉妒，即使惩罚非常重而别人不会怨恨。

　　"天子其治心有三种要……帝之武也。"这几句意引于司马光《初除中丞上殿札子》(又名《作中丞初上殿札子》司马温公文集卷三十八),主要强调君主修养身心,增强内在素质及能力的三个方面——仁、明、武。所谓人君的"仁",不是和颜悦色,无原则地宽恕别人,而是学习研究维护统治、社会治理的行为能力,是讲修政治、兴教化、育万物、养百姓。实际上就是讲政治影响力,让老百姓肯跟着你走。"修政治,兴教化"是指人君把握政治方向的能力,和用理想信念动员群众的能力;"育万物,养百姓"是指在国家建设中,做到经济与社会全面协调发展的能力,以及为黎民百姓谋幸福,让百姓看得见增长、感受得到实惠的能力。这种仁政,给老百姓带来的不仅是物质财富的小康,还有礼乐文明的精神富足,从而把社会治理得和谐美好。所谓人君的"明",不是繁杂苛细,侦视观察别人的行为,而是知道义、识安危、别贤愚、辨是非,是指判断决策能力,前瞻的战略意识和风险控制意识,对人才的判断能力和做事是非曲直的判断能力。"知道义,识安危",是对发展战略的前瞻性把握,包括对事物性质的判断,危机意识和风险意识的管控。"别贤愚,辨是非",是指对人才的识别能力、是非曲直的判断能力。换句话说,"明"实际上就是指人君集思广益的决策能力、判断能力。所谓人君的"武",不是刚愎自用,粗暴残酷,而是只要真理存在,决断后不怀疑的战略定力,是执行时勇往直前的坚定信念,是不能被阴险狡猾的人迷惑,不能被花言巧语的人改变主意,抵御各种诱惑、欺骗的能力,是贯彻落实既定决策的能力。由于人君手中掌握至高无上的权力和普天下的资源,各种巴结谄媚、讨好逢迎扑面而来,很难听到真话。在治国理政时,是否能不为所动,把持住自己,坚守原则和底线,这需要"武"的品质。人君在这三个方面都兼备了,国家就强大了,缺一个衰,缺两个危,缺三个国家就会灭亡。

　　"昔齐威王以令召即墨城内大夫们训话……天下皆胜强势。"这几句意引于司马迁《史记·田敬仲完世家》,这是一个"信赏必罚"的历史故事,它揭示了一条真理:只有求"真"打假,人民才能团结,生产才能发展,国家才能富强,民族才能振兴。这个故事中蕴含治国理政的技巧和哲学思维,也告诉我们人性的丑恶和善良存在于人类社会发展的各个阶段。我们从中可以感觉到，在齐威王执政初期，齐国王朝中央的腐败现象是严重的，国王的近臣收受贿赂很普遍，"拿人钱财与人消灾"，替地方官员说情，虚报政绩。曲阿的地方官员弄虚作假，欺上瞒下，花钱买誉。正直的地方官员不花钱就得不到正确的评价，甚至是遭到诬陷，每天都有人在国王面前说他的坏话。正直和曲阿都可以产生巨大的影响，会扩散的。在一定的环境和时间点上，这二种社会现象会形成风气，影响一个地方的人民生活，甚至影响一个国家的治理。若有人为的推动会产生更大的影响，涉及的范围更广，时间也更久。丑恶是社会的毒化剂，一旦人性中丑恶的东西在社会上传播开来，就会激发他人人性中的丑恶，多点丑恶相加，就会在社会上形成一种丑恶之风，降低社会的凝聚力，加速社会结构的解体。作为像齐威王那样高高在上的人君，不偏听偏信，却兼听明察，重调查研究，实事求是，反对说假话。作为下级官吏来说，要像即墨大夫那样，光明磊落，办老实事，做老实人，讲"真"不搞假。这样，上下齐心，精诚团结，是非清，赏罚明，正气升，邪气除，就会国强民富，事业兴旺。

　　"有功不给赏……更他人乎谓？"这几句源于司马光《资治通鉴·晋纪二十六·烈宗孝武皇帝上之中太元五年（庚辰，380 年）》，他强调的是赏和罚的重要性。赏和罚的形式和内容，在治国理政中都是起导向作用的，是风向标，它直接地告诉人们执政者提倡什么，禁止什么；赞成什么，反对什么。会引导人们的行为，引导社会资源的走向，引导价值观。如果赏罚不明，或者赏罚由出于个人好恶，则必然导致价值观混乱和扭曲，导致人们的行为异化，导致社会资源的错配，导致腐败。宽容是一种高贵的美德，但对一个君主而言，过度宽容，会逐渐变成姑息，一定破坏法律的尊严，瓦解社会的稳定。人与人之间的沟通了解，在于层面相同，高尚的美德遇到卑鄙的心灵，反而会被认为愚不可及。当你包容某人的过失时，如果他反而认为你又跳进他的圈套，爱心就变成培养忘恩负义的温床，他将会利用各种机会去坑害别人，谋取私利。品质高尚的人，才有感恩之心，不是每个人都具备这种品质。所以，任何事物都有两面性。宽容是美德，但是没有原则的宽容，就不再是美德，反而变成助纣为虐。因为对恶人的宽容，就是对好人的伤害，是对自己的伤害，是对事业的伤害。

◆ **注解：**

[1]治成用道者有三种……三者治罪不赦：这几句源于司马光《进修心治国之要札子状》，"人君之德三：曰仁，曰明，曰武。致治之道三：曰任官，曰信赏，曰必罚。"

译文：君王的品德有三点：一是仁，二是明，三是武。治国之道有三点：一是选用好官员，二是奖赏要信实，三是刑罚不含糊。

[2]其行准……至于亡也：这几句源于司马光《进修心治国之要札子状》，夫治乱安危存亡之本源，皆在人君之心，仁、明、武所出于内者也，用人、赏功、罚罪所施于外者也。出于内者，虽有厚有薄，有多有寡。禀之自天然，好学则知所宜，从力行，则光美日新矣。施于外者，施之当，则保其治，保其安，保其存；不当则至于乱，至于危，至于亡。行之由己者也，所以能当在于至明，所以能明在于至公，是以明君善用人者。

译文：能够治乱，平安与危险，生存与死亡的根本，所有都在君王的修心，仁、明、武都出于君王的内心修养，任用官员、奖赏功劳、处罚罪过都是外在行使权力的办法。出于内心的修养，虽然有厚有薄，有多有少。人的天赋资质是自然赋予的，喜欢学习就知道如何做妥当，并依顺竭力而行，那么盛大美好的品行日有长进呀。外在行使的权力，实行得妥当，那么就能保证你国家的治理，能保证你国家的安定，能保证你国家的长存；如果实行得不妥当，那么就导致国家的动荡不安，导致国家的危险境地，导致国家的灭亡。道路是由自己选择的，因而能够胜任在于极贤明，能够贤明在于极公正，这是因为贤明的君王善于用人呀。

[3]若内外百官各自得人……惟在天子之随心治也：这几句源于司马光《上皇太后疏》(嘉祐八年四月十三日)，夫安危之本，在于任人。治乱之机，

在于赏罚。二者不可不察也。若中外百官各得其人，贤能者进，不肖者退，忠直者亲，谗佞者疏，则天下何得不安？任职之臣多非其人，贤能者退，不肖者进，忠直者疏，谗佞者亲，则天下何得不危？赏不因喜，罚不因怒，赏必有所劝，罚必有所惩，则天下何得不治？喜则滥赏，怒则妄罚，赏加于无功，罚加于无罪，则天下何得不乱？然则天下安危治乱不在于他，在于人主方寸之治而已矣。

译文：国家太平与危亡的关键，就在于使用人。治理混乱的局面，使国家安定太平的关键，就在于奖赏与处罚要分明。这二者不能不明察。如果朝中和朝外的百官能够各自选择好自己任用的人，有道德有才能的人得到任用，不成才不正派的人得到黜退，忠诚正直的人得到亲近，谗邪奸佞之人得到疏远，那么天下怎么能不安定？担任官职的大臣大多不是自己选择任用的人，有道德有才能的人得到黜退，不成才不正派的人得到任用，忠诚正直的人得到疏远，谗邪奸佞之人得到亲近，那么天下怎么能不处于危险境地？不因喜爱而奖赏，不因恼怒而惩罚；奖赏一定要使其勤勉努力，处罚一定要使其克制警戒，那么天下怎么能不安定太平？喜爱就不加节制地奖赏，恼怒就荒谬不合理地惩罚；奖赏给予没有功劳的人，惩罚给予没有罪过的人，那么天下怎么能不混乱？如此，那么国家的太平与危亡、安定与动乱不在于其他原因，在于君王内心世界如何治理罢了。

［4］夫对下治理其道者……故威者起源时就有也：这几句源于司马光《上皇太后疏》（嘉祐八年四月十三日），凡御下之道，恩过则骄，骄则不可不戢之以威；威过则怨，怨则不可不施之以恩。恩威之道，圣人所以制世御俗，犹天地之有阴阳，损之益之，不失中和，以成万物者也。夫恩者，欲物之亲己也，有时而生怨；威者，欲威之畏己也，有时而生慢。小人之性，恩过则骄，骄而裁之，则怨矣。爵禄赏赐妄加于人，则其同类皆曰："我与彼才相若也，功相敌也。彼得之，而我独不得，何哉？"是出一恩而召群怨也，故曰：恩有时而生怨也。威严太盛，则人无所容，刑罚烦苛，则滥及无辜，则其同类皆曰："是过也，人谁无之？彼既不免，行将及我。"于是乎穷迫思乱。为其上者

乃更畏恐而求姑息。是始于严而终于慢也。故曰：威有时而生慢也。如是，则为人上者，岂不至难哉？盖善为人上者，不然，恩必施于有功而罚必加于有罪。恩虽至厚而人不敢妒者，何也？众人之所与也。罚虽至重而人无所怨者，何也？众人之所恶也。

译文：凡是统治天下的方法，施恩过分就会产生骄横，产生骄横就不能不禁戢他的威风；威严过分就会产生怨恨，产生怨恨就不能施舍他恩惠。施恩与威严并用的方法，是圣人管理天下统治大众的根本，犹如天地间有阴阳，使万物损己致虚，反而能得到益处，不失中庸之道，才形成万物。恩惠，是想用财物使他人亲近自己，有时候反而使他产生怨恨；威严，是想用威势使他人敬畏自己，有时候反而产生怠慢。小人的本性，施恩过分就会产生骄横，产生骄横而制裁他，就产生怨恨。官爵、俸禄及赏赐荒谬不合理给予人，那么和他一样的人都会说："我与他的才能相近，功劳也相当，他却得到了，而我没有得到，这是为什么？"这就是出现一次恩惠却招致众多人的怨恨，所以说：施恩有时候反而使他产生怨恨。威严太过强盛，那么人就无法忍受，刑罚繁杂苛细，就会连累到没有过错的人。那么和他一样的人都会说："这样的过错，是人谁没有呢？他既然不能免除，即将会连累到我。"于是，穷困窘迫的人就胡思乱想。作为他们的君王便更加害怕恐惧而无原则地宽恕他们的过错。这就是开始时严格而最后怠慢啊。所以说，过分威严有时候反而产生怠慢。如此这样，那么作为君王，难道不是极难吗？大概善于做君王的人，不是这样，恩惠一定要给予有功劳的人，而惩罚一定要给予那些有罪过的人。恩惠即使非常丰厚而别人不敢嫉妒，为什么呢？这是众人允许且称赞的。惩罚即使非常重而别人不会怨恨，为什么呢？这是众人所憎恨且讨厌的。

[5]天子其治心有三种要……帝之武也：这几句源于司马光《初除中丞上殿札子》（又名《作中丞初上殿札子》司马温公文集卷三十八），臣闻修心之要有三：一曰仁，二曰明，三曰武。仁者，非姁煦姑息之谓也，修政治，兴教化，育万物，养百姓，此人君之仁也。明者，非烦苛伺察之谓也，知道义，识安危，别贤愚，辨是非，此人君之明也。武者，非强亢暴戾之谓也，惟道所

在，断之不疑，奸不能惑，佞不能移，此人君之武也。故仁而不明，犹有良田而不能耕也；明而不武，犹视苗之秽而不能耘也；武而不仁，犹知获而不知种也。三者兼备，则国治强，阙一焉则衰，阙二焉则危，三者无一焉则亡。

译文：我听说君王修养身心应有三条关键品质：一是仁，二是明，三是武。所谓仁，不是和颜悦色，无原则地宽恕别人，而是学习研究维护统治治理社会的行为能力，创建教育感化民众的氛围，使万物发育成长，抚育百姓生活，这才是君王的仁。所谓明，不是繁杂苛细，侦视观察别人的行为，而是明白了道德义理，知道辨别平安与危险，甄别贤能和愚昧，判别是与非，这才是君王的明。所谓武，不是刚愎自用，粗暴残酷，而是只要真理存在，决断后不怀疑，不能被阴险狡猾的人迷惑，不能被花言巧语的人改变主意，这才是君王的武。所以，君王做到了仁却没有做到明，就如同有良田却不能耕种；君王做到了明却没有做到武，就如同看到禾苗中有杂草却不能除草；君王做到了武却没有做到仁，就如同只知道收获却不知道去耕种。三方面同时具备，那么国家就安定强盛，缺少其中的一个就衰败，缺少其中的两个就危险，三者全无就会灭亡。）

[6]昔齐威王以令召即墨城内大夫们训话……天下皆胜强势：这几句源于司马迁《史记·田敬仲完世家》，威王初即位以来，不治，委政卿大夫，九年之间，诸侯并伐，国人不治。于是威王召即墨大夫而语之曰："自子之居即墨也，毁言日至。然吾使人视即墨，田野辟，民人给，官无留事，东方以宁。是子不事吾左右以求誉也。"封之万家。召阿大夫语曰："自子之守阿，誉言日闻。然使使视阿，田野不辟，民贫苦。昔日赵攻甄，子弗能救。卫取薛陵，子弗知。是子以币厚吾左右以求誉也。"是日，烹阿大夫，及左右尝誉者皆并烹之。遂起兵西击赵、卫，败魏于浊泽而围惠王。惠王请献观以和解，赵人归我长城。于是齐国震惧，人人不敢饰非，务尽其诚。齐国大治。诸侯闻之，莫敢致兵于齐二十余年。

译文：威王刚开始即位以来，不治理国事，把政事交给卿大夫办理，九年之间，各国诸侯都来讨伐，齐国人不能安定太平。于是威王召见即墨大夫对他说："自从你治理即墨，毁谤您的言论每天都有。可是我派人到即墨视察，田野得到开发，百姓生活富足，官府没有积压公事，齐国的东方因而得到安定。这是由于您不会逢迎我的左右以求得赞扬啊！"于是，封给他一万户食邑。又召见阿城大夫对他说："自从你治理阿城，赞扬你的话每天都能听到。可是我派人到阿城视察，田野荒废，百姓贫苦。从前赵军进攻甄城，你未能援救。卫国夺取薛陵，你也不知道。这是你用财物贿赂我的左右来求得赞扬吧！"当天就烹杀了阿城大夫，并把左右曾经吹捧过他的人也都一起烹杀了。于是发兵往西边进攻赵、卫，在浊泽打败魏军并围困了魏惠王。魏惠王请求献出观城来讲和，赵国人归还了齐国的长城。于是齐国全国震惊，人人都不敢文过饰非，努力表现出他们的忠诚。齐国得到很好的治理。诸侯听到以后，不敢对齐国用兵有二十多年。

[7]有功不给赏……更他人乎谓：这几句源于司马光《资治通鉴·晋纪二十六·烈宗孝武皇帝上之中太元五年（庚辰，380 年）》，"臣光曰：夫有功不赏，有罪不诛，虽尧、舜不能为治，况他人乎！秦王坚每得反者辄宥之，使其臣狃于为逆，行险徼幸，虽力屈被擒，犹不忧死，乱何自而息哉！《书》曰：'威克厥爱，允济；爱克厥威，允罔功。'《诗》云：'毋纵诡随，以谨罔极；式遏寇虐，无俾作慝。'今坚违之，能无亡乎！"

译文：臣司马光说：有功不赏，有罪不杀，即使是尧、舜也不能实现大治，何况是其他人呢！前秦王苻坚每次擒获了反叛作乱的人就宽赦他们，从而使他的臣下对叛逆作乱习以为常，干险恶的勾当还心存侥幸，即便是力量不足被擒获，也不用担心被杀，这样祸乱从哪儿能停息呢！《尚书》曰："以威胜爱，必定成功；以爱胜威，必定失败。"《诗经》云："别听狡诈欺骗的话，警惕两面三刀；制止暴虐与劫掠，不使作恶把人欺。"如今苻坚违背了这些话，怎能不灭亡呢！

附录：

严复恩手录《德行集·修身章》

也 故 正 心 然 後 脩 身 脩

敬 愛 鮮 祿 縱 概 愛 脈 愛

也 歟 脩 身 時 先 為 正 心

敬 愛 脈 緩 狀 繩 鮮 祿 歟

敬 敬 緩 狀 繩 愛 脈 脈

正　祿　治　巖　閒　裛
則　絳　國　腹　修　扁
影　裛　者　綖　身　巍
正　祿　謂　勢　者　叕
君　劚　君　劚　不　愈
者　巍　者　巘　然　顙
盤　薆　身　鬲　未　鞁
也　巖　也　骸　嘗　巍
盤　薆　身　鬲　聞　巍

上
需
靴
猶
無
一
時
離
開

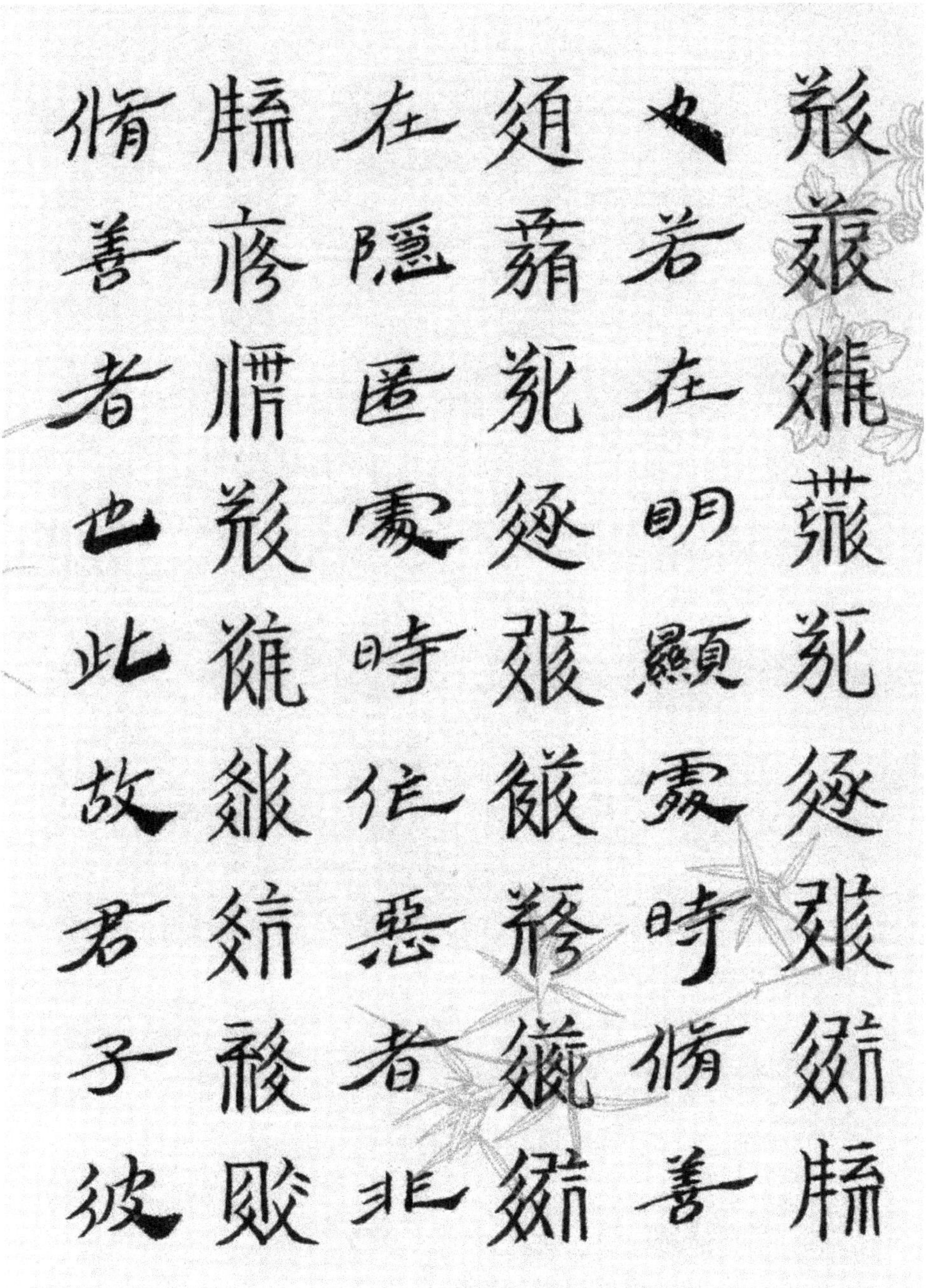
若在明顯處時脩善
在隱匿處時作惡者非
脩善者也此故君子彼

溉蔽芾甘棠緩歐溉蕨
苑甘憍嶙朕芾雜甘纖
霰亦恐懼天雖高而其
溅嬨絑劣祥桃甘徽溅
不見豪亦驚慎彼不聞
聽最下日雖遠而其照

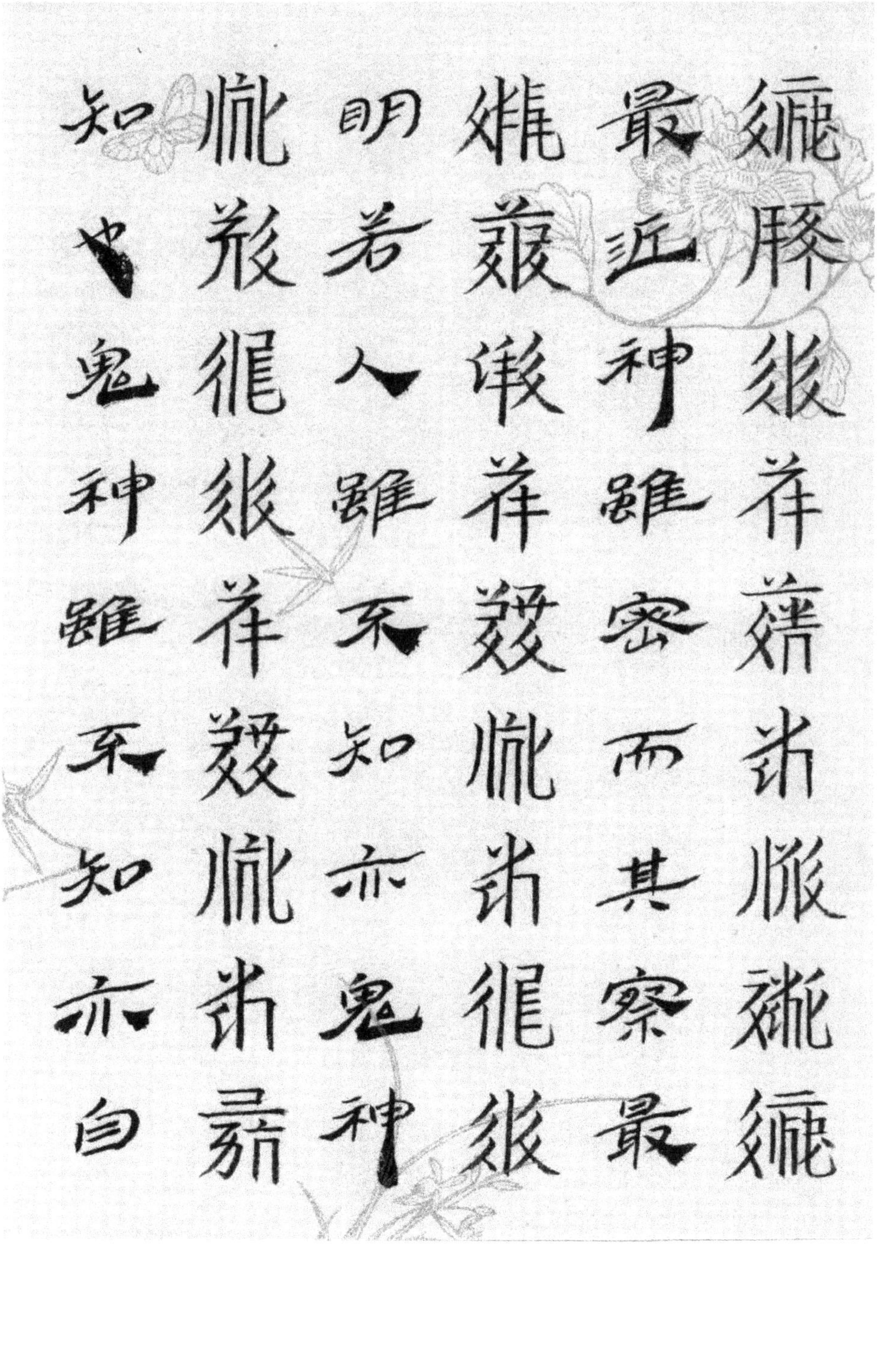
最近神雖密而其察最
明若人雖不知亦鬼神
知也鬼神雖不知亦自

懼　絅　居　逐　心　鮮
獨　覿　則　鋒　知　肮
居　逐　內　愠　也　薪
時　㾗　無　㣲　故　嘉
不　嘉　戚　妣　自　蒙
愧　衰　憲　絅　身　徽
於　㣲　外　緌　常　繊
自　艴　無　㩟　此　繊
影　耙　畏　斿　善　耙

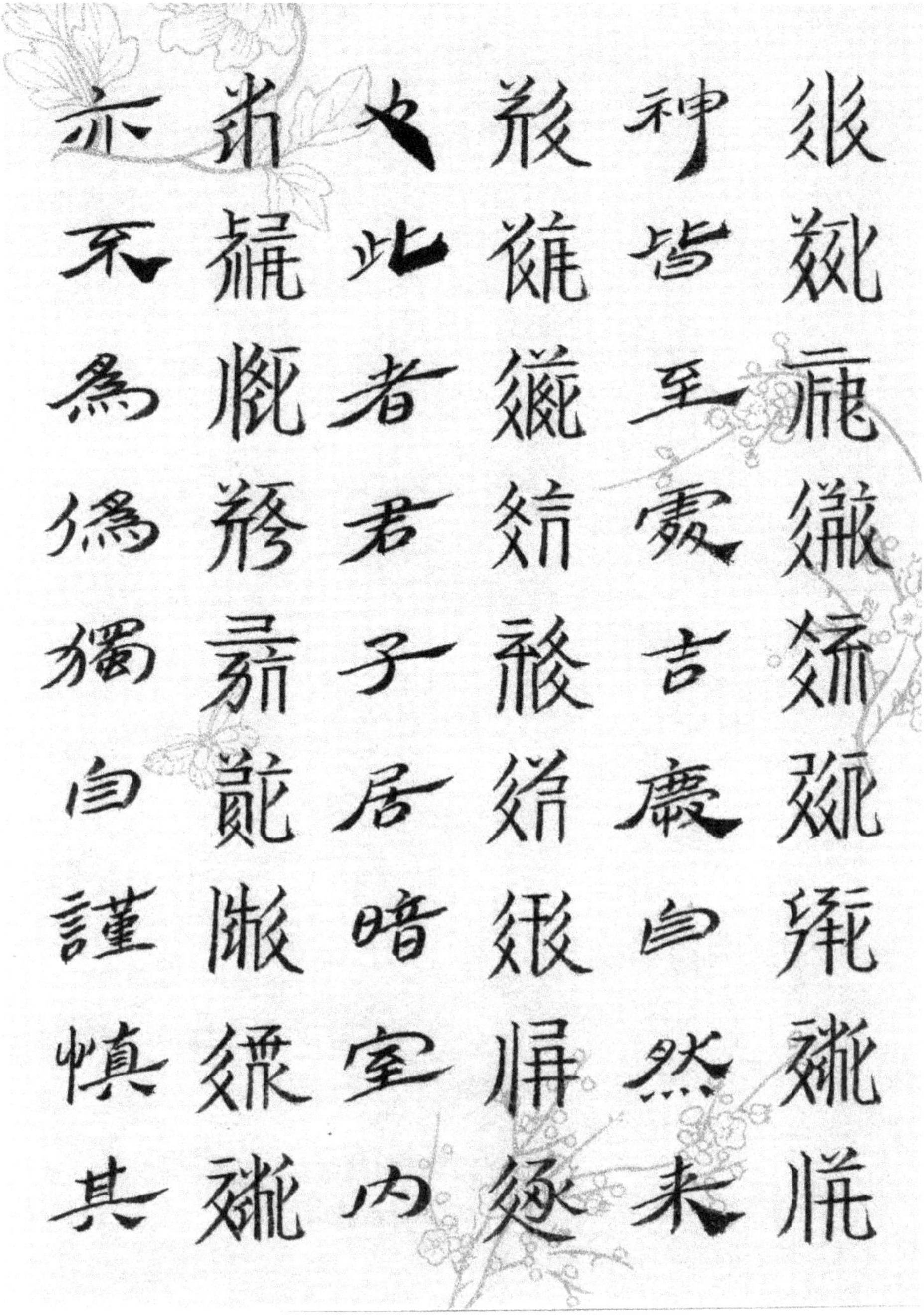
神皆至處吉慶自然来
女此者君子居暗室内
亦不為偽獨自謹慎其

言者也應慎也勿言多

背上銘文有言古代慎

金人口上置三把鎖發

增君子知天下可上為

其難故求下為眾人知

可為先其難故求後為

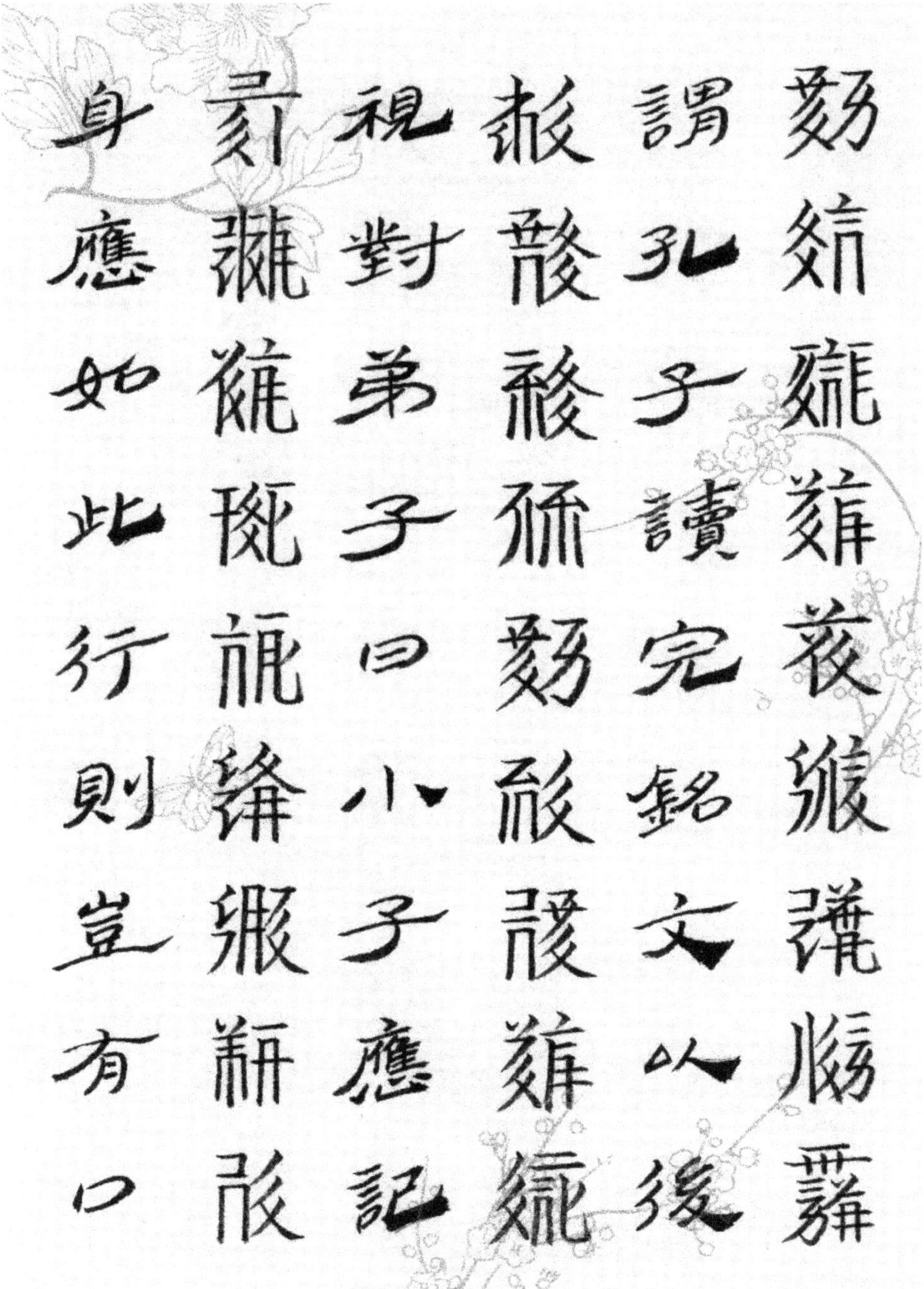
謂孔子讀完銘文以後
視對弟子曰小子應記
身應如此行則豈有口

故　新　知　逢　罪　荒
慢　蕤　停　穴　也　蕊
者　纖　則　鋒　謂　蕤
不　散　不　既　凡　絰
可　祇　殆　蔽　知　穴
使　既　霰　罷　且　鋒
增　縢　在　縺　則　既
欲　緩　長　毅　不　發
者　纖　久　後　侵

𗗥𗙶𗾒𗄭𗪁 𗷾𗰖𗙏𗙺𗘂 𗂅𗤙𗣼𗱕𗜏 𗤁𗠋𗼖𗾒𗠋 𗪙𗼴𗓽𗝯𗾒

𗝐𗐯𗗙𗭼𗗙 𗘂𗏣𗯿𗣮𗥃 𗺉𗙋𗗙𗹙𗾒 𗘂𗯨𗪙𗯨𗜏 𗱕𗾒𗘂𗾒𗠋

𗰵𗴟𗗙𗢳𗥃 𗰵𗕑𗒸𗩱𗵘 𗸲𗪅𗗙𗶷𗯿 𗗙𗼖𗗥𗢳𗐯 𗯿𗶷𗒸𗩱𗾒

284

德行集脩身章終

歲在甲辰五月

嚴復恩書

参考文献:

[1]《易经》，中华书局十三经注疏影印世界书局缩清阮刻本。

[2]《尚书》，中华书局十三经注疏影印世界书局缩清阮刻本。

[3]《周礼》，中华书局十三经注疏影印世界书局缩清阮刻本。

[4]《礼记》，中华书局十三经注疏影印世界书局缩清阮刻本。

[5]《论语》，中华书局十三经注疏影印世界书局缩清阮刻本。

[6]《孝经》，中华书局十三经注疏影印世界书局缩清阮刻本。

[7]《史记》，中华书局点校本。

[8]《汉书》，中华书局点校本。

[9]《后汉书》，中华书局点校本。

[10]《新唐书》，中华书局点校本。

[11]《宋史》，中华书局点校本。

[12]《资治通鉴》，上海古籍出版社影印清胡克家覆元刊本。

[13]《续资治通鉴长编》，上海古籍出版社宋史要籍汇编影印清浙江书局本。

[14]《大戴礼记》，上海商务印书馆四部丛刊影印无锡孙氏小禄天藏明嘉趣堂本。

[15]《孔子家语》，上海商务印书馆四部丛刊影印江南图书馆藏明复宋刊本。

[16]《荀子》，上海商务印书馆四部丛刊影印古逸丛书本。

[17]《法言》，上海商务印书馆四部丛刊影印石砚斋翻宋治平监本。

[18]《庄子》，上海商务印书馆四部丛刊影印明刊本。

[19]《老子》，上海商务印书馆四部丛刊影印常熟瞿氏藏宋本。

［20］刘鳃：《新论》，据古今图书集成引。

［21］《温国文正司马公集》，上海商务印书馆影印常熟瞿氏藏宋绍兴本。

［22］《苏轼文集》，中华书局点校本。

［23］骨勒茂才著，黄振华、聂鸿音、史金波整理：《番汉合时掌中珠》，银川：宁夏人民出版社，1989 年。

［24］李范文编著：《夏汉字典》，北京：中国社会科学出版社，1997 年。

［25］李范文：《简明夏汉字典》，北京：中国社会科学出版社，2012 年。

［26］李范文编：《西夏通史》，北京：人民出版社，2005 年。

［27］贾常业：《西夏文字典》，兰州：甘肃文化出版社，2019 年。

［28］贾常业：《西夏文字揭要》，兰州：甘肃文化出版社，2017 年。

［29］史金波：《西夏文教程》，北京：社会科学文献出版社，2013 年。

［30］陈炳应：《西夏谚语》，太原：山西人民出版社，1993 年。

［31］梁松涛：《西夏文宫廷诗集整理与研究》，上海：上海古籍出版社，2018 年。

［32］杨才年、严复恩：《武威西夏碑整理研究》，兰州：读者出版社，2021 年。

［33］严复恩：《〈番汉合时掌中珠〉校译补正》，兰州：甘肃民族出版社，2024 年。

后记

　　人类在漫长的历史演进过程中，受民族、地理位置、历史沿革等众多因素影响而形成不同的文化，它们展现出自身鲜明的特色和博大的内涵而独具魅力，在中华文化的长河里熠熠生辉。而不同的文化又培育了不同民族的性格，进而形成了不同的风土人情和精神风貌，在各种文献中留存了下来。文学作品，尤其是用本民族语言文字创作的文学作品，最能反映本民族的风土人情和精神风貌。

　　儒家思想作为中国古代社会统治的思想根基，被统治阶级维护了数千年，确立了其不可撼动的统治地位。中国绝大多数集权王朝奉行"以孝治天下""以德治国"的治国方针，这是一种政治策略、统治手段。其中心思想就是，在家若能尽孝，为国方能尽忠。君子、孝子有独立自主的人格和宽容博大的人道情怀，不屑蝇营狗苟之事。

　　西夏党项族本是个好勇喜猎、以勇悍自夸、质直尚义的民族，但他们迁居西北，和汉族等其他民族杂居以后，自然而然受其影响，特别是受西夏所在的河西地区凉州文化的影响，形成了独特的西夏文化。西夏中后期推行封建性的文治，接受中原儒家思想的道德规范。在政治上，推行儒学，倡导"以孝治天下""以德治国"的方略。在教育上，既建"汉学"，又建"番学"，实际上都是为推行儒学服务。后世的毅宗谅祚、惠宗秉常、崇宗乾顺、仁宗

288

仁孝等都继续大力推行儒学。尤其在国力相对强盛的仁宗时期，仁宗皇帝不遗余力地倡导儒学和佛教，大开"以儒治国，以佛治心"的先河，把西夏文化推向巅峰。

西夏人曹道乐等编著的《德行集》，是汉文化与西夏党项文化交流融合的代表之作。他们在浩如烟海的中原汉文经典中，经过反复筛选，从先秦到北宋年间的 19 部古籍中，选用 54 段语句，少的选用一次，多的选用七次。依《德行集》编辑的主旨，将儒家思想作为主体，辅之以道家及史家等著作。主要宣扬儒家伦理核心思想中的仁（恻隐之心）、义（羞恶之心）、礼（恭敬之心）、智（是非之心）、信（无欺之心），经他们对汉语古籍语句的解读或改造，运用西夏文特有的语法规范，并按照八个章节，巧妙地将这些语句串联成篇，使得每章语句连贯，表情达意显明准确。既体现了西夏党项本民族的精神风貌，又融汇了汉文化中儒、释、道经典之作的精华，将中华优秀传统文化中关于道德品质、修身养性、伦理思想、人格理想、人性品格、和谐精神等文化元素在他们的文化中融会贯通。其目的就是指出，学习治国之道根本没有一种捷径可走，既不能靠先天得到，也不可能靠悟性而悟到，只有靠自己努力，学习历代帝王治国理政之经验教训，深刻领悟历代圣贤们提出的精妙治国之策，才能达到政兴国安的目的。指导年轻的桓宗纯祐如何解决"治国"和"治家"所遇到的困难。解决好治国策略的继承与发展、内政外交的沿袭与变革、自然灾害的应对与处理、国内矛盾的消除与缓解等问题。

在本书的出版过程中，中国社会科学院民族学与人类学研究所民族文字文献研究室主任孙伯君教授对此书西夏文校读部分多次审阅看稿，并提出了许多宝贵的指导性建议，给予我们许多帮助，在此表示深深的敬意和感谢。同时，感谢中国社科院古代史研究所通史研究室主任赵现海研究员，以及凉州文化研究的同志们给予的大力支持和帮助。还特别感谢中国社科院古代史研究所通史研究室侯爱梅老师，在百忙之中拨冗写序。这些让我们非常感动，难以忘怀。再次一并表示真诚的感谢和美好的祝愿！

在本书校注过程中，严复恩同志写了导论、西夏文校读、附录三部分。张国才同志查阅了大量汉文资料，补充完善了《德行集》引用的汉文经典语句，撰写了译注浅析部分，约 12.8 万字。

由于我们学术水平有限，能接触或拥有的相关西夏文资料较少，书中的纰漏和错讹在所难免，敬请专家、学者及广大读者提出宝贵意见，以臻完善。

编　者

2024 年 9 月